Cultura popular e alta cultura

Serviço Social do Comércio
Administração Regional no Estado de São Paulo

Presidente do Conselho Regional
Abram Szajman
Diretor Regional
Danilo Santos de Miranda

Conselho Editorial
Ivan Giannini
Joel Naimayer Padula
Luiz Deoclécio Massaro Galina
Sérgio José Battistelli

Edições Sesc São Paulo
Gerente · **Marcos Lepiscopo**
Gerente adjunta · **Isabel M. M. Alexandre**
Coordenação editorial · **Clívia Ramiro** · **Cristianne Lameirinha**
Produção editorial · **Rafael Fernandes Cação**
Coordenação gráfica · **Katia Verissimo**
Coordenação de comunicação · **Bruna Zarnoviec Daniel**

Coleção Sesc Culturas
Coordenação · **Marta Colabone**
Organização · **Iã Paulo Ribeiro**
Colaboração · **Isaura Botelho**
Apoio · **José Olímpio Zangarine**

Herbert J. Gans

Cultura popular e alta cultura

Uma análise e avaliação do gosto

Tradução: Carlos Szlak

Preparação de texto · **Silvana Vieira**
Revisão · **Léia M. F. Guimarães · Leandro Rodrigues**
Projeto gráfico · **Ouro sobre Azul \ Ana Luisa Escorel**
Capa a partir de tela de Geraldo de Barros
Assistência de projeto gráfico e diagramação · **Ouro sobre Azul \ Erica Leal**

G157c   Gans, Herbert J.

        Cultura popular e alta cultura : *uma análise e avaliação do gosto* \
        Herbert J. Gans. – São Paulo: Edições Sesc São Paulo, 2014. – 224 p.

        ISBN 978-85-7995-072-8

        1. Cultura. 2. Cultura popular. 3. Alta cultura. 4. Pluralismo cultural.
        I. Título.

                                                                       CDD 306

Título original: *Popular Culture & High Culture: An Analysis and Evaluation of Taste*
Publicado originalmente por Basic Books, membro do Perseus Books Group

© 1999 Herbert J. Gans
© 2014 Edições Sesc São Paulo
Todos os direitos reservados

Edições Sesc São Paulo
Rua Cantagalo 74 13º/14º
03319 000 São Paulo SP Brasil
T / 55 11 2227 6500
edicoes@edicoes.sescsp.org.br
sescsp.org.br

Nota à edição brasileira

Existe distinção entre cultura popular e alta cultura? Colocada pelo sociólogo Herbert J. Gans em 1974, essa questão mantém-se viva à luz de novas dúvidas envolvendo cenários sociopolíticos e culturais em permanente mudança. Esse fato decorre da potencialidade intrínseca às tecnologias em expansão que, hoje, relacionam internet e aspectos voltados ao acesso e à fruição da cultura.

Ao criticar os detratores da cultura popular, apresentando suspeições sobre o que parece aparentemente irrefutável, Gans opta por não fundamentar sua análise em juízos de valor. Para ele, todo indivíduo tem direito a um gosto próprio sem necessariamente mostrar interesse por culturas outras que não têm representatividade, tampouco soam legítimas em seu meio social.

Segundo o autor, a perspectiva trazida pela educação formal é o principal fator de distinção entre as classes sociais, refletindo diretamente sobre o modo como as "culturas de gosto" – conceito trabalhado por Gans – podem ser absorvidas por uns e proclamadas por outros.

A publicação deste livro vem ao encontro das iniciativas do Sesc no sentido de promover a educação não formal e a valorização de diferentes culturas em sua essência, aspectos fundamentais à construção de uma sociedade mais justa e democrática.

Para David Riesman

Sumário

Prefácio da edição revista e atualizada	9
Prefácio	13

Nova introdução
⊙ *Distinção entre cultura popular e alta cultura: ainda pertinente?*	19
Algumas definições	20
A distinção atualizada	23
Os lados da oferta e da demanda	28
O lado da demanda	31
As novas mídias	36

Capítulo 1
⊙ *Crítica à cultura de massa*	43
Os defeitos da cultura popular como empreendimento comercial	44
O perigo da cultura popular para a alta cultura	51
O impacto da cultura popular sobre seu público	54
A nocividade da cultura popular para a sociedade	67
As origens e as tendências da crítica à cultura de massa	74
Pós-escrito	86

Capítulo 2
⊙ *Uma análise comparativa da cultura popular com a alta cultura*	101
Culturas e públicos de gosto	103
Os cinco públicos e culturas de gosto	109
Culturas jovem, negra e étnica	125
A estrutura social dos públicos e culturas de gosto	134
Pós-escrito	149

Capítulo 3
⊙ *Avaliação das culturas e públicos de gosto*	167
Dois juízos de valor sobre culturas e públicos de gosto	170
Mobilidade cultural	174
Pluralismo cultural e programação subcultural	178
Os prós e contras da programação subcultural	181
Implementando a programação subcultural	190
A perspectiva de mais pluralismo cultural	198
Pós-escrito	202

Prefácio da edição revista e atualizada

Os acréscimos a este livro são mais atualizações do que revisões, visto que este permanece o mesmo estudo sociológico de cultura popular e alta cultura — e de seus lugares na sociedade norte-americana — que foi publicado pela primeira vez em 1974. Além disso, também é um estudo crítico, que defende a cultura popular contra alguns de seus detratores, sobretudo os adversários da democracia cultural.

Quem mudou, porém, foram os Estados Unidos, e essa é a principal justificativa para esta edição. Em primeiro lugar, muitos autores agora questionam se a distinção entre cultura popular e alta cultura ainda faz sentido. Na "Nova introdução", sustento que sim, pois a distinção reflete e expressa, ainda que de modo imperfeito, a hierarquia socioeconômica do país. Não existe correlação simples entre culturas de gosto "superior" e "inferior", como as denomino, e classes superior e inferior, mas o que as pessoas escolhem como arte e entretenimento ainda é influenciado por seus recursos socioeconômicos, tanto simbólicos como materiais.

Assim, os assuntos do livro continuam a ser tanto a cultura quanto as classes. Numa época em que alguns pensadores sociais insistem em acreditar que o conceito de classe não é mais pertinente e importante, o livro também pode ser lido como um apelo para "o resgate das classes". Naturalmente, estas nunca deixaram de existir, ao menos no mundo real a respeito do qual procuramos escrever.

De fato, a hierarquia de classes mudou desde o lançamento deste livro, e muitas das antigas regras de culturas e gostos aceitáveis em cada classe foram flexibilizadas ou abolidas. O resultado é que as pessoas têm agora mais liberdade de percorrer os gostos, os tipos de cultura e as mídias que eram consideradas marginais quando havia um pouco mais de prestígio em ser "cultivado" do que há hoje em dia. A "Nova introdução" procura descrever os motivos que levaram a essa nova liberdade e também as mudanças ocorridas nas culturas de classe norte-americanas, na situação contemporânea da alta cultura e da cultura popular, bem como nas economias social e política em que operam os atuais fornecedores de cultura, tanto comerciais quanto sem fins lucrativos.

As mudanças restantes do livro assumem a forma de pós-escritos em seus três capítulos. O pós-escrito do Capítulo 1 atualiza a chamada crítica à cultura de massa, isto é, as *críticas elitistas* à cultura popular e às pessoas que a produzem e consomem. A antiga crítica está dormente, mas há outra que, por razões não totalmente distintas, alerta agora para a maré ascendente do "emburrecimento planejado", assim como do "entretenimento" e do "infoentretenimento" (isto é, a ficção e tudo o que está correntemente em voga nos filmes e na tevê). Diz-se isso para substituir "informação" por "realidade" (ou seja, a mídia impressa, o noticiário sério e, sobretudo, a impressão das pessoas sobre o mundo real).

Mais uma vez, a nova crítica reflete a posição econômica confortável de alguns acadêmicos e autores autônomos, embora seja difícil imaginar que ela possa despertar o interesse de chefes de famílias de baixa e média renda, ou que lutam para preservar a saúde com seus planos de saúde.

O pós-escrito do Capítulo 2 descreve algumas alterações específicas nas culturas de gosto norte-americanas, derivadas das mudanças na economia, na política e na hierarquia de classes do país. Enfoco não só o crescimento da alta cultura e o crescimento até mais explosivo da cultura média superior, mas também outros tópicos, tais como o efeito da nova imigração sobre a baixa cultura e em que medida a liberdade de escolha e o poder de compra crescentes dos jovens parecem estar transformando grande parte da cultura popular comercial num ramo da cultura jovem.

No pós-escrito do Capítulo 3, discuto alguns problemas derivados da democracia cultural por meio das mudanças ocorridas nos Estados Unidos, incluindo os ataques da política conservadora que quase mutilaram partes do National Endowment for the Arts.[1] O pós-escrito e esta nova edição terminam com uma mudança de tema, já que atualmente me interesso mais pela cultura política do que pela cultura, e também mais pela democracia cidadã do que pela democracia cultural.

Não atualizei o texto do livro original. Por conseguinte, persistem as observações acerca de eventos, filmes e outros itens culturais específicos da década de 1970 ou de décadas anteriores que não são mais exatas; espero que os leitores as atualizem por

---

[1] Segundo a Wikipédia, o National Endowment for the Arts (Fundo Nacional para Artes) é uma agência independente do governo federal dos Estados Unidos que oferece apoio e financiamento para projetos que apresentam excelência artística. (N. T.)

sua própria conta. Obviamente, todo pronome "ele" utilizado no texto original, que agora remonta a um quarto de século, seria substituído pela designação multigênero se eu reescrevesse o livro.

Deixei intacta uma das afirmações mais superadas da primeira edição, qual seja: "a cultura popular não é muito estudada hoje em dia". Embora talvez seja estudada em excesso atualmente, em especial pelos meus colegas de estudos culturais, questões como desigualdade cultural e democracia cultural ainda não receberam atenção suficiente, e espero que a nova edição faça que alguns entusiastas da cultura mais jovens, e mesmo mais velhos, se lembrem de que elas ainda estão presentes.

NOVOS AGRADECIMENTOS ⊙ Quero agradecer a John Donatich e aos demais funcionários da editora Basic Books por viabilizarem a segunda edição deste livro; a Tim Bartlett e sua assistente, Vanessa Mobley, pelo trabalho de edição; a Jon Taylor Howard, preparador dos originais, e a David Joel e Robie Grand, que fizeram o índice remissivo. Peço desculpas aos dois revisores anônimos dos originais da nova edição, que fizeram muitas sugestões boas, as quais, no entanto, quase todas, tive de ignorar por motivos de espaço. Meus agradecimentos às diversas pessoas que colaboraram comigo nesta edição, na maioria das vezes respondendo a perguntas urgentes por *e-mail*. Entre elas, incluem-se Judith Blau, Todd Gitlin, Larry McGill, Richard Peterson, Michael Schudson, Rob Snyder e outros cujos nomes deixei de registrar. Darren Chilton me mostrou como obter dados e outros materiais da internet, recuperando--os quando eu clicava nos lugares errados, e revisou a seção sobre novas mídias da Introdução.

Sou eternamente grato a minha mulher, Louise, e a nosso filho, David, cujos juízos críticos são frequentemente distintos dos meus e, dessa maneira, mantêm-me em estado de alerta cultural; à minha mulher agradeço também pela revisão cuidadosa do novo material. Dedico novamente o livro a David Riesman, com quem mantive discussões por mais de meio século, ainda que, nos últimos anos, principalmente por correio. Todos os erros são de minha inteira responsabilidade.

⊙ ⊙ ⊙

Prefácio

Este livro é um estudo sociológico da cultura popular e da alta cultura, e de seus lugares na sociedade norte-americana. Também é um estudo crítico, que defende a cultura popular contra alguns de seus detratores, sobretudo aqueles que sustentam que apenas a alta cultura é cultura e que a cultura popular é um fenômeno de massa perigoso. Acredito que ambas são culturas, e minha análise, portanto, considera as duas com o mesmo aparato conceitual. O aparato em si é sociológico, mas se baseia em dois juízos de valor: (1) que a cultura popular reflete e expressa a estética e outras necessidades de muitas pessoas (forjando, assim, cultura e não meramente ameaça cultural); e (2) que todas as pessoas têm o direito à cultura preferida, independentemente de ser alta cultura ou cultura popular. Em suas conclusões, o livro é, portanto, uma discussão pela democracia cultural e contra a ideia de que só o especialista cultural sabe o que é bom para as pessoas e para a sociedade.

Finalmente, o livro é um estudo de política cultural, já que termina convertendo seus valores e constatações em algumas propostas diretivas por mais pluralismo cultural.

Atualmente, a cultura popular não é muito estudada por cientistas sociais ou humanistas, exceto nas páginas do novo *Journal of Popular Culture*, embora a década de 1970 tenha assistido a um renovado interesse da ciência social pela pesquisa sobre os meios de comunicação de massa, especialmente sobre o cardápio de notícias e entretenimento da televisão. Deduzo que um dos motivos da falta de interesse pela cultura popular está no viés anticomercial pelo qual muitos acadêmicos consideram a cultura; frequentemente, eles só consideram digna de atenção a cultura criada por pessoas não remuneradas e por artistas "sérios", que parecem não pensar em ganhar dinheiro com o trabalho.

Numa época em que os Estados Unidos são assolados por crises – econômica, política e racial –, o desinteresse erudito pela cultura popular também pode ser atribuído à relativa falta de importância do assunto. Atualmente, a maneira pela qual as pessoas criam e utilizam a cultura popular tem prioridade menor do que sua maneira de lidar com as crises da sociedade. No entanto, embora muitas vezes a cultura popular não se preocupe com essas crises, nem teça comentários a respeito delas, ela faz isso de vez em quando, e deve ser considerada ao menos desta perspectiva: vislumbrar o que ela tem a dizer acerca das diversas crises, como as pessoas utilizam e reagem àquilo que essas crises lhes dizem, se isso tem *feedback* na opinião pública e na tomada de decisões políticas, e, em caso afirmativo, como e quando isso ocorre ou não.

Essa é somente uma versão atualmente tópica e específica de uma pergunta mais geral que deve ser formulada: qual é a importância da cultura popular na sociedade? É apenas uma atividade comercialmente planejada para as horas de lazer, que entra por um olho ou ouvido e sai pelo outro, ou reflete suposições, valores, vontades e até necessidades superficiais e profundas, manifestas e latentes da sociedade norte-americana? As modas em constante mudança dos programas e dos personagens da televisão são apenas novidades inventadas por produtores que buscam maneiras diferentes de entreter o público e registrar altos índices de audiência? Ou essas modas são o que George Gerbner denomina indicadores culturais de mudanças na vida e nas atitudes dos norte-americanos, e dos usos que os públicos fazem da cultura popular e das gratificações que recebem dela?

Isso leva a uma segunda pergunta, relacionada com a primeira: a cultura popular é algo criado em Nova York e Hollywood por empresas qualificadas e com fins lucrativos, que possuem tal monopólio sobre a oferta de entretenimento e informação que são capazes de impor quase qualquer coisa que considerem vendável ao público norte-americano, especialmente ao público da tevê; uma audiência cativa de um punhado de canais? Ou essas empresas são em si muitas vezes agentes inconscientes de uma cultura, no sentido antropológico, de um conjunto compartilhado de valores ou normas que devem tentar expressar se quiserem atrair a audiência e obter lucros?

Não tenho respostas definitivas para nenhuma das duas perguntas. Inclino-me a considerar que a cultura popular, ou ao menos aquela parte dela transmitida pelos meios de comunicação de massa, tende a entrar por um olho e sair pelo outro, e que a maioria dos programas de tevê, filmes e revistas é efêmera para a maior parte das pessoas. Por outro lado, os meios de comunicação de massa estão sempre presentes e oferecem descrições e comentários a respeito de diversos aspectos da vida norte-americana, de modo que possivelmente expressam ou refletem aquilo que ao menos alguns membros da audiência midiática estão pensando ou sonhando. E, acreditando nisso, não posso subscrever a ideia de que a cultura popular é simplesmente imposta à audiência de cima para baixo. Acredito que ela é moldada por essa audiência, ao menos em parte, embora indiretamente. Os meios de comunicação de massa, e talvez toda a cultura popular comercial, estão frequentemente envolvidos num jogo de adivinhação, procurando descobrir o que as pessoas querem, ou, de certa forma, o que elas aceitarão, embora o jogo seja facilitado pelo fato de que a audiência deve escolher dentre um conjunto limitado de alternativas e que seu interesse é muitas vezes bastante baixo, o que a predispõe a se conformar com o menor de dois ou três males. No entanto, muitas vezes, os executivos de mídia que se tornam bem-sucedidos por adivinhar corretamente o que uma audiência aceitará estão tão firmemente integrados à cultura popular que são "representativos" dessa audiência, ainda que, ao mesmo tempo, possam ser também homens e mulheres de negócios frios, calculistas e cínicos.

UM RESUMO DA DISCUSSÃO ⊙ O livro lida indiretamente com as duas perguntas, mas se preocupa principalmente com a análise do relacionamento – e do conflito – entre alta cultura e cultura popular. Começa, no Capítulo 1, com uma análise da chamada crítica à cultura de massa, que sustentou por muito tempo que a cultura popular é uma aberração nascida da cobiça comercial e da ignorância do público. Depois de analisar os diversos questionamentos específicos contra a cultura popular, concluo que quase todos são improcedentes e que a cultura popular não prejudica a alta cultura, as pessoas que a preferem ou a sociedade em geral.

No Capítulo 1, a discussão é, em parte, comparativa, demonstrando que as diferenças entre alta cultura e cultura popular foram exageradas, e suas similaridades, subestimadas. No Capítulo 2, a análise comparativa é expandida, propondo que a cultura popular é, tal como a alta cultura, uma cultura de gosto, escolhida por pessoas que carecem das oportunidades econômicas e educacionais dos entusiastas da alta cultura. Além disso, sugiro que os Estados Unidos são, na realidade, constituídos de diversas culturas de gosto, cada uma com sua própria arte visual, literatura, música etc., que diferem principalmente nos padrões estéticos que expressam. Essa não é uma ideia original, pois está presente há muito tempo na distinção popular entre culturas de gosto refinado, convencional e vulgar[1] – exceto por minha análise não considerar

---

[1] No original, *highbrow*, *middlebrow* e *lowbrow*, que literalmente significam testa alta, testa média e testa curta. (N. T.)

as duas últimas como melhores ou piores que a primeira. Além disso, essa trilogia é muito simples. Portanto, o capítulo identifica e descreve cinco culturas de gosto, subdividindo-as em categorias como conservadora e progressista, entre outras, e, em seguida, também investiga as culturas jovem e negra, além de outras culturas raciais e étnicas que passaram a existir ou ganharam visibilidade na década de 1960.

A suposição subjacente a essa análise é que todas as culturas de gosto têm o mesmo valor. No capítulo 3, essa suposição é convertida num princípio avaliatório. Como as culturas de gosto refletem as classes e, em particular, os atributos educacionais de seus públicos, a baixa cultura é tão válida para os norte-americanos que receberam pouca educação quanto a alta cultura o é para os bem educados, mesmo que as culturas superiores sejam, na teoria, melhores ou mais abrangentes que as inferiores. Esse princípio sugere duas alternativas de formulação de políticas: (1) "mobilidade cultural", que proporcionaria a cada norte-americano os pré-requisitos econômicos e educacionais para a escolha da alta cultura; e (2) "programação subcultural", que estimula todas as culturas de gosto, altas ou baixas.

Opto pela programação subcultural e sugiro alguns caminhos para o desenvolvimento das culturas de gosto, especialmente as dos públicos que são, hoje em dia, servidos de modo deficiente pelos meios de comunicação de massa.

Evidentemente, minhas constatações, juízos e propostas de formulação de políticas diferem bastante das de críticos conservadores, socialistas e radicais da cultura popular, e, provavelmente, também não agradam aos intelectuais conservadores que gostam da cultura popular, ou ao menos a toleram, porque ela não é radical ou porque é comercializada por meio da livre-iniciativa. Finalmente, embora o livro não seja, de maneira geral, crítico do cardápio dos meios de comunicação de massa, não defende a mídia como instituição. A mídia está interessada principalmente em clientes pagantes, mas considero que todos devem obter a cultura que quiserem, mesmo se não tiverem recursos para pagar por ela.

AGRADECIMENTOS ⊙ Minha dívida principal é com David Riesman, meu professor, colega e, sobretudo, amigo, a quem este livro é dedicado. Há uns 25 anos, ele me incentivou a desenvolver mais detalhadamente um interesse erudito por cultura popular e meios de comunicação de massa, que começara com meu texto a respeito desse tema para o jornal da escola durante o ensino médio. Riesman não só me assegurou que a cultura popular era um tópico adequado para um sociólogo – e estudante de pós-graduação ambicioso – numa época em que não era considerado válido pela maioria dos sociólogos, como também escutou com atenção minhas ideias e compartilhou as suas comigo. De fato, ele estabeleceu uma troca de ideias em que professor e aluno eram iguais, o que fez maravilhas pelo meu moral e me ajudou a criar a autoconfiança tão necessária para investigar ideias e realizar pesquisas. As diversas discussões que tive com ele – e com Nathan Glezer e Reuel Denney quando os três estavam escrevendo *The Lonely Crowd* – deixaram sua marca em meu estudo, embora deva acrescentar que eles não têm responsabilidade por ele e podem não concordar com suas conclusões.

O livro é uma versão muito revisada e ampliada de meu ensaio "Popular Culture in America", que integrou o livro *Social Problems: A Modern Aproach*, organizado por Howard S. Becker (Nova York: Wiley, 1966). Agradeço a John Wiley & Sons por permitir a publicação do livro; a Bill Gum, que estimulou e editou o ensaio inicial quando estava na Wiley e me incentivou a escrever o livro quando estava na Basic Books; e a Stimson Bullitt e à Bullitt Foundation pela bolsa que me ajudou a escrever o ensaio inicial. Alice Liftin e Audrey McGhie datilografaram o manuscrito do livro com perfeição e rapidez. Finalmente, meus agradecimentos à minha esposa, Louise, pela leitura crítica do original. Ela corrigiu algumas de suas falhas; sou totalmente responsável por aquelas que permanecem.

NOVA INTRODUÇÃO
DISTINÇÃO ENTRE CULTURA POPULAR E ALTA CULTURA:
AINDA PERTINENTE?

Nos Estados Unidos e em outras sociedades heterogêneas, os conflitos entre as distintas populações e os grupos de interesse em relação à alocação dos recursos e do poder não se limitam a questões estritamente econômicas e políticas, mas se estendem a questões culturais.[1] Nos Estados Unidos, atualmente, esses conflitos ficaram conhecidos como *guerras culturais*, uma expressão que descreve diversos conflitos entre pessoas liberais e conservadoras (no sentido tanto cultural como político) e, também, entre pessoas religiosas e laicas. Nessas guerras, a cultura expande-se para encaixar as batalhas do momento, que, hoje, incluem "valores familiares" e sexuais, mas os terrenos em que se travam esses embates mudam de quando em quando. Além disso, as guerras são agora parte inerente das lutas eleitorais entre os partidos e dentro deles.

Um dos conflitos culturais mais duradouros contrapôs os ilustrados profissionais da alta cultura contra grande parte da sociedade, rica e pobre, que prefere as culturas populares, supridas agora, principalmente, pelos meios de comunicação de massa e por outros setores de bens de consumo. Nessa guerra, os defensores da alta cultura atacam a cultura popular como cultura de massa que possui efeitos danosos sobre os indivíduos que a consomem e sobre a sociedade como um todo. Na maioria das vezes, os usuários da cultura popular contra-atacam ignorando a crítica e rejeitando a alta cultura, embora alguns autores, incluindo este, sustentem que os críticos da cultura popular estão errados.

No entanto, a guerra cultural não é uma questão simplesmente de alta cultura e cultura popular. Na realidade, é um debate acerca da natureza do padrão de vida, mais especificamente acerca de qual cultura, a cultura de quem, deve predominar na sociedade. Dessa perspectiva, a guerra também é uma luta de classes: um ataque dos cultos contra os incultos, dos ilustrados contra os sem instrução, dos especialistas contra os leigos, dos mais abastados contra os menos abastados. Em cada caso, o primeiro critica o segundo por não alcançar seu alto padrão de vida, enquanto o segundo,

---

[1]. Esta introdução é nova, embora inclua alguns parágrafos da introdução original que ela substitui.

que não é capaz de escrever livros ou dar palestras, critica o primeiro de modo menos público. Por exemplo, eles estimulam os políticos a censurar a alta cultura que os ofende ou a cortar orçamentos financiados pelo Estado para a alta cultura. A guerra também envolve outra questão: se a vida cultural do país deve ser conduzida por uma elite culta ou se deve ser, em grande medida, determinada pelo "mercado"; nesse caso, um mercado em que os consumidores possuem mais poder que em outros.

Desde muito tempo antes de eu começar a pensar a respeito de uma nova edição deste livro, a expressão *cultura de massa* saiu de moda, e a crítica foi reinventada com novos assuntos e terminologias. Mesmo quando eu estava finalizando o livro original, alguns autores já questionavam se ainda era pertinente a distinção entre alta cultura e cultura popular. Entre os primeiros autores, destacavam-se os sociólogos Nathan Glazer e Daniel Bell. Glazer sugeriu que pessoas de nível cultural médio tinham se apropriado das ideias sobre alta cultura, e Bell sustentou que, para uma parcela significativa da população, as escolhas culturais não eram mais determinadas pelas posições de classe.[2]

Se eu considerasse que Glazer, Bell e outros autores influenciados pelos dois tinham razão, não haveria nova edição, mas penso que estavam errados e continuam errados. Nada se ganha catalogando todos os autores que levantaram a questão desde os questionamentos de Glazer e Bell: em vez disso, enfoco principalmente o motivo pelo qual a distinção entre alta cultura e cultura popular foi questionada; o que mudou e o que não mudou, e por quê; e como a distinção ainda faz sentido empírico. Mas primeiro preciso definir alguns termos que serão utilizados neste livro.

ALGUMAS DEFINIÇÕES ⊙ Alta cultura e cultura popular são tipos ideais, ou estereótipos.[3] Também são versões norte-americanas da distinção original alemã entre os vocábulos *Kultur* e *Massenkultur*, traduzidos, em geral, como cultura e cultura de massa. *Masse*, ou massa, é um antigo termo sociológico e político europeu para descrever as classes pobres e sem instrução, e, como é muitas vezes empregado de maneira pejorativa, prefiro utilizar a expressão mais neutra *cultura popular*.

[2] Suas posições são descritas de modo mais completo na primeira edição, pp. 5-6.
[3] Ver Diana Crane, "Alta Cultura Versus Cultura Popular Revisitada: Uma Reconceituação de Culturas Gravadas", em Michèle Lamont e Marcel Fournier (orgs.), *Cultivando Diferenças*, São Paulo: Edições Sesc São Paulo, 2014, cap. 3.

Numa época em que os esforços de concordância em torno de uma definição de cultura representam uma busca comum, devo começar com minha definição do termo como o utilizo aqui, que é muito mais limitada que o conceito superabrangente de cultura que está na base da sociologia e da antropologia cultural atuais. Minha definição abrange somente as práticas, as ideias e os bens classificados em linhas gerais sob as artes (incluindo literatura, música, arquitetura e design etc., e os produtos de todas as outras mídias impressas, mídias eletrônicas etc.), quer usados para educação, estética e iluminação espiritual ou para entretenimento e diversão. Cultura também inclui outros produtos simbólicos, usados principalmente para lazer ou consumo de não subsistência; por exemplo, mobília, roupas, eletrodomésticos, automóveis e barcos. Atualmente, a maioria dos eletrodomésticos são considerados necessidades, mas as formas, os estilos, os materiais etc. também são uma questão de cultura.

No entanto, cultura também é informação, e não só o que agora chamamos de mídia noticiosa, mas também as ciências naturais e sociais e as humanidades; também inclui a chamada sabedoria popular, isto é, as humanidades e as ciências leigas, que a maioria das pessoas muitas vezes ainda considera mais digna de crédito que aquelas dos especialistas. Além disso, toda cultura possui valores, e esses podem ser políticos, sociais ou estéticos. Quando os valores políticos não estão explícitos, podem estar implícitos; e mesmo quando não estão explícitos nem implícitos, frequentemente há implicações políticas – o que proporciona algumas das armas usadas em nossas atuais guerras culturais.

Quer seu uso seja entretenimento, iluminação ou informação, a cultura principalmente discutida neste livro é *pública*, o que acarreta mais ênfase nos meios de comunicação de massa e em outras instituições culturais públicas. No entanto, também há uma cultura *privada*, que as pessoas criam e praticam em casa e em outros espaços privados, que pode ser uma tradição familiar ou alguma outra coisa desvinculada da cultura pública; embora também possa copiar, divergir, ridicularizar ou se opor à cultura pública.[4] Quando se trata de cultura pública, é mais próxima de uma cultura *vicária* do que de uma cultura *vivida*, que pode ser abstraída da maneira pela qual as pessoas realmente vivem. De certo modo, a distinção é semelhante àquela, já consagrada, entre arte e vida. Embora de vez em quando a arte e a vida se imitem

---

4. Até que sejam feitos estudos pertinentes, ainda não é claro se as culturas privadas são mais importantes na vida dos norte-americanos do que as públicas.

mutuamente, na maior parte do tempo elas percorrem caminhos distintos, com uma variedade de impactos sobre a outra.

Como outros sociólogos, vejo os setores não elitizados da sociedade não como massa, mas sim como classes ou estratos. Em consequência, também vejo diversas culturas populares. Denomino-as – assim como a alta cultura – *culturas de gosto*, pois cada uma contém valores estéticos e padrões de gostos compartilhados ou comuns. O termo *estética* é usado amplamente, referindo-se não só a padrões de beleza e gosto, mas também a uma variedade de outros valores emocionais e intelectuais que as pessoas expressam ou satisfazem quando escolhem conteúdo de uma cultura de gosto. Suponho, claro, que as pessoas apliquem padrões em todas as culturas de gosto, não só na alta cultura. Portanto, quando me refiro a públicos de gosto superior e inferior, não acredito que o primeiro seja de algum modo melhor que o segundo; eles são esteticamente distintos, apenas isso. Além disso, "superior" e "inferior" não são utilizados como termos críticos, mas sim como indicadores aproximados de posições numa hierarquia socioeconômica que possui implicações culturais.

Na linguagem popular, há três culturas de gosto: refinada, convencional e vulgar; mas, tal como as divido no Capítulo 2, incluem a alta cultura, as culturas média superior e média inferior, e dois tipos de baixa cultura.[5] Nessa hierarquia, a alta cultura foge um pouco da norma, pois seu público de gosto é dominado pelos profissionais da cultura, predominantemente de classe média alta. A classe alta ainda atua como patrona da alta cultura, mas seu público é quase tão culturalmente amador quanto todos os outros públicos, e seus gostos são, geralmente, mediano superior ou inferior.

O conceito de cultura de gosto é uma abstração; faz uma separação entre a cultura e as pessoas que a "praticam". É justificável somente para propósitos analíticos, já que a cultura não existe separadamente das pessoas que a criam e a usam, exceto nos museus não visitados. E, como a cultura não emerge automaticamente, faço distinção entre *criadores* da cultura de gosto (por exemplo, artistas, autores, atores e atrizes etc.) e *usuários* (que atualmente estão, com frequência, no papel de audiência). Também me refiro aos *fornecedores*, que conduzem as empresas e organizações que levam *produtos* ou *conteúdo* de cultura para os usuários ou clientes.

5. Como existem diversas culturas de gosto, descrevo-as às vezes no livro original por meio de um termo quase esquecido atualmente: "subculturas".

Os usuários que fazem escolhas similares entre as culturas de gosto e dentro delas serão descritos como *públicos de gosto* – outra abstração –, ainda que sejam conjuntos não organizados em vez de públicos organizados. E, como fica claro a seguir, os públicos de gosto também variam por classe.

Alguns desses termos são tomados do *marketing* e, embora possam carecer de apelo estilístico e, às vezes, exagerar o pendor tipicamente capitalista das indústrias culturais, eles facilitam a análise comparativa e excluem os termos ofensivos ou esnobes. A suposição de que as culturas de gosto são similares, ou podem ser assim comparadas, é, sem dúvida, central para o argumento e a análise do livro, e também para a avaliação discutida a seguir.

A DISTINÇÃO ATUALIZADA ⊙ Alta cultura e cultura popular, assim como seus sinônimos – culturas de gosto refinado, convencional e vulgar –, são termos populares e não conceitos, mas indicam que a maioria das pessoas ainda percebe uma relação entre cultura e classe, que é o motivo pelo qual o uso dos termos permanece comum. Isso não surpreende, já que nenhuma pesquisa é necessária para mostrar que, nos Estados Unidos, os pobres e as pessoas de renda média não podem se permitir ir a óperas e, frequentemente, sentem-se pouco à vontade mesmo em instituições culturais que não cobram ingresso, mas são projetadas para classes mais abastadas (talvez os museus de arte sejam o melhor exemplo de tais lugares). De acordo com um recente estudo nacional, 54% dos norte-americanos que ganham menos de 30 mil dólares por ano foram aos museus de arte uma vez por ano ou não foram, e mais da metade relatou que o constrangimento foi o motivo principal.[6] Um relatório de 1997 do National Endowment for the Arts afirmou isso de maneira mais enfática, sugerindo que "a comunidade artística laborou por muito tempo sob um sistema de classes muito resistente em si mesmo... A igualdade cultural continua sendo tão elusiva quanto a igualdade social, econômica e educacional".[7]

6· JoAnn Wypijewski (org.), *Painting by Numbers: Komar and Melamid's Scientific Guide to Art*, Nova York: Farrar Strauss Giroux, 1997, perguntas 85 e 88. A pergunta acerca do constrangimento referia-se, porém, à arte do museu, não ao museu em si.

7· Gary O. Larson, *American Canvas: An Arts Legacy for Our Communities*, Washington: National Endowment for the Arts, 1997, p. 76.

Além disso, as pessoas que hoje afluem a shows de rock não vão escutar música de câmara na noite seguinte, e as que leem romances populares não compram romances "sérios". Caso contrário, as vendas dos últimos seriam enormes. A maioria dos estudos sociológicos a respeito de cultura e classe realizados no último quarto de século indica que as escolhas culturais ainda são muito afetadas pela classe.[8]

Os fatores de classe mais importantes continuam pouco claros, e embora todos estejam inter-relacionados e talvez seja impossível separá-los, a educação provavelmente conta mais quando o gosto "superior" requer alguma formação formal, como em literatura e humanidades, e a profissão conta mais quando essa formação é menos importante ou desimportante, como no caso da música popular.[9] A renda é mais relevante quando o custo da cultura se torna um fator, como no caso da aquisição de arte original.

Nessa questão, como na maioria das outras sobre cultura e classe, não há respostas firmes, pois os dados são insatisfatórios; em geral, trata-se de estudos governamentais ou comerciais que formulam perguntas genéricas às pessoas sobre que instituições culturais, ou tipos de instituições, elas utilizam.[10] Poucos são os estudos que trazem dados sobre quem escolhe quais produtos culturais específicos e por quê.

A pesquisa existente ainda indica, como sugiro na edição original, que a classe explica apenas em parte as escolhas culturais que as pessoas fazem, algumas das quais produzem grandes diferenças por classe, enquanto outras produzem apenas peque-

---

8. Exemplos de estudos desse tipo publicados desde a primeira edição deste livro incluem: Paul DiMaggio e Michael Useem, "Social Class and Arts Consumption", *Theory and Society 5*, março de 1978, pp. 141-162; Judith Blau, *The Shape of Culture*, Nova York: Cambridge University Press, 1989; David Halle, *Inside Culture: Arts and Class in the American Home*, Chicago: University of Chicago Press, 1993; Richard A. Peterson e Albert Simkus, "Como os Gostos Musicais Marcam o Status dos Grupos Ocupacionais", em Michèle Lamont e Marcel Fournier (orgs.), *Cultivando Diferenças, op. cit.*, cap. 7; e as bibliografias citadas nesses estudos. Paul DiMaggio e Richard Peterson, trabalhando com diversos colaboradores, estão entre os estudiosos mais ativos desse tema. O National Endowment for the Arts regularmente realiza e publica estudos sobre participação.

9. Ver Peterson e Simkus, *op. cit.*

10. Esses estudos são muito genéricos e dependem das lembranças das pessoas a respeito de suas escolhas culturais, bem como de sua disposição em não exagerar sua participação em instituições culturais de prestígio. O estudo-modelo continua sendo *Inside Culture, op. cit.*, de David Halle.

nas diferenças.[11] Além disso, a relação entre classe e cultura continua a ser complicada em dois outros sentidos. Em primeiro lugar, faixa etária, gênero e raça talvez estejam se tornando fatores mais importantes do que eram no passado, ainda que, mesmo quando pessoas da mesma faixa etária, gênero ou raça fazem escolhas, estas também sejam estratificadas por classe. Em segundo lugar, as pessoas não limitam suas escolhas a uma cultura. Por exemplo, aqueles que optam pela alta cultura também continuam a condescender em relação à baixa cultura, uma prática que outrora era denominada *visitar os cortiços*. Posteriormente, Peterson inventou o termo *onívoro*, que é mais amplo, menos ofensivo e mais útil, indicando que as pessoas frequentemente fazem escolhas a partir de diversos menus.[12]

Ademais, em níveis gerais de abstração estética, são evidentes diversos *universais* que transcendem classes e muitos outros fatores de fundo, como a nacionalidade. Por exemplo, o estudo intensivo de David Halle a respeito de quatro populações de renda superior e da classe trabalhadora da cidade de Nova York constatou que a maioria das pessoas prefere desenhos de paisagens a todas as outras formas de arte.[13] Da mesma forma, um estudo internacional relatado em *Painting by Numbers*, de JoAnn Wypijewski, indica que, em todo o mundo, as pluralidades não só preferem desenhos de paisagens, mas também gostam mais do azul dentre todas as outras cores.

Não obstante, houve mudanças claras na relação entre escolha cultural, classe e outras características das pessoas desde a primeira edição deste livro. Em geral, os sociólogos da cultura discutem essas mudanças como convergência, divergência e a já mencionada onivoridade. Por um lado, algumas escolhas culturais de classes distintas são *convergentes*, tornando as classes mais parecidas em suas escolhas que no passado. Por exemplo, pessoas do público de cultura média inferior agora vão a museus ver

---

11. A pesquisa relatada em *Painting by Numbers, op. cit.*, de Wypijewski, é uma mina de ouro de dados sobre as atitudes das pessoas com respeito às artes visuais e como elas variam conforme diferentes medições de classe; infelizmente, as tabulações cruzadas dessas medições não são relatadas.

12. Ver Peterson e Simkus, "How Musical Tastes Mark Occupational Status Groups", *op. cit.*, pp. 169-170. O comportamento onívoro também reflete uma constatação que pode remontar a Paul Lazarsfeld e outros pioneiros dos estudos dos meios de comunicação de massa: aqueles que consomem mais conteúdo midiático ou cultural de um tipo também consomem mais da maioria dos outros tipos.

13. Ver *Inside Culture, op. cit.*, cap. 2.

exposições badaladas e assistem a filmes de produção independente – outrora denominados filmes de arte – destinados a atrair principalmente o público da cultura média superior. Da mesma forma, um considerável número de pessoas que antigamente preferia a comédia física associada à baixa cultura, agora contribui para os elevados índices de audiência dos seriados cômicos cheios de sátiras e ironias.

Talvez mais importante, a convergência também significa que as culturas de gosto tornam-se um pouco mais parecidas, possibilitando que filmes independentes, específicos, de baixo orçamento, ou seriados cômicos algo atípicos como *Seinfeld* tornem-se muito populares. A convergência é, porém, muito seletiva; é afetada pelo quanto o conteúdo cultural em questão requer a incorporação prévia de certas condições culturais já apontadas. Aparentemente, a música popular presta-se mais à convergência e, portanto, também estimula a onivoridade, habilitando as pessoas a desfrutar músicas que variam do clássico ao rap.

Alguns tipos de música e de outros produtos culturais também estão convergindo por meio da *gentrificação* – o processo observado na primeira edição deste livro referente a culturas "superiores" que ocupam escolhas selecionadas dos pobres, de vez em quando expurgadas quando os pobres as abandonam. Alguns tipos de música *country* e músicas e artistas de rap populares nos subúrbios brancos são dois exemplos recentes.[14] No entanto, a convergência é mais rara quando a compreensão, mesmo de uma canção, requer educação artística ou algum conhecimento diferente dos símbolos e das metáforas mais difundidos. O trabalho de poetas profissionais e romancistas "sérios", e também de compositores de música contemporânea, continua inacessível para a maioria das pessoas que só frequentou o ensino médio, assim como os textos acadêmicos. A arte conceitual e a maior parte da arte dramática colocam obstáculos similares ao entendimento e apreciação da arte contemporânea pelo público que não recebeu alguma formação.

Por outro lado, as escolhas culturais também são *divergentes*, talvez porque surgiram alguns gostos novos, relacionados à classe, ou porque a faixa etária, o gênero e a raça podem influenciar o gosto mais do que no passado. Por exemplo, a cultura jovem tornou-se ainda mais segmentada por faixa etária: filmes, músicas e outros entretenimentos para os jovens muitas vezes são subdivididos em categorias como

---

14. Ver, por exemplo, Richard A. Peterson e Roger M. Kern, "Changing Highbrow Taste: From Snob to Omnivore", *American Sociological Review* 61, outubro de 1996, pp. 900-907.

pré-adolescente, adolescente, universitário e jovem adulto. Para ilustrar a divergência com um exemplo muito diferente, os jovens afirmam que prestam pouca atenção ao noticiário porque é apresentado por pessoas maduras que falam sobre atividades exercidas por outras pessoas maduras.

Em certos casos, a divergência ficou evidente só porque os fornecedores começaram a provê-la; por exemplo, já há programas de tevê dirigidos a negros. E, embora as telenovelas e os filmes românticos, para as mulheres, e os esportes e os filmes de ação, para os homens, existissem por décadas, os canais de tevê por gênero só apareceram na década de 1980.

Os onívoros floresceram porque mais pessoas têm tempo, dinheiro e educação para escolher mais culturas de diversos níveis de gosto, de modo que todas as formas e gêneros de cultura tornaram-se potenciais lugares de caça para eles – e para os fornecedores culturais atendê-los. Além disso, um setor importante do público onívoro são os jovens, que não só têm mais tempo e renda disponível, como também mais liberdade que qualquer outro segmento para escolher dentre uma variedade de culturas. Os jovens também estão na fase de explorar gostos, para identificar os seus próprios, e a formação da "identidade cultural" pode começar com um período de onivoridade.

Além disso, eles se beneficiam especialmente de um relaxamento maior das restrições culturais de classe e de outras restrições comportamentais, que os liberam de escolher somente culturas consideradas apropriadas para suas classes. Possivelmente, esse relaxamento está relacionado ao processo do curso da vida, no qual as crianças e os adolescentes são os mais livres, ao menos até se estabilizarem em escolhas culturais mais limitadas na maturidade. Nesse ponto, novas fronteiras e limites aparecem; com a paternidade/maternidade, por exemplo, a maioria das pessoas passa a ficar mais tempo em casa, e o campo de suas escolhas culturais limita-se a seus aparelhos de tevê e a seus filhos jovens. Conforme a criança se torna adolescente, alguns pais talvez ainda tentem impor limites de classe a seus onívoros filhos.

À medida que as pessoas ficam mais velhas – e preocupadas em proteger seu patrimônio e sua posição social, e também em dissuadir seus filhos de desposar parceiros oriundos de classes inadequadas –, o campo da escolha cultural pode ter seus limites definidos pelo momento. Ninguém sabe em que ponto do ciclo da vida atual começa a preocupação acerca "do que os vizinhos" – isto é, aqueles de status igual ou superior – "vão pensar", ou quando as pessoas começam a sentir que estão muito velhas para gostar de rap. Richard Peterson e outros autores certamente têm razão quando dizem que o esnobismo absoluto está desaparecendo, exceto talvez entre os criadores e os críticos que precisam defender seus territórios, mas é muito cedo para afirmar se a liberdade, ainda que limitada, das preocupações de status é permanente.[15]

OS LADOS DA OFERTA E DA DEMANDA ⊙ Os motivos por trás das novas tendências podem ser elaborados com mais facilidade distinguindo-se as mudanças entre o lado da oferta e o lado da demanda.

A edição original deste livro abordou principalmente o lado da demanda – as pessoas que usavam a cultura popular e a alta cultura – e disse pouco acerca do outro lado: os fornecedores de cultura.

A análise original também tendeu a presumir que a demanda "causava" a oferta, que as pessoas obtinham a cultura que demandavam, isto é, que escolhiam, desde que suas escolhas fossem compartilhadas por uma quantidade razoável de clientes, permitindo que os fornecedores obtivessem lucros ou, em caso de fornecedores não comerciais, sentissem que estavam satisfazendo uma demanda significativa do público.

Embora, via de regra, isso ainda seja verdadeiro atualmente, a oferta, às vezes, redireciona a demanda. Por exemplo, os fundos públicos foram cortados, de modo que as pessoas que querem cultura fornecida publicamente têm de escolher equivalentes comerciais ou passar sem ela. Além disso, os fornecedores de alta cultura que hoje enfrentam aumento de custos ou declínio da demanda têm de adaptar seus produtos para atrair públicos de gosto médio superior e, de vez em quando, de gosto médio inferior, o que implica oferecer aos públicos de alta cultura uma cultura que talvez considerem de qualidade inferior ou solicitar que compartilhem suas instituições com pessoas "menos cultas".[16]

Atualmente, a Broadway apresenta predominantemente musicais, encenados para atrair um público que não costumava frequentar o "autêntico" teatro no passado. Para o público da alta cultura, o inconveniente é que algumas das peças que costumavam

---

15. Também é possível que seja mais fácil abrir mão do esnobismo de classe, ou das preocupações com status, na escolha de uma música do que, por exemplo, ao decidir quais quadros pendurar nas paredes da sala de estar.

16. Essa tendência já começara antes de eu escrever a edição original, e o resultado foi tachado de *midcult* por Dwight MacDonald. Em *marketing*, esse fenômeno é conhecido como reposicionamento do produto.

ser apresentadas na Broadway não estão mais sendo montadas, embora algumas sejam encenadas atualmente fora da Broadway. O documentário de tevê com uma hora de duração é quase obsoleto, e seu sucessor atual é a revista eletrônica, que mistura documentários curtos e matérias mais leves.

Hoje, o lado da oferta torna-se mais importante em outro sentido, pois a oferta de cultura cresceu e continua a crescer, dando mais opções para mais pessoas. Desde o tempo em que escrevi este livro, o crescimento foi quase universal, quer se considere a venda de *best-sellers* ou de livros de ficção e não ficção, a quantidade de filmes e cinemas ou a quantidade e variedade de canais de tevê. Um crescimento menor, mas equivalente, ocorreu na alta cultura. Mais romances sérios estão sendo publicados e lidos; a frequência dos museus de arte cresce o tempo todo, mesmo na ausência de grandes exposições; e as gravações de música clássica, incluindo a de câmara, continuam a crescer quantitativamente.

Sem dúvida, também há histórias de declínio da oferta. A quantidade de jornais declinou, e, embora novas revistas apareçam o tempo todo, as revistas noticiosas e as publicações de opinião ficaram relativamente estáticas em termos de circulação. Algumas salas de concerto e outras instituições de alta cultura fora de Nova York e outras grandes cidades passam por tempos difíceis; os custos estão crescendo, enquanto as fontes de financiamento secam; o público está perdendo o interesse, e os antigos compradores de ingressos não estão sendo substituídos por novos. A disponibilidade sempre maior de discos clássicos e a tentação de visitar Nova York ou a Europa, em vez de apoiar as instituições locais, são fontes impiedosas de competição do lado da demanda.

Essas mudanças se devem não só aos custos maiores de praticamente tudo, mas também ao fato de os empreendimentos culturais terem passado a oferecer baixa cultura em vez de alta cultura. No passado, os fornecedores de cultura divergiam do modelo econômico capitalista padrão. Os jornais eram geralmente publicados por empresas familiares locais livres das exigências dos acionistas; a edição de livros era frequentemente uma atividade da classe alta, também denominada "cavalheiresca", no vocabulário sexista da época – um empreendimento que podia renunciar ao lucro normal.[17]

---

17. Esse quadro é facilmente distorcido pela nostalgia, já que editores de jornais familiares extraordinariamente gananciosos e editores de livros bem-nascidos também existiam no passado. Talvez mais importante é o fato de que a inconstância das audiências, que aumenta os riscos envolvidos no

Atualmente, as empresas fornecedoras de cultura são mais parecidas com as outras corporações, ou são outras corporações, cujo controle foi assumido por meio de fusões ou processos de conglomeração, como no restante da economia e, progressivamente, até mesmo na economia sem fins lucrativos. No processo, as empresas estão ficando maiores e muitas vezes menos numerosas, e os motivos para isso variam. Frequentemente, os mercados em crescimento levam a empresas em crescimento, que têm a expectativa de tirar proveito econômico de uma economia de escala ou de se diversificar, para minimizar o risco de ter todas as fontes de lucro num único cesto.[18] E alguns fornecedores de cultura precisam não só de usuários, mas também de anunciantes, cujas pressões ou incentivos em relação aos setores e aos lucros também estão mudando.

De vez em quando, decisões como reposicionamento e outras inovações são tentativas de enfrentar a concorrência, incluindo a variedade internacional, e também a chegada de novas tecnologias com novas programações. A mídia impressa continua a enfrentar a concorrência da televisão, que, agora, deve enfrentar a tevê a cabo, enquanto todos os meios de comunicação de massa também têm de descobrir como lidar com a internet.

As novas decisões do lado da oferta também seguem as exigências dos acionistas de lucros maiores, seja por cobiça, seja porque é possível obter lucros maiores, e não fazê--lo pode resultar em redução do preço das ações. Por exemplo, com o telenoticiário local obtido lucro bruto regular de 40% a 50%, não tardou para que as divisões de telejornalismo das redes também fossem solicitadas a apresentar lucros, e para tentar alcançar lucro bruto de 20% a 25% as cadeias jornalísticas recorreram a enxugamentos.

Assim que começaram as fusões empresariais nos Estados Unidos, iniciou-se o debate a respeito do equilíbrio de seus efeitos positivos e negativos, mas essa discussão está se deslocando hoje para os setores de oferta de cultura, que até então haviam se

fornecimento de cultura, também estimulava e ainda estimula práticas ambíguas, duvidosas e até ilegais entre muitos fornecedores.

18. Assim, atualmente, a rede de tevê ABC é propriedade da Disney, que produz não só filmes, mas também programas televisivos, assim como parques temáticos que podem se tornar temas de filmes ou programas ou que podem ser anunciados na rede. Numa escala menor, editoras de livros populares compram editoras de livros didáticos, editoras de livros adquirem revistas e empresas europeias se fundem com norte-americanas para obter mercados multicontinentais.

mantido fora dela. Ainda não há dados que permitam saber se as transformações econômicas estão aumentando ou reduzindo a quantidade e a diversidade dos produtos culturais. Imensas editoras e cadeias de livros podem parar de estocar livros pouco vendáveis, criando assim vácuos que podem ser ocupados por pequenas editoras, ao menos até que estas tenham de competir com os vendedores pela internet, que podem simplesmente não ter depósitos.

É preciso observar também outra parte da equação do lado da oferta: os criadores culturais, acerca dos quais pouco se sabe. Todavia, ainda que todos os criadores estejam agora trabalhando para empregadores corporativos, os da alta cultura permanecem uma exceção. Eles costumam trabalhar para universidades e instituições similares sem fins lucrativos – e, provavelmente, cada vez mais. Também têm incentivos contínuos para se separarem de seus pares da cultura popular, já que seu público principal ainda consiste em outros profissionais da alta cultura e não no mesmo público dos criadores da cultura popular.[19]

O LADO DA DEMANDA ⊙ Embora o aumento da diversidade dos produtos culturais e a restrição dessa diversidade funcionem como fatores necessários na divergência e convergência, não são suficientes, pois, em geral, as mudanças na oferta não afastam nem aproximam as pessoas de um ou outro gosto. Os fatores suficientes devem ser procurados no lado da demanda, exceto na circunstância incomum em que a oferta seja tão limitada que as pessoas não tenham mais alternativas.

Quem sabe a mudança mais básica do lado da demanda seja o aumento já mencionado da renda disponível, especialmente entre as classes mais abastadas, embora seja entre o público mais jovem que esse aumento muitas vezes faça a maior diferença cultural. Quando eles têm mais dinheiro para gastar, suas demandas podem praticamente controlar gêneros culturais inteiros, com destaque para filmes e músicas populares. Consequentemente, de vez em quando os adultos têm de assistir a filmes produzidos principalmente para o público jovem ou, o que é mais provável, convergir para uma quantidade menor de filmes produzidos para sua faixa etária. No campo da música, os adultos provavelmente têm de esperar por *revivals* das décadas passadas, onde se

[19] Como antes, todos os criadores trabalham, de certa forma, para seus pares, incluindo os produtores dos filmes mais onerosos de Hollywood.

localizam suas preferências. Na televisão, os anunciantes estão mais interessados em atrair telespectadores entre 18 e 34 anos ou entre 18 e 49 anos, que são considerados os maiores consumidores dos bens anunciados, forçando as pessoas mais velhas a se adaptar aos seus gostos. Nesse caso, como em outros, uma mudança no lado da demanda por parte de uma população pode resultar numa mudança da oferta por outra.

Uma mudança econômica semelhante é o aumento da desigualdade econômica, que produziu divergência nas duas extremidades da estrutura de classe – e, portanto, da estrutura de gosto. Os ricos acharam novas maneiras de consumo extravagante, enquanto os pobres continuam a viver praticamente fora da estrutura de gosto, frequentemente tendo dinheiro somente para um aparelho de tevê, que é utilizado para ajudar a pajear as crianças.

A segunda mudança importante da demanda deriva de um aumento do nível educacional do país, que reduziu a quantidade de pessoas com nível de escolaridade básico e aumentou a população com formação superior. Um resultado disso foi o declínio dos produtos de baixa cultura e o aumento dos de média cultura, além de uma convergência cultural mais generalizada.

Além disso, a combinação de mais dinheiro para gastar e educação ajudou a aumentar a variedade de produtos culturais em que as pessoas podem gastar seu tempo e dinheiro – e, se elas os escolherem, marcar suas diferenças de gosto e classe. Esses produtos incluem invenções modernas como "objetos de coleção", que são menos onerosos que artes e antiguidades originais colecionadas pelos ricos, mas muitas vezes mais dispendiosos que os antigos passatempos da classe trabalhadora e da classe média.

A terceira mudança é o mencionado declínio do uso da cultura como indicador de status. Até um quarto de século atrás, os adolescentes de classe média deviam ficar longe da cultura popular associada com a classe trabalhadora e o proletariado. Os pais ainda criam os filhos num estilo baseado em classe e com objetivos baseados em classe, mas os mais jovens conseguem se separar culturalmente dos adultos mais cedo do que no passado, embora sejam frequentemente influenciados pela pressão dos colegas. Mesmo quando os pais desejam fazer essa pressão, não é claro que consigam de fato direcionar a vida cultural dos filhos. Está cada vez mais difícil para os pais exercer esse tipo de autoridade, motivo pelo qual jovens onívoros são mais frequentes do que no passado.[20]

20 · Provavelmente, os jovens da classe média têm mais tempo e dinheiro para se mover livremente

Uma questão afim é o efeito sobre o gosto da crescente concorrência por bons empregos em certos trabalhos e profissões. A terminologia do momento para a cultura como indicador de status é *capital cultural*, mas me abstenho de empregar esse termo porque ele vem sendo usado cada vez mais amplamente e para funções distintas, variando da cultura que as crianças da pré-escola trazem para a classe até o conhecimento instrumental que as pessoas precisam ter para realizar seu trabalho.

O uso mais interessante da terminologia, ao menos para este livro, foi a que lhe deu originalmente Pierre Bourdieu, ao considerar, entre outras coisas, em que medida o conhecimento ou a prática da alta cultura era um requisito de capital cultural para o exercício de certos cargos profissionais da elite francesa. Ele constatou, assim como Michèle Lamont posteriormente, que o conhecimento e a prática da alta cultura, eram, de fato, muitas vezes um requisito para alguns desses cargos.[21]

Embora atualmente esse requisito esteja sendo flexibilizado na França e em outros países europeus, a maioria dos cargos profissionais da elite norte-americana parece

---

entre os níveis de gosto do que os jovens da classe trabalhadora, mas há pouco conhecimento público acerca das diferenças de classe nas escolhas culturais dos adolescentes. Não se conhece muito acerca do que acontece ao gosto adulto quando os filhos partem para constituir suas próprias unidades domésticas, ou quando pessoas mais velhas se mudam para comunidades de aposentados ou passam uma parte crescente de seu tempo como visitantes de culturas estrangeiras. Ainda nem mesmo sabemos o que os turistas de diversas culturas de gosto trazem de volta de suas viagens.

21. Ver Pierre Bourdieu, *Distinction: A Social Critique of the Judgement of Taste*, Cambridge: Harvard University Press, 1984. Ver também Michèle Lamont, *Money, Morals, and Manners: The Culture of the French and American Upper Middle Class*, Chicago: University of Chicago Press, 1992, que também questionou algumas constatações de Bourdieu, assim como fez Bonnie Erickson (num local empírico menor), em "Culture, Class, and Connections", *American Journal of Sociology* 102, julho de 1996, pp. 217-251.

A obra *Distinction*, de Bourdieu, difere do meu livro pelo fato de ser mais abrangente, pois inclui, entre outras coisas, análises empíricas sistemáticas e uma análise filosoficamente sofisticada da estética do gosto. Além disso, as posturas de Bourdieu em relação à alta cultura eram mais positivas do que as minhas, e em relação aos meios de comunicação de massa, mais críticas. Seus sentimentos acerca dos meios de comunicação de massa parecem ter se tornado ainda mais negativos nos últimos anos, como em seu livro *On Television* (Nova York: New Press, 1996).

nunca tê-lo exigido. A aristocracia se distinguia dos novos-ricos do comércio e da indústria de diversas maneiras, mas tratava a cultura mais como um indicador de status do que como capital cultural, ao menos no sentido literal em que Bourdieu utilizou o termo.

As elites que comandaram a maioria dos ramos e empresas norte-americanos do século XX copiaram alguns estilos tanto dos velhos como dos novos-ricos, mas quase nunca insistiram nas escolhas da alta cultura como capital cultural, e, mais provavelmente, esperavam que os executivos se associassem a clubes de golfe. De fato, o crítico Van Wyck Brooks, a cujos textos devemos os termos *highbrow* e *lowbrow*, utilizou-os não como critérios culturais, mas sim como critérios éticos para pessoas de negócios.[22] Enquanto isso, os executivos de alguns ramos – por exemplo, o do petróleo – orgulhavam-se de sua fidelidade contínua à cultura masculina da classe trabalhadora, mesmo depois de ficarem muito ricos.[23]

Parece provável que o uso da cultura como capital – em especial da alta cultura – revele, a longo prazo, associações com uma estrutura de classe pré-industrial ou economicamente estática, em que se podiam utilizar indicadores não econômicos para selecionar pessoas para cargos de elite. No entanto, se a economia altamente competitiva e cada vez mais global continuar, os executivos e outras elites serão cada vez mais escolhidos por sua capacidade econômica ou política de produzir lucros ou participações maiores no mercado, tornando assim irrelevante qualquer tipo cultura e talvez até mesmo a disposição de jogar golfe.

É difícil prever se a cultura deixará de ser usada um dia como indicador de status, pois a definição de status depende de outros fatores. Por exemplo, se a concorrência econômica esquentar, o status será medido mais pela capacidade de ter êxito, mas se a igualdade econômica, em emprego e renda, tender a aumentar, então as pessoas

---

[22] Para Brooks, os *highbrows* refletiam a teologia puritana dos puritanos; os *lowbrows*, o pragmatismo de Benjamin Franklin e outros. Van Wyck Brooks, *America's Coming of Age*, Nova York: Doubleday, 1958, cap. 1. O livro foi publicado originalmente com um título diferente, em 1915.

[23] Para uma crítica mais ampla à teoria do capital cultural, ver David Halle, *Inside Culture*, op. cit., especialmente pp. 196-200 e *passim*; e Michèle Lamont e Annette Lareau, "Cultural Capital: Allusions, Gaps, and Glissandos in Recent Theoretical Developments", *Sociological Theory* 6, outono de 1988, pp. 153-168.

poderão ser classificadas mais por seus comportamentos não econômicos, como o de usar a cultura para obter satisfação durante as horas de lazer.

No último quarto de século, a demanda cultural, como já assinalado, foi afetada pela maior importância que alguns usuários de cultura atribuem à raça e ao gênero, especialmente porque os não brancos e as mulheres conquistaram mais dinheiro e poder. Por exemplo, graças ao crescimento da classe média negra e de seu poder de compra, mais fornecedores de cultura negra apareceram no mercado cultural, entre eles os que atendem ao interesse pela identidade e cultura negras. O fenômeno distinto da quantidade crescente de personagens negros na programação das redes de tevê e na televisão independente também se deve ao crescente poder de compra dos negros e, além disso, à lenta migração de alguns brancos da tevê "gratuita" para a paga. Outrora, a alta cultura negra dependia dos apoiadores e usuários brancos, mas, atualmente, possui uma base sólida, ainda que relativamente pequena, no meio acadêmico. No entanto, as circunstâncias raciais que observei na primeira edição não mudaram significativamente: os negros ainda não são tão importantes no mercado para obter da cultura popular integrada, ou exclusivamente negra, tanto quanto muitos afirmam que eles gostariam.[24]

A desigualdade de gênero sempre existiu na ficção e nos esportes, e aumentou quando ambos se tornaram programação padrão da tevê; ainda hoje, é tão raro encontrar telenovelas escritas para homens quanto filmes de ação para mulheres.[25] Fragmentos de cultura feminista podem ser encontrados onde o movimento feminista é forte, sobretudo na classe média alta, mas as feministas também influenciaram o restante da cultura popular, especialmente na medida em que as heroínas de telenovelas e romances literários possuem mais autoridade, poder e autonomia do que no passado.

A adição mais nova para o lado da demanda é a cultura gay, que só passou a existir abertamente depois que os gays, masculinos e femininos, "saíram do armário". A cul-

---

[24] Ver, por exemplo, Paul DiMaggio e Francie Ostrower, "Participation in the Arts by Black and White Americans", *Social Forces* 68, março de 1990, pp. 753-778.

[25] O mesmo é verdade para programas esportivos femininos, embora a patinação no gelo, amadora e profissional, tenha se tornado popular entre as telespectadoras, e a adição de drama e biografias pela NBC na sua cobertura dos Jogos Olímpicos tenha contribuído para um aumento considerável de sua audiência feminina.

tura gay ainda se limita predominantemente a áreas e instituições gays e parece ser estratificada por classes e outros critérios. Mas, sem dúvida, ainda que lentamente, os temas e os personagens gays não estigmatizados, embora estereotipados, já aparecem na cultura popular. No entanto, imagens explícitas de conteúdo sexual gay continuam sendo tabu. De fato, protestos intensos contra os gays – e muitas vezes bem organizados, em grande medida pela crescente direita religiosa – forçaram a redução do financiamento federal para a alta cultura, particularmente pelo National Endowment for the Arts, em parte por causa de seu apoio a exposições públicas de cultura gay abertamente sexual, em especial nas artes visuais e dramáticas.

AS NOVAS MÍDIAS ⊙ Nenhuma atualização deste livro seria completa sem ao menos um breve comentário sobre duas "novas" mídias que apresentam acentuada tendência a adquirir mais importância no futuro próximo.[26] Uma é a expansão, alardeada há muito tempo, do espectro da tevê para quinhentos canais, sem mencionar outras inovações possibilitadas por satélites novos e mais baratos e também pela digitalização. A outra é, claro, a internet ou a World Wide Web. Com a internet, chega a possível convergência de aparelhos de tevê e computadores, e até de rádios e telefones, num aparelho de comunicações único e versátil.[27]

A expansão do espectro da tevê tende a estimular mais diversidade cultural, mas muito menos do que se justifica pela quantidade de novos canais, que devem, portanto, tentar sobreviver exibindo os mesmos programas, principalmente filmes em horários diferentes. Ninguém ainda sabe a quantos canais as pessoas realmente assistem hoje em dia, mas parece provável que a quantidade não se pode expandir além de um limite modesto, a menos que novos públicos de gosto sejam criados para entretenimento ou informação, ou ambos, ou que a quantidade de tempo que as pessoas estejam dispostas ou possam assistir à tevê aumente consideravelmente. Além disso, mesmo que

---

[26] Há outras mídias novas, ou novas versões de antigas, é claro. Uma é o CD-ROM, que pode ser utilizado para gravar, apresentar e analisar grandes quantidades de cultura em um único lugar.

[27] Os nomes populares utilizados para descrever o mundo *on-line* continuam mudando e crescendo, já que aquilo que atualmente se denomina Web e internet foi descrito, há apenas cinco anos, como "a superestrada da informação". Para os tecnicamente sofisticados, porém, a Web é só uma parte da internet.

se implantem sistemas de quinhentos canais, isso não fará que um canal exclusivo de alta cultura se torne economicamente viável.

No entanto, alternativas são concebíveis; por exemplo, que o custo de possuir e administrar um canal de tevê a cabo decline bastante, para que públicos de gosto constituídos por poucas pessoas possam obter seus próprios canais e programas; ou que os norte-americanos escolham compartilhar a diversidade internacional da programação de tevê. Nenhuma dessas possibilidades, nem qualquer outra, parece provável no momento, e pode-se prever, portanto, que mesmo com um espectro de tevê de 250 a 500 canais muitos telespectadores continuarão a reclamar que não há nada para assistir.

O futuro da internet a curto prazo parece igualmente previsível: se ele repetir o passado, uma vez que a nova mídia atraia um público regular de tamanho considerável, as empresas bem capitalizadas dominarão o uso desse novo meio, trazendo com elas a programação mais lucrativa das velhas mídias; nesse caso, o entretenimento televisivo.[28] Como resultado, os setores comerciais dos sistemas de estratificação e hierarquia cultural existentes são basicamente reproduzidos na nova mídia, desde a alta cultura até a baixa cultura, com a alta cultura dependente como sempre dos fundos públicos.

No entanto, como o espectro da internet é infinito, a programação lucrativa apoiada por grandes anunciantes provavelmente não poderá veicular outro conteúdo *off-line*. Se o custo de fornecer conteúdo *on-line* permanecer baixo, outras culturas, incluindo a alta e a baixa, mas também novas e imprevisíveis variações e gostos culturais, provavelmente encontrarão espaço em algum lugar na internet, embora talvez se tornem mais difíceis de achar.[29]

Todavia, como os públicos parecem preferir escolher dentre um número limitado de opções, os principais mecanismos de busca da internet podem desenvolver isso de modo não muito diferente daquele das principais redes de tevê e revistas de grande circulação.

---

28. A história midiática já se repetiu outra vez, pois a internet, como outras mídias quando eram novidade, foi dominada de início, e talvez ainda seja, pelas audiências interessadas em pornografia.

29. Já que os indivíduos podem criar seus próprios *websites*, a internet habilitará as pessoas a transformar sua cultura privada em cultura pública, supondo que alguns membros do público estejam dispostos a prestar atenção ao produto da audiência.

Contudo, a tecnologia da internet comercial e a produção de conteúdo são ainda relativamente novas. Se a internet e os computadores se tornarem bastante baratos e mais amigáveis para pessoas que ainda não conseguiram programar um videocassete, e se as telas dos computadores ficarem mais fáceis de ler ou puderem ser produzidas em formatos que se assemelhem a livros ou a outros meios antigos, é possível que ocorram divergências culturais até agora imprevistas. Nesse caso, os meios antigos poderão começar a encolher ou a desenvolver novos produtos para outros públicos de gosto e preferências culturais.

Além disso, o gosto das pessoas por tecnologia varia. Com frequência, o público da alta cultura se mostrou mais resistente, pelo menos verbalmente, à ideia de desistir das antigas tecnologias. Se o computador puder ser combinado com o aparelho de tevê, o último não será mais necessário, mas rádios e toca-discos poderão sobreviver entre aqueles que não estão dispostos ou não podem contemplar telas, como os motoristas de carro. Os filmes, assim como o teatro da Broadway, podem fornecer entretenimento em ambientes sociais e em escalas que as telas domésticas, mesmo as de grandes dimensões, nunca serão capazes de imitar, supondo que o público do futuro, já propenso a empreender mais viagens turísticas ao exterior, também vai querer sair de casa com frequência suficiente para ir ao cinema ou ao teatro, e que os jovens ainda terão acesso limitado a outros lugares onde podem ter privacidade.

Ademais, mesmo que, em teoria, a internet, os CD-ROMs e seus sucessores consigam acabar com a mídia impressa, esta última possui outras virtudes de uso, e o desaparecimento de jornais, revistas e livros parece improvável, mesmo que não conservem as mesmas formas do final do século XX. Na realidade, nem mesmo sabemos quantas pessoas estão dispostas a abrir mão de relações face a face e ligações telefônicas em favor de salas de bate-papo virtuais, *e-mails* e dispositivos de comunicações aparentemente pessoais.

Um dos efeitos mais previsíveis da chegada das novas mídias é a batalha pelo domínio comercial entre o novo e o antigo, e, se o novo ganhar, isso será controlado pelo público (ou públicos) de gosto culturalmente dominante. Se a internet se tornar um meio de comunicação verdadeiramente de massa no futuro próximo, provavelmente também será dominado pela cultura média inferior. Ao mesmo tempo, esforços crescentes serão feitos pelos grupos conservadores para reduzir seu conteúdo cultural e politicamente liberal.

Se essa censura for tecnologicamente possível e politicamente viável, o cardápio "dissidente" poderá se mudar para mídias mais antigas, que não estão mais na ribalta política, mas precisará achar novas fontes de receita para sobreviver. Todavia, esse cardápio poderá ser censurado mesmo na mídia mais antiga. A maneira pela qual países similares reagem contra as representações de sexo e violência dos meios de comunicação de massa varia muitíssimo, podendo continuar dessa forma numa economia de entretenimento mais global. Em consequência, parece impossível prever o que os futuros cidadãos e o Estado norte-americanos considerarão criminalmente imoral ou cultural e politicamente inaceitável para justificar tentativas de enfraquecer a Declaração de Direitos do Cidadão.

Finalmente, o efeito a longo prazo da nova mídia, e também da oferta, da demanda e de outras mudanças sugeridas nesta introdução, é aumentar a diversidade geral da cultura popular e alta cultura, dos públicos e culturas de gosto, e da cultura norte-americana mais ampla. Se a economia do país permitir, é possível que algum dia haja mais públicos e culturas de gosto do que as que podemos contar nos dedos das mãos.

⊙ ⊙ ⊙

⊙ CAPÍTULO 1

Crítica à cultura de massa

A crítica à cultura popular ou de massa tem hoje duzentos anos e, em sua forma contemporânea, enfatiza quatro temas principais:

1. *O caráter negativo da criação da cultura popular.* A cultura popular é indesejável porque, ao contrário da alta cultura, é produzida em massa por empreendedores orientados pelo lucro somente para a satisfação de um público pagante.

2. *Os efeitos negativos sobre a alta cultura.* A cultura popular se apropria da alta cultura, aviltando-a, e também seduz muitos possíveis criadores de alta cultura, esgotando seu reservatório de talento.

3. *Os efeitos negativos sobre o público da cultura popular.* Na melhor das hipóteses, o consumo do conteúdo da cultura popular produz satisfações espúrias e, na pior, é emocionalmente prejudicial ao público.

4. *Os efeitos negativos sobre a sociedade.* A distribuição ampla da cultura popular não só reduz o nível da qualidade cultural – ou civilização – da sociedade, como também estimula o totalitarismo, criando uma audiência passiva, peculiarmente responsiva às técnicas de persuasão de massas utilizadas pelos demagogos propensos à ditadura.

Cada uma dessas acusações será discutida com mais detalhe, embora eu não possa descrever cada um dos diferentes argumentos que elas invocam nem indicar as diferenças de opiniões entre cada crítico.[1] Por isso, apresentarei evidências a favor e contra essas acusações. Infelizmente, faltam pesquisas empíricas que nos permitam

---

[1] As principais assertivas da crítica são apresentadas em dois livros. O primeiro é Bernard Rosenberg e David M. White (orgs.), *Mass Culture: The Popular Arts in America*, Glencoe, Ill.: The Free Press, 1957, sobretudo os artigos de Bernard Rosenberg, José Ortega y Gasset, Leo Lowenthal, Dwight MacDonald, Clement Greenberg, T. W. Adorno, Marshall McLuhan, Irving Howe, Ernest van den Haag, Leslie Fiedler e Melvin Tumin. O segundo livro é Norman Jacobs (org.), *Culture for the Millions*, Prin-

testar as assertivas factuais dessas críticas, e, ocasionalmente, recorrerei a observações, impressões e até especulações pessoais.² Muitas críticas se baseiam em premissas de valor que não podem ser estudadas empiricamente e, nesse caso, analisarei as suposições implícitas nelas, questionando as que me parecem injustificáveis ou indesejáveis.³

OS DEFEITOS DA CULTURA POPULAR COMO EMPREENDIMENTO COMERCIAL ⊙ A crítica do processo de criação da cultura popular consiste numa inter-relação destas três acusações: a cultura de massa é uma indústria organizada para o lucro; para ser lucrativa, essa indústria deve criar um produto homogêneo e padronizado que atraia a audiência de massa; isso requer o processo industrial de transformar o criador num operário de uma linha de montagem de produção em massa, exigindo que ele renuncie à expressão individual de sua própria habilidade e valores.

Por exemplo, Lowenthal escreve:

> O declínio do indivíduo nos processos de trabalho mecanizados da civilização moderna faz surgir a cultura de massa, que substitui a arte popular ou a arte "erudita". O produto da cultura popular não possui nenhuma das características da arte genuína, mas, no todo, a cultura popu-

---

ceton, N.J.: Van Nostrand, 1961, sobretudo os artigos de Hannah Arendt, Ernest van den Haag, Oscar Handlin, Randall Jarrell e Stanley Edgar Hyman. Ver também T. S. Elliot, *Notes Towards the Definition of Culture*, Nova York: Harcourt, Brace, 1949, e a obra de F. R. Leavis, por exemplo, F. R. Leavis e Dennys Thompson, *Culture and Environment*, Londres: Chatto and Windus, 1937.

2. A refutação mais difundida, embora implícita, da crítica à cultura de massa se encontra na análise favorável e empática da cultura popular de David Riesman. Ver David Riesman, com Reuel Denney e Nathan Glazer, *The Lonely Crowd*, New Haven: Yale University Press, 1950, em particular os capítulos 4 e 5, e David Riesman, *Individualism Reconsidered*, Glencoe, Ill.: The Free Press, 1954, Parte 4. A melhor refutação de base empírica das acusações contra a cultura de massa está em Raymond A. Bauer e Alice H. Bauer, "American Mass Society and Mass Media", *Journal of Social Issues* 16, n. 3, 1960, pp. 3-66. Ver também Joseph Klapper, *The Effect of Mass Communication*, Nova York: The Free Press of Glencoe, 1960; Wilbur Schramm (org.), *The Science of Communication*, Nova York: Basic Books, 1963; e Edward Shils, "The Mass Society and Its Culture", em Jacobs, *Culture for the Millions*, op. cit., pp. 1-27.

3. Sobre esse problema, ver Paul Lazarsfeld, "Afterword", em Gary Steiner, *The People Look at Television*, Nova York: Alfred A. Knopf, 1963, pp. 409-422.

lar midiática demonstra ter suas próprias e genuínas características: padronização, estereotipia, conservadorismo, falsidade, bens de consumo manipulados.[4]

Dwight MacDonald expressa isso de maneira mais cáustica:

> A cultura de massa é imposta de cima para baixo. É fabricada por técnicos contratados por homens de negócios; seu público são consumidores passivos, que têm como única participação a escolha entre comprar ou não comprar. Os senhores do *kitsch*, em resumo, exploram a necessidade cultural das massas, a fim de lucrar e/ou manter seu sistema de classes.[5]

Nessas acusações estão implícitas as comparações com a alta cultura, retratada como uma cultura não comercial, cujo produto, heterogêneo e não padronizado, é obtido mediante um processo criativo em que cada criador trabalha para realizar seus fins pessoais mais do que os interesses do público.

⊙ *Diferenças entre culturas* A evidência sistemática para avaliar as três acusações é escassa, mas as diferenças entre cultura popular e alta cultura como instituições econômicas são menores do que as sugeridas. Sem dúvida, a cultura popular é distribuída por empresas com fins lucrativos, que procuram maximizar o público, mas o mesmo acontece na alta cultura, ao menos nos Estados Unidos, onde as subvenções governamentais e os patronos ricos são poucos. Embora muito se tenha escrito acerca da competitividade intensa e do cinismo do *marketing* de Hollywood e da Madison Avenue (sede da indústria de propaganda norte-americana), um estudo sobre galerias de arte, revistas e editoras de livros voltados para o público de alta cultura mostraria características parecidas. De fato, as pressões para iludir o cliente e aparar arestas nas relações com os concorrentes podem ser até mais marcantes em algumas empresas de alta cultura, como acontece, por exemplo, no mundo das artes plásticas, tão somente porque é mais difícil fazer negócio em seu pequeno mercado.

4· Leo Lowenthal, "Historical Perspectives of Popular Culture", em Rosenberg e White, *Mass Culture*, *op. cit.*, p. 55.

5· Dwight MacDonald, "A Theory of Mass Culture", em Rosenberg e White, *Mass Culture*, *op. cit.*, p. 55.

Uma diferença importante entre cultura popular e alta cultura é o tamanho e a heterogeneidade do público total.[6] A alta cultura interessa a um número pequeno de pessoas, provavelmente não mais do que meio milhão nos Estados Unidos, enquanto um programa de tevê popular pode atrair uma audiência de mais de 40 milhões de telespectadores. Como a audiência popular é maior, também é mais heterogênea. Embora o público da alta cultura orgulhe-se da individualidade de seus gostos, é, de fato, mais homogêneo que os públicos da cultura popular. Dado o tamanho da audiência, a cultura popular é muitas vezes produzida em massa, mas o mesmo acontece na alta cultura; por exemplo, seus livros, discos e filmes. Alguns usuários da alta cultura são bastante ricos para adquirir pinturas originais, mas a maioria, como os compradores de arte popular, devem se satisfazer com gravuras produzidas em massa.

Para produzir uma cultura barata que as pessoas de renda normal tenham condições de comprar, os criadores da cultura popular, diante de um público heterogêneo, devem apelar a padrões estéticos comuns a esse público e enfatizar o conteúdo que será significativo para a maior parcela possível dele. No entanto, pode-se questionar se a cultura resultante é ou não mais homogênea que a alta cultura. A cultura popular é mais padronizada, faz mais uso de fórmulas, tramas e personagens estereotipados, embora nem mesmo a alta cultura esteja livre da padronização. Por exemplo, muitos dos atuais romances "sérios" transformaram o tema do artista quando jovem, apropriado originalmente de Joyce e D. H. Lawrence, numa fórmula que retrata um jovem estereotipado em luta para desenvolver sua identidade como artista. Os filmes de faroeste podem se assemelhar uns aos outros mais do que os dramas de gênero similar da alta cultura, mas as diferenças entre os filmes de faroeste e as comédias familiares são tantas quantas as que existem entre os dramas e as comédias da alta cultura. Ou seja, as diferenças dentro de um determinado gênero não são menores na cultura popular do que na alta cultura; existem tantas variedades de rock quanto de música de câmara barroca, ainda que os acadêmicos só estudem – e, portanto, divulguem – as variações desta última. Da mesma forma, as diferenças formais e substantivas abundam na arte popular, ainda que sejam menos visíveis do que as da arte erudita, que são discutidas por críticos e

---

6· As implicações a respeito do tamanho da audiência são discutidas por Rolf Meyersohn, "A Critical Examination of Commercial Entertainment", em Robert W. Kleemeier (org.), *Aging and Leisure*, Nova York: Oxford University Press, 1961, pp. 243-272, especialmente pp. 254 ss.

classificadas em escolas por acadêmicos. Sob diversos aspectos, as diferentes escolas da alta cultura são equivalentes às diferentes fórmulas da cultura popular, já que ambas representam soluções amplamente aceitas para um determinado problema criativo.

Como cada cultura de gosto é sensível somente à sua própria diversidade e julga que as outras são mais uniformes, um estudo comparativo criterioso seria necessário para afirmar se há, de fato, mais diversidade na alta cultura do que na cultura popular. A mesma observação se aplica à quantidade de originalidade, inovação e experimentação consciente. As duas culturas estimulam a inovação e a experimentação, mas tenderão a rejeitar o inovador se sua inovação não for aceita pelo público. Os experimentos da alta cultura rejeitados pelo público durante a vida do criador podem, porém, tornar-se clássicos em outra época, enquanto os experimentos da cultura popular são esquecidos se não tiverem êxito imediato. Mesmo assim, a inovação é rara nas duas culturas, embora na alta cultura seja celebrada e na cultura popular seja tida como natural. Sendo a alta cultura mais atemporal que a popular, seus clássicos são constantemente revividos pelos públicos contemporâneos, mas, desde o final dos anos 1960, quando a nostalgia começou a ser lucrativa, os clássicos da cultura popular também foram revividos, geralmente em formas modernizadas.

⊙ *Diferenças entre os criadores* Finalmente, as diferenças entre os motivos, os métodos e os papéis dos criadores também são menores do que foi sugerido.[7] Diversos estudos indicaram que os criadores estão se comunicando com um público, real ou imaginário, mesmo na alta cultura, e que são falsos os estereótipos do artista solitário da alta cultura que cria só para si e dos criadores da cultura popular que suprimem seus próprios valores para agradar ao público.[8] Da mesma maneira que o criador da alta cultura, muitos criadores da cultura popular querem expressar seus valores e gos-

---

[7] Ver, por exemplo, a análise brilhante do falecido Hugh Dalziel Duncan a respeito do relacionamento entre criadores, audiências e críticos, em seu *Language and Literature in Society*, Chicago: University of Chicago Press, 1953, particularmente o Capítulo 4.

[8] Dois estudos experimentais sobre as relações entre criador e audiência se tornaram clássicos: Raymond A. Bauer, "The Communicator and His Audience", e Ithiel De Sola Pool e Irwin Shulman, "Newsmen's Fantasies, Audiences and News Writing", ambos em Lewis A. Dexter e David M. White (orgs.), *People, Society and Mass Communications*, Nova York: Free Press, 1964, pp. 125-140 e 141-159,

tos pessoais – e estar livres do controle do público e dos executivos da mídia. Reciprocamente, os artistas "sérios" também querem obter respostas positivas de seus colegas e públicos, e seus trabalhos também são uma solução conciliatória entre seus próprios valores e os do público que almejam. Alguns criadores de alta cultura, especialmente os que trabalham como *freelancers*, podem priorizar seus próprios valores aos do público e aceitar um público menor em troca, enquanto muitos criadores da cultura popular, ao menos os que são empregados, devem produzir para uma grande audiência e não podem fazer essa troca. (Cabe ainda estudar se essas reações estão relacionadas com a cultura ou com a posição que se ocupa dentro da entidade produtora de cultura.)

Todavia, os criadores de cultura popular também procuram impor seus próprios gostos e valores ao público, e muitos se veem como educadores populares que tentam melhorar o gosto do público. Por exemplo, quando entrevistei autores de seriados populares da tevê alguns anos atrás, eles mencionaram que sempre tentavam inserir seus próprios valores nos textos, especialmente para fazer uma observação de cunho moral ou didático. Se e quando os produtores objetavam – como algumas vezes faziam –, o resultado final era geralmente uma solução conciliatória, já que o produtor não pode sobreviver sem o autor, e os autores, como seus pares da alta cultura, relutam em comprometer seus próprios valores.[9] Em filmes e peças teatrais, onde o ritmo da produção é mais vagaroso e o orçamento mais flexível, o autor que não é capaz de desenvolver uma solução conciliatória para o texto é substituído por outro, e, às vezes, diversos autores – e diretores – passam por um filme ou peça antes da estreia. Na alta cultura, por outro lado, os criadores que não conseguem produzir para um público são simplesmente ignorados, e seus produtos se esvanecem em museus, bibliotecas e estudos acadêmicos.

Um dos principais motivos do conflito entre autores e produtores tem a ver com as diferenças de classe e educacionais entre os criadores da cultura popular e seus públi-

---

respectivamente. Sobre as análises organizacionais da relação entre criador e audiência, ver Paul M. Hirsch, "Processing Fads and Fashions", *American Journal of Sociology* 77, janeiro de 1972, pp. 639-659; e Edward J. Epstein, *News from Nowhere*, Nova York: Random House, 1973. Meu próprio trabalho é descrito com mais detalhes em "The Creator Audience Relationship: An Analysis of Movie-Making", em Rosenberg e White, *Mass Culture, op. cit.*, pp. 315-324, e "How Well Does Television Cover the News?", *New York Times Magazine* 119, 11 de janeiro de 1970, pp. 30-45.

[9] Para obter mais detalhes, ver Muriel Cantor, *The Hollywood Producer*, Nova York: Basic Books, 1971.

cos, diferenças que não existem – ou, ao menos, não são tão frequentes – na alta cultura. Muitos criadores da cultura popular pertencem à classe média alta e são mais bem educados que seus públicos, de modo que, quando criam para um público de classe média baixa, por exemplo, algumas diferenças de valores e gostos são inevitáveis. Como são de um status mais alto que seus públicos, os criadores procuram impor seus próprios gostos, mas, como o produto que criam deve alcançar o maior público possível, os produtores, cujo emprego depende dos resultados da audiência ou da bilheteria, devem impedi-los de fazer isso. Quando o público de determinada série de tevê (ou filme) é heterogêneo – por exemplo, em faixa etária ou classe – o gosto do autor pode interessar a uma parte desse público, mas não a outras, e grande parte do conflito entre produtor e autor gira em torno de qual desses públicos – ou, mais precisamente, dos públicos que eles imaginam – eles devem priorizar. Quando o público é mais homogêneo, a diferença entre o criador e o público – e o produtor – é muito menor, e, em diversos casos, os criadores compartilham os gostos de seu público. De fato, os criadores de maior popularidade procedem do mesmo ambiente socioeconômico e educacional de seu público e, portanto, compartilham seu gosto, à semelhança do criador de arte folclórica, real ou idealizado, que criava cultura popular para seu público. Na alta cultura, a distância entre criador e público é muito menor, tão somente porque o público é menor, mais homogêneo e geralmente do mesmo contexto educacional e de classe do criador.

Não obstante, alguma distância deverá sempre existir entre os criadores e seus públicos, pois os criadores consideram a cultura de maneira diferente de seus usuários. Os criadores fazem da cultura seu trabalho, enquanto os usuários não, e estes raramente têm tanto interesse ou envolvimento pessoal num produto cultural quanto a pessoa que o criou. Para os criadores, a cultura é frequentemente o princípio organizador de suas vidas, enquanto os usuários tendem mais a tratá-la como um instrumento para informação ou divertimento. Essa diferença entre criadores e usuários, que discutirei mais detalhadamente abaixo como orientação pelo criador e orientação pelo usuário, leva às diferentes perspectivas da cultura que existem na cultura popular e na alta cultura e que são uma causa mais importante da alienação do artista em relação ao público do que as diferenças de valor ou gosto entre eles.[10]

10. A distinção entre orientação pelo criador e orientação pelo usuário se cruza em certos pontos com a distinção de Riesman entre direção para o interior e direção para o outro, sobretudo na medida

Os críticos da cultura de massa são orientados pelo criador; eles sustentam que as diferenças de perspectiva entre criadores e usuários não deveriam existir, pois os usuários têm de se curvar à vontade dos criadores, aceitando o que é dado a eles e tratando a cultura da perspectiva do criador. Se os usuários têm algum direito à sua própria perspectiva e se o fato de a terem influencia a criação da cultura, isso é, evidentemente, uma questão de valores, e, como sustentarei no Capítulo 2, eles têm esse direito, pois a cultura não pode existir sem eles. Um criador precisa de um público e vice-versa, e os dois são essenciais ao produto.

Além disso, a liberdade do criador de cultura popular de ignorar as perspectivas do usuários não é tão limitada quanto frequentemente se pensa, assim como não é ilimitada a liberdade do criador de alta cultura. De fato, um estudo recente com músicos dos estúdios de Hollywood sugeriu que os homens que tocam a música incidental dos filmes achavam seu trabalho mais criativo e suas condições de trabalho mais livres do que quando tocavam em orquestras sinfônicas.[11] Em todos os meios de comunicação de massa, os criadores bem-sucedidos geralmente têm liberdade para fazer o que querem ou o que acham certo, desde que permaneçam dentro de formatos aceitáveis e não antagonizem elementos importantes do público, mas esse também é o caso na alta cultura. Naturalmente, os criadores bem-sucedidos têm liberdade em parte porque aceitaram, consciente ou inconscientemente, os objetivos básicos e as políticas das empresas e instituições em que trabalham e, tanto na alta cultura como na cultura popular, os jovens inovadores enfrentam muitos obstáculos, a menos que ou até que consigam provar que suas inovações serão aceitas.

em que Riesman identifica a habilidade artesanal com aquela primeira. No entanto, meus conceitos referem-se principalmente ao papel que as pessoas desempenham na cultura popular, e, aparentemente, os criadores e os usuários podem ser direcionados para o interior ou direcionados para o outro. Ver Riesman, Denney e Glazer, *The Lonely Crowd, op. cit.* Duncan descreve o que eu denomino orientação pelo criador como defesa dos "princípios da arte". Ver Hugh D. Duncan, *Symbols in Society*, Nova York: Oxford University Press, 1968, p. 196. Para bons exemplos das diferenças e conflitos entre criador e usuário, ver Howard S. Becker, "The Professional Dance Musician and His Audience", *American Journal of Sociology 57*, setembro de 1951, pp. 136-144, e Robert Faulkner, *Hollywood Studio Musician*, Chicago: Aldine-Atherton, 1971.

11· Faulkner, *Hollywood Studio Musician, op. cit.*, cap. 3.

Na verdade, a liberdade dos criadores está mais relacionada ao meio de comunicação em que trabalham, se individual ou coletivo, do que à circunstância de produzirem alta cultura ou cultura popular. Um romancista pode criar um produto acabado sozinho, mas dramaturgos, diretores de cinema e músicos estão inevitavelmente envolvidos em empreendimentos de grupo, e seus trabalhos são frequentemente modificados por outros membros do grupo que também participam na criação do produto acabado. Como é mais antiga e destinada a um público menor, a alta cultura geralmente é comunicada mediante uma mídia individual, mas o conflito artístico entre o dramaturgo e o diretor é tão provável numa peça de alta cultura quanto numa de cultura popular. Na cultura popular, pode haver mais conflitos sobre quais setores do público total se deve alcançar, mas isso se deve ao tamanho e à heterogeneidade do público; e quando um trabalho ocasional de alta cultura torna-se popular, há a mesma pressão sobre o criador para mudá-lo a fim de atrair a audiência popular. Ainda assim, os criadores de cultura popular brigam tão intensamente por suas próprias ideias quanto os criadores de alta cultura, e não faz sentido render-se ao estereótipo fácil e injusto de que os primeiros são charlatães oportunistas determinados a dar ao público o que ele quer.

O PERIGO DA CULTURA POPULAR PARA A ALTA CULTURA ⊙ O segundo tema da crítica à cultura de massa inclui duas acusações: a de que a cultura popular se apropria de conteúdo da alta cultura, aviltando-a; e a de que, por meio de incentivos econômicos, a cultura popular é capaz de seduzir possíveis criadores de alta cultura, prejudicando a qualidade da alta cultura. Van den Haag descreve sua concepção do processo:

> A corrupção da alta cultura do passado pela cultura popular assume numerosas formas, começando com a adulteração direta. Bach adoçado por Stokowski, Bizet tornado grosseiro por Rodgers e Hammerstein [...] Freud vulgarizado em colunas de conselhos de jornais (como ser feliz ainda que ajustado). A corrupção também assume a forma de mutilação e condensação [...] trabalhos são cortados, condensados, simplificados e reescritos até que se esgotem todas as possibilidades de uma experiência incomum ou estética [...].[12]

[12] Ernest van den Haag, "Of Happiness and Despair We Have No Measure", em Rosenberg e White, *Mass Culture, op. cit.*, pp. 524-525.

Conquanto seja justo perguntar o que há de errado em que as culturas se apropriem umas das outras, é um fato que a cultura popular se apropria da alta cultura. Porém, o inverso também é verdadeiro, já que os compositores de alta cultura se apropriam do jazz e da música popular; os dramaturgos da alta cultura, dos mitos do folclore; os arquitetos da alta cultura, dos estilos de construção popular; e os artistas da alta cultura e também o público, da "arte primitiva". No passado, a alta cultura se apropriava somente da arte folclórica, especialmente depois que as pessoas perderam o interesse por ela, mas, com o desaparecimento da arte folclórica, a alta cultura teve de se apropriar de seu sucessor comercial. Atualmente, os compositores sérios se apropriam de melodias da cultura popular, da mesma maneira que seus predecessores se apropriavam da música folclórica e, na década de 1960, Oldenburg e outros artistas plásticos se apropriaram irrestritamente das histórias em quadrinhos e da arte comercial. Talvez a cultura popular se aproprie mais da alta cultura do que o contrário, mas isso porque, até certo ponto, seu público é maior e requer mais produção cultural; se a alta cultura tivesse de satisfazer a mesma demanda quantitativa, possivelmente se apropriaria mais da cultura popular do que hoje em dia.

Quando um produto, estilo ou método da alta cultura é apropriado pela cultura popular, ele é alterado, mas isso também acontece quando as artes populares são absorvidas pela alta cultura. No entanto, quando um item da alta cultura é apropriado, o público da alta cultura pode considerá-lo maculado dali em diante, pois seu uso pela cultura popular rebaixou seu prestígio cultural. Os públicos da cultura popular, por outro lado, podem ficar satisfeitos se seu cardápio se apropriar de uma cultura de status superior ou for apropriado por ela.

Para entender corretamente a acusação de aviltamento, devemos reconhecer os efeitos sobre o criador e os efeitos sobre a cultura em geral. Sem dúvida, os criadores de alta cultura sofrem quando veem seus trabalhos alterados, mas o mesmo acontece com os criadores de cultura popular, ainda que somente os primeiros chamem isso de aviltamento. No entanto, não há evidência de que a apropriação levou ao aviltamento da alta cultura em si ou de sua vitalidade. A criação da alta cultura continua, e não conheço nenhum criador de alta cultura que tenha parado de trabalhar porque suas criações anteriores foram apropriadas pela cultura popular.

A acusação de que a cultura popular seduz possíveis criadores de alta cultura é correta, embora alguns criadores que ganharam dinheiro com a cultura popular sejam também seduzidos pela alta cultura por causa de seu prestígio. No entanto, os criadores de alta cultura que ganham dinheiro na cultura popular não são necessariamente menos criativos na alta cultura.[13] Contudo, essa acusação só poderia ser comprovada se eles tivessem a oportunidade de passar todo o seu tempo nesta última. E, ainda mais importante, não é claro, de modo algum, que haveria mais alta cultura se a escala salarial da cultura popular não fosse tão atraente; nem todo criador de alta cultura é capaz de trabalhar em cultura popular. Por exemplo, poucos escritores de alta cultura conseguem escrever para audiências populares, como demonstrou repetidas vezes o fracasso de romancistas importantes em Hollywood.

Além disso, a vitalidade da alta cultura não seria necessariamente maior se a cultura popular parasse de seduzir possíveis criadores de alta cultura. Dado o tamanho atual do público de alta cultura para música, os violinistas de concerto não teriam mais oportunidades para tocar, e o aumento do número de romancistas de alta cultura só reduziriam as vendas já pequenas de romances individuais. Aumentar a quantidade de criadores de alta cultura elevaria a concorrência entre eles, mas é questionável se isso acrescentaria algo à vitalidade da alta cultura. Se a cultura popular não existisse, os criadores de alta cultura teriam de ganhar a vida em diferentes atividades culturais; os violinistas não conseguiriam sustentar-se tocando na Broadway ou nas orquestras dos estúdios de Hollywood, e, de fato, poderiam ter menos tempo para tocar e ensaiar se tivessem de trabalhar das 9 da manhã às 5 da tarde. Contudo, os autores "sérios" carecem dessas oportunidades; como T. S. Eliot, eles frequentemente têm de assumir trabalhos editoriais de período integral em editoras.

De uma perspectiva estritamente econômica, a alta cultura pode ser descrita como um setor de baixos salários, que perde trabalhadores para concorrentes que oferecem remunerações altas e espera que o restante deles fique satisfeito com os benefícios espirituais de um emprego de salário baixo e status elevado. No entanto, dada a afluência do restante da sociedade, os benefícios espirituais que outrora foram atraentes não são mais suficientes. As crescentes expectativas financeiras dos

---

13. Alguns músicos de estúdio estudados por Faulkner dedicavam boa parte de suas horas de trabalho disponíveis a tocar música de câmara e outras peças de alta cultura, ou a ensinar músicos clássicos em escolas. No entanto, essa atividade "bicultural" é mais fácil para um intérprete do que para um compositor.

criadores de alta cultura só podem ser satisfeitas pelo aumento de suas rendas, e não pela eliminação da cultura popular. Uma solução mais eficaz seria elevar os impostos cobrados dos empreendimentos culturais lucrativos, a fim de subsidiar os projetos não rentáveis, mas socialmente desejáveis.

O IMPACTO DA CULTURA POPULAR SOBRE SEU PÚBLICO ⊙ Um terceiro tema – e muito mais sério – da crítica à cultura de massa acusa a cultura popular de produzir efeitos prejudiciais sobre as pessoas que a utilizam. Diversos efeitos específicos foram postulados: a cultura popular é emocionalmente destrutiva, pois propicia satisfação espúria e é brutalizante em sua ênfase sobre a violência e o sexo; é intelectualmente destrutiva, pois oferece conteúdo vulgar e escapista, que inibe a capacidade das pessoas de lidar com a realidade; é culturalmente destrutiva, pois prejudica a capacidade das pessoas de participar da alta cultura. Por exemplo, MacDonald descreve a cultura popular como

[...] uma cultura degradante, trivial, que anula as realidades profundas (sexo, morte, fracasso, tragédia) e também os prazeres simples e espontâneos [...] As massas, corrompidas por diversas gerações desse tipo de coisas, passam, por sua vez, a demandar produtos culturais triviais e fáceis de digerir.[14]

Van den Haag faz uma afirmação parecida:

No final das contas, todos os meios de comunicação de massa alienam as pessoas da experiência pessoal e, ainda que pareçam contrabalançar isso, intensificam seu isolamento moral mútuo, da realidade e delas mesmas. Podemos recorrer aos meios de comunicação de massa quando estamos sós ou entediados. Mas, quando se tornam um hábito, os meios de comunicação de massa prejudicam a capacidade de vivenciar uma experiência significativa [...] O hábito se alimenta de si mesmo, criando um círculo vicioso como o das drogas [...]. Mesmo a mais profunda das experiências, quando articulada com muita frequência no mesmo nível (pela mídia), é reduzida a um clichê [...]. Diminui a capacidade das pessoas de sentir a vida em si.[15]

[14] MacDonald, em Rosenberg e White, *Mass Culture, op. cit.*, p. 72.
[15] Van den Haag, em Rosenberg e White, *Mass Culture, op. cit.*, p. 529.

A acusação de efeitos prejudiciais se baseia em três hipóteses: o comportamento pelo qual se responsabiliza a cultura popular realmente existe e está difundido; o conteúdo da cultura popular traz modelos desse comportamento; isso, portanto, tem efeitos negativos. Essas hipóteses não têm o apoio dos dados disponíveis.

⊙ *Os efeitos da cultura popular*   Para começar, não há evidência de que a vasta quantidade de norte-americanos expostos à cultura popular possam ser descritos como atomizados, narcotizados, brutalizados, escapistas ou incapazes de lidar com a realidade. Essas descrições são difíceis de converter em medições empíricas, razão pela qual se espalham facilmente como boatos, mas a visão geral que se pode formar com base na pesquisa sociológica, especialmente a partir dos estudos sobre comunidades, é que a maioria das pessoas não são átomos isolados, mas membros de família, colegas e grupos sociais, e que, no interior desses grupos, tendem a ser morais, afáveis, pragmáticas e, às vezes, bastante altruístas. No entanto, em situações de estresse, e quando afrontadas por estranhos que lhe parecem ameaçadores, podem ficar bastante insensíveis e até violentas. Os estudos realizados com populações pobres sugerem que, entre os muito pobres, alguns (mas não todos) são socialmente isolados, deprimidos e até narcotizados, dados a patologias que podem ser escapistas ou brutalizantes, refugiando-se no vício ou em doenças mentais graves, em vez de lidar com a realidade.[16] Há também alguma evidência de que os pobres utilizam os meios de comunicação de massa mais intensamente que as outras pessoas e confiam mais neles,[17] mas as pesquisas sobre as causas das doenças mentais indicam claramente que os responsáveis por elas são o estresse, a crise e a insegurança constantes que acompanham a pobreza.[18]

16· Dentre os recentes estudos de comunidades de pobres, ver Kenneth Clark, *Dark Ghetto*, Nova York: Harper & Row, 1965; Elliot Liebow, *Tally's Corner*, Boston: Little Brown, 1967; Lee Rainwater, *Behind Ghetto Walls*, Chicago: Aldine, 1970; e Carol B. Stack, *All Our Kin*, Nova York: Harper & Row, 1974. Entre os principais estudos de saúde mental, incluem-se August B. Hollingshead e Frederick C. Reidlich, *Social Class and Mental Illness*, Nova York: John Wiley and Sons, 1958, e Thomas S. Langner e Stanley T. Michael, *Life Stress and Mental Health*, Nova York: The Free Press of Glencoe, 1963.
17· Ver, por exemplo, Bradley S. Greenberg e Brenda Dervin, *Use of the Mass Media by the Urban Poor*, Nova York: Praeger, 1970.
18· Langner e Michael, *Life Stress*, op.cit.

Além disso, há séculos os pobres têm sido vitimados por altas taxas de patologias, desde muito antes da invenção da cultura popular e, de fato, durante a época em que floresceu a arte folclórica, tão celebrada pelos críticos.[19]

O fato de que a maioria dos norte-americanos e dos pobres não se comporta da maneira descrita pelos críticos poderia ser utilizado para invalidar a acusação de efeitos prejudiciais desde o início, mas não resta dúvida de que o conteúdo da cultura popular possui algumas das características que lhe atribuem os críticos. Portanto, devemos determinar os efeitos desse conteúdo. No entanto, os resultados produzidos por duas décadas de estudos sobre os efeitos de diversos meios de comunicação de massa sugerem que eles não têm esse impacto pavloviano e que o costume dos críticos de inferir efeitos de seu conteúdo não é válido. Em vez disso, o conteúdo midiático é um dos muitos estímulos que as pessoas escolhem e aos quais respondem de várias maneiras – e que, de fato, ajudam a criar mediante o *feedback* que exercem sobre os meios de comunicação de massa.

Diversos estudos demonstraram que as pessoas escolhem o conteúdo midiático para cumprir certos requisitos individuais e grupais, em vez de adaptarem suas vidas ao que a mídia prescreve ou glorifica. Não se trata de indivíduos isolados e famintos que, por isso, aceitam submissamente aquilo que é oferecido pela mídia, mas de famílias, casais e grupos de iguais que utilizam a mídia quando e se o conteúdo for pertinente para os objetivos e as necessidades do grupo.[20] Portanto, a audiência não pode ser considerada uma massa.[21] Além disso, as pessoas prestam muito menos atenção à mídia e são muito menos influenciadas por seu conteúdo do que os críticos, que são altamente sensíveis aos materiais verbais e outros materiais simbólicos. As pessoas utilizam a mídia como diversão e não pensam em aplicar seu conteúdo a suas próprias vidas.[22] Mesmo os jovens que são

---

19. De acordo com um estudo, houve um declínio das doenças mentais nos últimos cem anos. Ver Herbert Goldhamer e Andrew M. Marshall, *Psychosis and Civilization*, Glencoe, Ill.: The Free Press, 1953.

20. Dentre os principais estudos, destacam-se Matilda Riley e John W. Riley, "A Sociological Approach to Communications Research", *Public Opinion Quarterly* 15, outono de 1951, pp. 445-460, e Elihu Katz e Paul Lazarsfeld, *Personal Influence*, Glencoe, Ill.: The Free Press, 1955.

21. Eliot Freidson, "Communications Research and the Concept of the Mass", *American Sociological Review* 18, junho de 1953, pp. 313-317.

22. Para uma ilustração, ver Herbert J. Gans, *The Urban Villagers*, Nova York: The Free Press of Glencoe, 1962, cap. 9.

fãs fiéis de artistas adolescentes não se modelam por esses artistas nem se baseiam neles ao escolher seus parceiros, apesar das declarações dos assessores de imprensa. Finalmente, a escolha de conteúdo é afetada pela percepção seletiva, de modo que as pessoas frequentemente escolhem conteúdos que concordem com seus próprios valores e dão ao conteúdo conflitante interpretações que endossem esses valores. Portanto, o efeito principal da mídia é reforçar comportamentos e atitudes já existentes, em vez de criar novos.[23]

Nos últimos anos, a maior parte das pesquisas sobre esses efeitos se dedicou ao impacto da violência na tevê, especialmente sobre as crianças. Embora a avaliação dos dados disponíveis realizada em 1969 pela equipe da National Commission on the Causes and Prevention of Violence [Comissão Nacional das Causas e Prevenção da Violência] concluísse que a televisão reforçava e legitimava a violência, hesitou em sugerir que ela tivesse um efeito causal direto e significativo; por outro lado, o Report of the Surgeon General's Advisory Committee [Relatório do Comitê Consultivo do Gabinete de Saúde Pública] de 1972, com base em estudos encomendados, sugeriu uma possível correlação entre o ato de assistir à tevê e o comportamento agressivo.[24]

[23.] Klapper, *Effects of Mass Communication*, op. cit. Ver também Rolf Meyersohn, "Social Research in Television", em Rosenberg e White, *Mass Culture*, op. cit., pp. 245-257.

[24.] Ver Robert Baker e Sandra J. Ball, *Violence and the Media: A Staff Report to the National Commission on the Causes and Prevention of Violence*, Washington: Government Printing Office, novembro de 1969, e Surgeon General's Advisory Committee, *Television and Growing Up: The Impact of Televised Violence*, Washington: Government Printing Office, 1972, 5 vols. Para uma análise detalhada deste último, ver Leo Bogart, "Warning: The Surgeon General Has Determined That Television Violence Is Moderately Dangerous to Your Child's Mental Health", *Public Opinion Quarterly* 36, inverno de 1972-1973, pp. 491-522, e Herbert J. Gans, "Media Violence and Its Effects", *Social Policy* 3, julho e agosto de 1972, pp. 58-61. Um estudo, realizado com base em pesquisa feita num cenário de campo natural, até sugere que a violência na mídia pode ajudar a reduzir o comportamento agressivo. Ver Seymour Feshbach e Robert D. Singer, *Television and Aggression*, San Francisco: Jossey-Bass, 1971. Para estudos anteriores a respeito desses efeitos, ver, sobretudo, H. Himmelweit, A. Oppenheim e P. Vance, *Television and the Child*, Londres: Oxford University Press, 1958; W. Schramm, J. Lyle e E. Parker, *Television in the Lives of Our Children*, Stanford: Stanford University Press, 1961; e Walter Weiss, "Effects of the Mass Media of Communication", em Gardner Lindzey e Elliott Aronson (orgs.), *Handbook of Social Psychology*, 2. ed., Reading, Mass: Addison-Wesley, 1969, v. 5, pp. 77-195.

Não obstante, minha leitura da pesquisa existente sugere que as atitudes violentas estimuladas pela mídia afetam apenas algumas pessoas, e de vez em quando. Sem dúvida, estudos de laboratório revelam há muito tempo que filmes violentos estimulam impulsos e ações agressivas entre sujeitos jovens imediatamente depois, mas ninguém ainda conseguiu demonstrar de maneira persuasiva que persiste um efeito de longo prazo. Estudos realizados fora de laboratórios constataram algumas correlações entre violência na tevê e comportamento agressivo, mas ninguém ainda comprovou que a televisão era a causa. Nem é provável que consigam, já que a agressão na vida real é, em geral, resultado de conflitos grupais, que muitas vezes surgem espontaneamente, e, a menos que as crianças tenham assistido à tevê imediatamente antes do conflito, é difícil imaginar que ela tenha causado ou moldado a expressão agressiva do conflito. A televisão e as outras mídias não desempenham papel tão grande na vida da maioria das crianças; as ações e atitudes que elas aprendem dos pais e dos colegas são muito mais importantes. Pode ser que os "lobos solitários" recorram à agressão por não pertencerem a nenhum grupo e por encontrarem uma satisfação vicária na ficção midiática e em outras fontes de fantasia; e há evidências de que crianças e adultos emocionalmente perturbados são afetados pela violência midiática, assim como as pessoas predispostas a impulsos violentos.

Se a mídia tivesse um efeito tão significativo sobre o comportamento agressivo quanto os críticos e alguns pesquisadores denunciam, uma maré de violência sempre crescente deveria ter se manifestado nos Estados Unidos desde o surgimento dos meios de comunicação de massa, mas estudos históricos sugerem que os crimes violentos declinaram nesse período.[25] Além disso, as meninas e os não pobres deveriam ser tão inclinados à violência quanto os meninos e os pobres, já que assistem à mesma programação e quase tanto quanto eles; estudos revelam, porém, que as meninas não reagem agressivamente após assistir a cenas de violência na mídia, e os registros policiais continuam a indicar que a violência é muito maior entre os meninos e os pobres. Ademais, a pobreza gerava violência antes mesmo da invenção dos meios de comunicação de massa. Portanto, parece mais prudente a hipótese de que a violência na mídia

---

25. Ver, por exemplo, Daniel Bell, "The Myth of Crime Waves", em seu *End of Ideology*, Glencoe, Ill.: The Free Press, 1960, cap. 8, e Theodore N. Ferdinand, "The Criminal Patterns of Boston Since 1849", *American Journal of Sociology* 73, julho de 1967, pp. 84-99.

tem impacto específico sobre meninos e homens de baixa renda, mas a causa principal desse impacto deve ser procurada em suas condições de vida, nas quais a violência é corriqueira, e não na mídia.

Sob vários aspectos, os Estados Unidos são uma sociedade violenta, que permite todos os tipos de violação contra estrangeiros, minorias e dissidentes, o que é devidamente refletido e divulgado pela programação midiática fatual e ficcional. No entanto, a causa predominante dessa violência é a desigualdade da sociedade norte-americana, que, exacerbada pela heterogeneidade populacional, cria conflitos sociais, e estes, por sua vez, são muitas vezes resolvidos mediante o uso da força pelos participantes do conflito – e pela polícia. Portanto, mesmo que toda a mídia concordasse em banir a programação violenta, duvido que os índices de violência caíssem significativamente.

Podemos chegar a conclusões parecidas acerca do efeito da mídia sobre o comportamento sexual. Sem dúvida, os filmes eróticos despertam as pessoas sexualmente por algum tempo, mas isso pode ser benéfico e seguramente não é prejudicial, pois não leva a crimes sexuais. O estudo realizado pela Commission on Obscenity and Pornography [Comissão sobre Obscenidade e Pornografia] revelou que nenhum efeito a longo prazo, nocivo ou terapêutico, resulta do uso do erotismo, e os dinamarqueses descobriram que a abolição das leis contra a pornografia não levaram a um aumento dos crimes sexuais.[26] De fato, se a mídia tivesse algum impacto significativo sobre as normas sexuais, a liberalização contemporânea das atitudes e dos comportamentos sexuais não teria ocorrido, já que a mídia foi até recentemente bastante puritana, ficando muito atrás das mudanças de atitude entre o público mais jovem pelo receio de perder o público mais velho. Se os públicos praticassem o que era pregado pela mídia, a dupla moral ainda estaria em vigor, as garotas seriam sedutoras virginais e o adultério só aconteceria nos subúrbios.

Essas observações sobre violência e sexo na mídia também se aplicam a outros elementos criticados da cultura popular. Qualquer medição objetiva mostrará que a cultura popular apresenta diversos finais felizes, heróis com virtudes morais sobrenaturais e soluções elaboradas para problemas insolúveis, entre outros conteúdos. No entanto, as medições objetivas de conteúdo não mensuram os significados que o

---

26. *The Report of the Commission on Obscenity and Pornography*, Nova York: Bantam Books, 1970, sobretudo pp. 169-309.

público dá ao que assiste ou lê, e esses significados são muitas vezes distintos daqueles dos críticos. Nem há qualquer evidência convincente de que esse conteúdo leve a efeitos indesejáveis. Por exemplo, Van den Haag sustenta que a mídia oferece "gratificações vicárias",[27] mas poucas pessoas parecem recorrer à mídia para solucionar seus problemas ou à ficção midiática para encontrar descrições ou explicações da realidade, de modo que elas não acreditam piamente no conteúdo midiático. Utilizam a mídia para obter alívio temporário para a vida diária, e a fantasia atende melhor a esse propósito que o realismo.[28]

No entanto, algumas crianças e adultos, em número ainda desconhecido, são incapazes de fazer a distinção fundamental entre o faz de conta da cultura popular e a realidade de suas vidas, embora um estudo de Freidson, raramente citado, assinale que as crianças são treinadas no que ele denomina "dar um desconto" antes dos dez anos.[29] Outro número também desconhecido de crianças e adultos é enganado pelos exageros da propaganda e deve ser protegido contra isso; mas parte da atratividade dos anúncios reside no fato de que as pessoas querem os bens ofertados, e não está totalmente comprovado que os anúncios em si criem os desejos. Nem é errado que as pessoas desejem coisas que são úteis ou proporcionem prazer. Além disso, os estudos sobre o impacto da propaganda e as queixas dos executivos do setor sugerem que a maioria das pessoas retém pouco do conteúdo do anúncio que veem e interpretam mal a maior parte da mensagem. Os anúncios bem-sucedidos produzem aumentos acentuados nas curvas de venda, mas esses aumentos frequentemente refletem o comportamento de apenas algumas centenas de milhares de pessoas, e não se conhece ainda o impacto relativo do anúncio e do produto nas decisões de compra.

---

27. Van den Haag, em Rosenberg e White, *Mass Culture, op. cit.*, pp. 533-534.

28. Herta Herzog, "Motivations and Gratifications of Daily Serial Listeners", em Wilbur Schramm (org.), *The Process and Effects of Mass Communications*, Urbana: University of Illinois Press, 1955, pp. 50-55. Ver também Herbert J. Gans, *The Uses of Television and Their Educational Implications*, Nova York: Center for Urban Education, 1968.

29. Eliot Freidson, "Adult Discount: An Aspect of Children's Changing Taste", *Child Development* 24, março de 1953, pp. 39-49. Ver também David Riesman, com Evelyn T. Riesman, "Movies and Audiences", em Riesman, *Individualism Reconsidered, op. cit.*, pp. 194-201.

⊙ *O efeito das notícias* Os efeitos da cobertura noticiosa nunca foram devidamente estudados, embora haja evidências de que a mídia forneça mais notícias do que a maioria do público está disposta a receber,[30] ou seja, os telespectadores não têm nenhum apreço especial nem mesmo pelos telejornais de seu canal favorito e projetam suas próprias posições políticas em seu jornalista preferido.[31] Estudos mais antigos sobre o efeito da propaganda e de filmes documentários revelaram que estes pouco mudam as posições políticas,[32] e, embora toda a mídia noticiosa nacional tenha relatado a violência policial que ocorreu durante a convenção do Partido Democrata em Chicago, em 1968, as pesquisas de opinião feitas logo depois indicaram que a maioria dos entrevistados apoiou a polícia contra os manifestantes. Estudos realizados vinte anos atrás sobre as eleições concluíram que, naquela época, poucas pessoas decidiam com base nas informações da mídia – ou nos discursos de campanha –, e estudos sobre os debates televisivos entre Nixon e Kennedy, em 1960, chegaram a uma conclusão parecida.[33] No entanto, a fidelidade ao partido diminuiu desde então, há mais eleitores indecisos ou independentes e os candidatos recorrem a muita propaganda política, principalmente na tevê, para tentar influenciá-los. Embora a propaganda na tevê nem sempre tenha sido eficaz – nas eleições de 1968, 1970 e 1972, muitos dos candidatos que priorizaram a campanha pela tevê perderam –, mesmo um impacto de proporção muito pequena sobre o eleitorado pode ser significativo quando as eleições são ganhas por uma margem muito pequena, como tem sido cada vez mais frequente.

O uso da propaganda política é prejudicial principalmente quando os candidatos – ou as questões – em disputa possuem recursos desiguais, e os abastados podem do-

---

30. Para uma análise antiga e ainda pertinente desse ponto, ver Riesman, Denney e Glazer, *The Lonely Crowd, op. cit.*, pp. 225-234. Ver também Bauer e Bauer, "American Mass Society", *op. cit.*, p. 53, e Bernard Cohen, *The Press and Foreign Policy*, Princeton: Princeton University Press, 1963.

31. Gans, *Uses of Television, op. cit.*

32. Klapper, *Effects of Mass Communication, op. cit.*

33. P. Lazarsfeld, B. Berelson e H. Gaudet, *The People's Choice*, Nova York: Columbia University Press, 1948, e B. Berelson, P. Lazarsfeld e W. McPhee, *Voting*, Chicago: University of Chicago Press, 1954. Sobre os debates, ver Elihu Katz e Jacob Feldman, "The Debates in the Light of Research", em S. Krauss (org.), *The Great Debates*, Bloomington, Ind.: University of Indiana Press, 1962, pp. 173-223, e Kurt Lang e Gladys Engel Lang, *Politics and Television*, Chicago: Quadrangle Books, 1968, particularmente cap. 6.

minar a mídia. No entanto, a falha reside menos na mídia e mais nas injustiças econômicas, que podem ser usadas como vantagem política, e na incapacidade do público de proteger as instituições democráticas contra os detentores de grande poder econômico.

Provavelmente, a maior parte do impacto da mídia noticiosa se deva às notícias, não à propaganda política, e à maneira pela qual as notícias são apresentadas. Alguns estudiosos da comunicação de massa sustentam que, hoje em dia, o efeito principal da mídia noticiosa é "definir a pauta da discussão", pois a mídia informa as notícias acerca do debate político que está ocorrendo, ou como afirma Steven Chaffee: "a comunicação de massa serve mais para determinar as questões do que para dar as respostas que as pessoas consideram ao tomar suas decisões políticas".[34] Desnecessário dizer, porém, que a mídia noticiosa não define a pauta do nada; ela escolhe o que informar a partir dos eventos que realmente aconteceram, das notícias que lhe fornecem as fontes a que ela tem acesso ou que têm acesso a ela, e de sua própria percepção do que "merece ser noticiado".[35] Embora os jornalistas tencionem ser objetivos na coleta das notícias, as considerações econômicas, técnicas e estéticas influenciam a seleção das matérias que eles cobrem e informam, assim como seus próprios valores profissionais e pessoais. Por exemplo, como os jornalistas consideram sua função relatar todas as atividades do presidente – em parte porque se acredita que esse é um dos poucos tipos de notícias que interessam a toda a audiência nacional – dão mais publicidade a ele do que aos seus adversários ou aos grupos de pressão que influenciam suas atividades. Geralmente, as notícias a respeito do Vietnã descreviam os norte-vietnamitas como inimigos, um etnocentrismo que a maioria dos jornalistas expressa de modo não intencional, ainda que os norte-vietnamitas não fossem o inimigo da mídia noticiosa. E ainda que os jornalistas procurem ser justos e dar uma descrição "equilibrada" das

---

34. Steven H. Chaffee, "National Election Campaigns as a Vehicle for Testing Major Hypothesis About Communication", dissertação inédita, fevereiro de 1974, p. 9. Para uma demonstração empírica da definição de pautas, ver Maxwell McCombs e Donald Shaw, "The Agenda-setting Function of Mass Media", *Public Opinion Quarterly* 36, verão de 1972, pp. 176-187.

35. Para uma análise excelente que enfatiza o papel das fontes na determinação da cobertura noticiosa, ver Harvey Molotch e Marilyn Lester, "News as Purposive Behavior: On the Strategic Use of Routine Events, Accidents and Scandals", *American Sociological Review* 39, fevereiro de 1974, pp. 101-112

questões polêmicas, apresentando os "dois lados", são mais propensos a mencionar os lados democrata e republicano do que o socialista ou o conservador.

Nos últimos anos, os jornalistas se tornaram cada vez mais conscientes de suas tendenciosidades intencionais e não intencionais, em parte por causa das críticas tanto da esquerda quanto da direita. No entanto, não é possível que eles sejam imparciais, já que a própria seleção dos artigos que merecem ser publicados, dentre os bilhões de eventos que acontecem todos os dias, requer a aplicação de valores; além disso, eles próprios são membros da sociedade norte-americana. Ao conceituar, pesquisar e analisar os eventos que descrevem, é inevitável que o façam a partir das perspectivas de sua sociedade – ou, ao menos, de sua profissão, classe social e faixa etária, entre outros – e dos valores e interesses associados a elas.

O efeito sobre o público dos valores pessoais dos jornalistas – e de como eles avaliam quais eventos merecem ser noticiados – é provavelmente menor do que geralmente se pensa, já que, com respeito aos fatos e questões que mais preocupam as pessoas, eles se baseiam em fontes de informação – e tendências – mais pessoais. A mídia talvez tenha mais influência sobre a percepção do público quando se trata de fatos e questões que preocupam menos as pessoas, especialmente os que acontecem fora dos Estados Unidos. Por exemplo, a mídia provavelmente ajudou a perpetuar a Guerra Fria com sua cobertura hostil ou antipática dos eventos que se passavam por trás da Cortina de Ferro. Embora não tenha sido sua cobertura que iniciou o anticomunismo norte-americano, ela o reforçou; contudo, na época, os próprios jornalistas nutriam pelo comunismo a mesma hostilidade que o resto do país, e, se assim não fosse, os empresários que controlam a mídia noticiosa e, por motivos políticos e econômicos, são radicalmente contra o comunismo, os teriam substituído por jornalistas que compartilhavam suas próprias tendências.

O principal impacto da mídia noticiosa é, provavelmente, indireto; isto é, os jornalistas ajudam a criar a visão de sociedade e mundo sobre os quais eles informam. Os políticos e outros decisores sociais não só percebem essa visão, como também procuram determinar qual será a reação da opinião pública a ela, o que, então, influencia suas decisões subsequentes. Além disso, ao cobrir os eventos que considera dignos de nota, a mídia dá publicidade – negativa ou positiva – a certas questões, grupos e líderes, mas não a outros, permitindo-lhes, assim, tentar influenciar o público. De fato, a mídia noticiosa – e a mídia de massa, de maneira geral – pode ser vista como um canal de comunicação que os diversos grupos de interesse e subculturas da sociedade norte-americana tentam abastecer com notícias que apresentem seus pontos de vista de maneira positiva e os de seus adversários de maneira negativa, e aqueles que conseguem ter mais acesso a esse canal conquistam a oportunidade de, ao menos, tentar influenciar o público. O acesso à mídia noticiosa é, porém, distribuído de forma desigual; os grupos que geram muitas notícias, como o governo federal, ou que podem contratar assessores de imprensa têm maior acesso a ela do que os segmentos não organizados e não abastados da sociedade. Portanto, os pobres raramente têm acesso à mídia noticiosa para apresentar seus pontos de vista sobre os principais problemas que os afligem, a menos que se revoltem, e esse é um dos motivos pelos quais eles fazem isso de vez em quando.

⊙ *Resumo dos dados sobre os efeitos* Os efeitos gerais dos meios de comunicação de massa – destinados a notícias, informações e entretenimento – podem ser resumidos da maneira a seguir. Ainda é difícil atribuir efeitos permanentes de larga escala a certos itens ou tipos de conteúdo midiático, apesar de parecer provável que a mídia tenha efeitos negativos sobre os "dependentes" de mídia, isto é, pessoas cuja vida emocional e cognitiva está centrada quase inteiramente nos meios de comunicação, e outros que, predispostos a certas patologias, encontram seu comportamento divulgado pelo conteúdo midiático. (Há também pessoas cuja vida se limita à alta cultura e carece de relacionamentos humanos, e, embora sua patologia não seja diferente, a alta cultura não é considerada responsável por ela.) Finalmente, as crianças e as pessoas com pouca instrução, que fazem uso extensivo da mídia e talvez ainda não tenham desenvolvido a habilidade de "dar um desconto", que chega com a maturidade e a educação, podem ser mais afetadas pela mídia do que o resto da população.

Não há como negar que a mídia pode ter efeitos prejudiciais sobre certas pessoas, mas isso se aplica a todas as instituições da sociedade, incluindo a família, e, até agora, não há evidência de que os custos sociais da mídia, entre outros, sobrepujam seus benefícios. É claro que se pode argumentar que qualquer instituição que prejudique ou onere apenas algumas pessoas deve ser eliminada, mas esse argumento é impraticável e, se mantido sistematicamente, requereria a eliminação de toda a sociedade. Curiosamente, alguns críticos que desejam banir a mídia e a cultura popular por sua nocividade parecem muito menos interessados em banir outros fenômenos bem mais prejudiciais, como a guerra e a pobreza.

Deve-se observar que todos os estudos realizados sobre os efeitos da mídia medem os efeitos conscientes e falam pouco ou nada acerca dos possíveis efeitos inconscientes. Além disso, tratam do impacto a curto prazo de alguns tipos e itens específicos de conteúdo, sem considerar adequadamente os efeitos dos cenários em que certos tipos de conteúdo são apresentados, ou do meio de comunicação em si. Por exemplo, houve muitos estudos sobre os efeitos da violência em filmes e na televisão, mas poucos abordaram os efeitos diferenciais dos diversos tipos de personagens violentos, e são ainda menos os que trataram dos efeitos, sobre as populações pobres, dos cenários e pessoas predominantemente de classe média da maior parte da programação de entretenimento. Tampouco houve quem procurasse comparar os efeitos de um musical no cinema e um musical no teatro, ou de um espetáculo de *vaudeville*, embora haja alguns estudos a respeito da utilidade educacional de diferentes mídias.

Marshall McLuhan, que considera o conteúdo midiático menos importante do que a mídia em si – já que o meio é a mensagem –, teorizou que a televisão retribalizou a sociedade e está transformando o mundo numa aldeia global. No entanto, McLuhan está apenas parcialmente certo, pois, embora se possa afirmar que é da natureza do meio televisivo enfatizar imagens em movimento, em vez de palavras e da análise intelectual, existe também uma escassez de análise na mídia impressa que, provavelmente, se deve mais à falta de interesse da audiência em análises do que à natureza da mídia. A televisão também aumentou o conhecimento das pessoas sobre a vida em outros países, mas a "globalização" do mundo se explica antes pela crescente interdependência econômica e política de todos os países do que pela introdução da televisão, enquanto a retribalização de certas partes da sociedade está mais relacionada com a necessidade de alternativas à família nuclear, agora que suas funções econômicas desapareceram e algumas de suas disfunções emocionais se tornam visíveis.

Finalmente, ninguém estudou ainda os efeitos de se viver numa sociedade em que os meios de comunicação de massa são tão importantes. No passado, ninguém pensou em comparar as sociedades antes e depois da invenção do rádio e do cinema, e, nas décadas recentes, perderam-se muitas oportunidades de comparar as sociedades antes e depois da adoção da televisão. Provavelmente, os efeitos da mídia são em si maiores do que os de um único meio de comunicação, e os dos meios mais antigos são provavelmente maiores que os dos mais recentes, como a televisão; mas, mesmo que se pudesse estudar a introdução da mídia moderna entre as poucas sociedades que ainda não a têm, a pergunta básica possivelmente continuaria sem resposta, pois seria difícil isolar a chegada da mídia das diversas outras mudanças pelas quais tais sociedades passariam ao mesmo tempo. Na maioria dos casos, a mídia é introduzida simultaneamente com vários outros bens de consumo e instituições "modernas".

Não obstante, não resta dúvida de que a mídia tem efeitos sobre a sociedade. Ela acelerou a morte das culturas folclóricas, por exemplo, pois a cultura popular comercial é quase sempre mais atraente às pessoas do que sua cultura tradicional. Também forneceu muito mais informação ao público a respeito de sua própria sociedade, descrevendo, por meio de fatos e ficções, os diferentes estilos de vida, aspirações e posturas que atualmente coexistem na sociedade. Não só a mídia tornou as sociedades mais conscientes de seu pluralismo, como também, ao enfatizar quase sempre a cultura e o comportamento da classe média, provavelmente ajudou na difusão dessa cultura e aumentou o poder cultural e político dessa classe. Embora o declínio da cultura das classes trabalhadora e baixa nos Estados Unidos se deva também a outros fatores, os meios de comunicação de massa tiveram seu papel nisso ao excluir essas culturas de suas ofertas.

Se os diversos efeitos da mídia foram, em resumo, mais benéficos que prejudiciais, ou vice-versa, é algo que merece estudo; no entanto, a questão é quase irrelevante hoje em dia, pois é impossível eliminar essa mídia agora ou até mesmo conceber uma grande sociedade moderna sem ela. Os meios de comunicação de massa vieram para ficar, e a questão mais importante é perguntar se eles precisam ser aprimorados e, em caso positivo, como.

Os debates sobre os efeitos da mídia continuarão à medida que novos estudos lancem mais luz sobre eles; enquanto isso, é possível sugerir ao menos uma conclusão acerca do tema: há uma considerável diferença entre os efeitos da mídia postulados pelos críticos da cultura de massa e aqueles descobertos pela pesquisa empírica. Portanto, parece que os críticos estão fazendo inferências injustificáveis a respeito do grau, intensidade e nocividade desses efeitos; como não gostam do conteúdo da mídia e da cultura popular em geral, chegam a ele com os padrões estéticos da alta cultura e ficam chocados com o que veem, escutam e leem. Como supõem que a audiência da mídia compartilha – ou deveria compartilhar – seus padrões, naturalmente projetam suas próprias reações na audiência. No entanto, o mesmo processo acontece quando pessoas que preferem a cultura popular tomam contato com a alta cultura; frequentemente, ficam chocadas com seu patrocínio a condutas "aberrantes", especialmente as do artista, e a condenam em termos parecidos com aqueles usados pela crítica à cultura de massa. Por exemplo, na década de 1960, a sátira cultural e política foi muitas vezes chamada de *sick comedy* ("comédia doente"), e Lenny Bruce foi perseguido fora do palco pela polícia e pelos tribunais até seu suicídio. Os defensores da cultura popular e da alta cultura atacam uns aos outros de diversas maneiras. A alta cultura condena a cultura popular por ser vulgar e patológica, enquanto a cultura popular ataca a alta cultura por ser excessivamente intelectual, esnobe e efeminada, inventando para isso termos pejorativos como *highbrow* ["testa alta"] e *egghead* ["cabeça de ovo"]. No entanto, há alguma diferença nos métodos de ataque; enquanto a alta cultura manifesta sua desaprovação à cultura popular principalmente em livros e jornais literários, os públicos da cultura popular utilizam a polícia, o púlpito e a arena política para atacar seus inimigos.

As armas utilizadas pelos atacantes populares da alta cultura são muito mais poderosas, é claro, mas, de qualquer forma, o processo é o mesmo. Nos dois casos, os defensores de uma cultura enxergam os da outra com padrões distintos, desaprovando o que encontram, e expressam sua desaprovação alegando efeitos prejudiciais ao público. Por que fazem isso, por que seus padrões diferem, que padrões são os corretos, e como isso afeta a avaliação da alta cultura e da cultura popular serão temas discutidos nos capítulos 2 e 3.

A NOCIVIDADE DA CULTURA POPULAR PARA A SOCIEDADE ⊙ A crítica aos efeitos da cultura popular sobre a sociedade contém duas acusações. Uma delas sustenta que a cultura popular rebaixa o nível do gosto da sociedade como um todo, prejudicando sua qualidade como civilização. A segunda sugere que, como os meios de comunicação de massa podem "narcotizar" e "atomizar" as pessoas, elas se tornam suscetíveis a técnicas de persuasão de massa, que demagogos habilidosos podem utilizar para abolir a democracia.[36] Bernard Rosenberg resume essas acusações: "Na pior das hipóteses, a cultura de massa ameaça não só cretinizar nosso gosto, mas também

---

36. A principal afirmação dessa parte da crítica é de José Ortega y Gasset, *Revolt of the Masses*, Nova York: Norton, 1932. Ver também o seu "The Coming of the Masses", em Rosenberg e White, *Mass Culture, op. cit.*, pp. 41-45.

brutalizar nossos sentidos, enquanto prepara o caminho para o totalitarismo. E toda a mídia entrelaçada conspira para esse fim".[37]

Uma afirmação mais ampla da segunda acusação, muitas vezes identificada com a nova esquerda, mas também expressa pela direita, é a de que a cultura de massa é inimiga da democracia. Para Herbert Marcuse, o controle corporativo da tecnologia moderna levou a uma sociedade em que a cultura popular torna as pessoas cada vez mais satisfeitas com sua vida, embora privadas de sua liberdade de se opor àquilo que é, na realidade, um sistema social perverso, que tolera a pobreza, trava uma guerra imperialista contra camponeses inocentes e permite a dissidência interna apenas enquanto esta permanecer inócua.[38] Jacques Ellul, conservador francês, também vê a tecnologia moderna como o vilão principal. Ele sustenta que a tecnologia leva à sociedade de massa, e, se ela for democrática, exigirá cidadãos para participar da política. No entanto, como as pessoas comuns não conseguem lidar com a massa de informações e outros conhecimentos necessários para o bom exercício da cidadania, elas precisam do que Ellul denomina "propaganda", isto é, uma mistura de fatos, valores e declarações de apoio, incluindo tanto a propaganda intencional do Estado e de outras instituições poderosas como a propaganda involuntária da cultura de massa. Os propagandistas intencionais estão, é claro, muitíssimo preparados para fornecer informações que defendam e promovam seus interesses, e o resultado disso, conclui Ellul, é que os cidadãos tornam-se vítimas inconscientes dos propagandistas, e a democracia é enfraquecida.[39]

⊙ *Cultura e níveis de gosto* Acredito que as duas acusações sociais contra a cultura popular são inexatas. O argumento de que a cultura popular conduz a um declínio social dos níveis de gosto se baseia numa comparação distorcida, em que as melhores

---

[37] Bernard Rosenberg, "Mass Culture in America", em Rosenberg e White, *Mass Culture, op. cit.*, pp. 3-12, citação na p. 9.

[38] Herbert Marcuse, "Repressive Tolerance", em R. Wolff, B. Moore, Jr. e H. Marcuse, *A Critique of Pure Tolerance*, Boston: Beacon Press, 1969, p. 95. Ver também o seu *One Dimensional Man*, Boston: Beacon Press, 1964.

[39] Jacques Ellul, *Propaganda: The Formation of Men's Attitude*, Nova York: Vintage, 1973, sobretudo o Capítulo 3. A inclusão da cultura de massa na propaganda é observada por Ellul só na nota de rodapé da p. 110.

características do passado são comparadas com as piores do presente.[40] Autores como Oswald Spengler e José Ortega y Gasset lembram-se somente dos Shakespeares e Beethovens da história e se esquecem de seus colegas menos talentosos, cujos trabalhos foram perdidos ou ignorados. Da mesma forma, evocam gêneros selecionados da arte folclórica, mas se esquecem de outros que eram mais grosseiros ou vulgares do que qualquer coisa da cultura popular atual. No entanto, qualquer comparação que se faça a partir de uma amostra histórica representativa e leve em conta a maioria das pessoas das sociedades passada e presente mostrará que houve um aumento constante no nível de gosto, especialmente nas últimas décadas, em que a proporção de pessoas que passaram a cursar o ensino superior cresceu consideravelmente. Embora as estatísticas sobre a quantidade crescente de compradores de gravações de música clássica e de membros de clubes de livros talvez não provem que os norte-americanos estejam ficando cultos, elas sugerem uma mudança significativa no gosto desde os dias anteriores à Segunda Guerra Mundial, quando até música semiclássica era considerada intelectual.

Em resposta, os críticos sustentam que os níveis de gosto seriam até maiores se a cultura popular não existisse, mas não há evidência para respaldar esse argumento. De fato, a tentativa dos governos comunistas, especialmente na Europa oriental, de intimidar a cultura popular e de promover uma alta cultura oficial não foi bem-sucedida, e eles tiveram de ceder à demanda do público por versões domésticas da cultura popular ocidental.

⊙ *Cultura e totalitarismo* A acusação de que a cultura popular pode conduzir ao totalitarismo se baseia no argumento de que, com a crescente centralização da sociedade, e o que Karl Mannheim denomina *racionalização funcional*, a família e outros grupos primários, assim como as associações voluntárias e outros grupos secundários situados entre o indivíduo e o Estado, estão perdendo força, deixando o indivíduo como um átomo impotente diante do Estado.[41] Se um demagogo conseguir assumir o

---

40. Paul F. Lazarsfeld e Robert K. Merton, "Mass Communication, Popular Taste and Organized Social Action", em Rosenberg e White, *Mass Culture, op. cit.*, pp. 457-473, sobretudo p. 467. Ver também a excelente crítica a respeito da acusação do nível de gosto declinante de Bauer e Bauer, "American Mass Society", *op. cit.*, pp. 42 ss.

41. William Kornhauser, *The Politics of Mass Society*, Glencoe, Ill.: The Free Press, 1959.

controle dos meios de comunicação de massa, poderá utilizar as mesmas técnicas de persuasão de massa supostamente empregadas pelos anunciantes na mídia para persuadir os indivíduos a aceitar a ditadura.[42] Esse argumento é apoiado pela eficácia com que Hitler e Stalin utilizaram seu controle sobre os meios de comunicação de massa para manter seus regimes totalitários.

Essa análise deve ser decomposta nos elementos que a constituem. É verdade que o Estado pode assumir o controle dos meios de comunicação de massa em favor de seus próprios objetivos; pode acontecer em tempo de guerra mesmo em sociedades democráticas. É questionável, porém, que a cultura popular tenha o poder de destruir pequenas instituições e outras fontes de oposição. Como sugeri anteriormente, a mídia não prejudicou a família ou os grupos de iguais, e se as organizações voluntárias nos Estados Unidos cresceram em quantidade e em força mesmo durante o crescimento mais rápido dos meios de comunicação de massa, não foi por influência da mídia, mas por causa da expansão da classe média, que é ativa nesses grupos.

Todavia, o poder do Estado é crescente e, sob condições de crise, é possível que as pessoas fiquem em pânico ou se sintam tão ameaçadas pela mudança social que se disponham a entregar o poder a um líder forte que prometa resolver seus problemas. Essa tendência já existia entre os seguidores do falecido senador Joseph McCarthy e ainda persiste, especialmente entre os grupos direitistas e segregacionistas, preocupados com possibilidade de mais igualdade econômica e racial, e também entre os grupos radicais receosos do uso do poder estatal contra eles. Se uma quantidade considerável de pessoas desejar ou apoiar um líder forte, ele poderá obter o controle da mídia, especialmente se prometer ajuda econômica ou social aos donos dos meios de comunicação ou às audiências. Contudo, nesse caso também o papel da mídia não seria diferente do seu papel presente, isto é, reforçar as tendências sociais já existentes. Portanto, se parcelas significativas do público estiverem a favor da ditadura, elas poderão facilmente forçar a mídia a oferecer conteúdo em seu apoio, mas a incapacidade dos meios de comunicação de massa de influenciar o comportamento eleitoral em grande escala sugere que a mídia não é capaz de persuadir seus públicos a aceitar a ditadura. A cultura popular pode se tornar um instrumento da ditadura, mas sozinha não consegue contribuir materialmente para o estabelecimento de um governo totalitário.

---

[42] Bauer e Baues, "American Mass Society", *op. cit.*, pp. 56 ss.

Naturalmente, podemos e devemos perguntar se os meios de comunicação de massa devem reforçar as tendências sociais existentes ou se devem ser um baluarte contra tais perigos, como o totalitarismo. Seria fácil atribuir-lhes essa última função, mas seria ilusório esperar que a cumprissem. A mídia de massa só poderá desempenhar a função de baluarte se puder ignorar ou romper relações com o público quando ele estiver inclinado ao totalitarismo, ou se conseguir se fortalecer como instituição a ponto de permanecer fora da sociedade e a repelir quando esta se tornar antidemocrática. No entanto, instituições capazes de permanecer fora da sociedade são difíceis de achar e até mesmo de conceber. É inevitável que a mídia seja parte da sociedade, embora possa contribuir para preservar a democracia se tiver liberdade de comunicar todos os tipos de conteúdo político, incluindo ideias polêmicas sustentadas apenas por um segmento minúsculo ou impotente da sociedade, e se conseguir permanecer livre do domínio ou da pressão indevida de políticos e outros grupos de interesse.

Como a mídia ajuda a compor a atmosfera cultural e política da sociedade, ela é acossada constantemente por essa pressão e até mesmo por tentativas de tomar-lhe o controle. Isso se aplica especialmente à televisão. Em muitos países europeus, a televisão é controlada pelo governo, mas esse controle não é desejável, pois os governos, mesmo quando democráticos, estão mais interessados em permanecer no poder do que em promover a democracia. Nos Estados Unidos, a televisão e outras mídias são controladas por instituições comerciais, que estão mais interessadas em maximizar os lucros do que no controle político – exceto quando o conteúdo midiático torna-se muito crítico da livre-iniciativa. Assim, elas provavelmente apoiarão o papel democrático dos meios de comunicação somente enquanto estes apoiarem seu objetivo de lucro; quando a televisão e outras mídias ou seus anunciantes se tornam antidemocráticos, o papel democrático da mídia é limitado. Tal como as empresas comerciais, a mídia é, porém, mais livre da pressão política do que seria sob controle governamental; ainda que a televisão norte-americana seja, sob certos aspectos, regulamentada pelo governo por meio da Federal Communications Commission [Comissão Federal de Comunicações], ela tem conseguido se defender de grande parte – ainda que não toda – da pressão que agora emana do governo federal, especialmente da Casa Branca. Numa sociedade democrática, a solução ideal seria ter a mídia organizada como instituição sem fins lucrativos que permanecesse isolada das pressões governamentais, comerciais e outras, mas são precisamente essas instituições que são difíceis de achar ou conceber. A radiodifusão pública, apesar de ser uma instituição sem fins lucrativos, às vezes tem tido menos sucesso do que as redes comerciais de tevê em se defender da pressão governamental ou dos líderes empresariais e "cívicos" que participam de seus conselhos estratégicos.

A análise de Marcuse não se preocupa com a maneira pela qual a cultura popular ou a mídia realmente funciona. É um argumento em favor da visão de Marcuse acerca da democracia igualitária, baseada na proposição de que todas as instituições – incluindo a mídia – que não se dedicam a alcançar sua visão de democracia são, por definição, antidemocráticas e devem ser suprimidas. Assim, Marcuse defende "o fim da tolerância à liberdade de expressão e reunião de grupos e movimentos que estimulam políticas agressivas, o armamento, o chauvinismo, a discriminação [...] ou que se opõem à ampliação dos serviços públicos, da previdência social, da assistência médica etc.".[43] Infelizmente, Marcuse reserva-se o direito de definir "grupos e movimentos" democráticos e antidemocráticos e determinar, portanto, quem deve ser tolhido e quem tem direito à sua própria opinião.

Para Marcuse, a cultura popular é perigosa não só porque é prejudicial aos usuários, mas também porque os "narcotiza" a aceitar o *status quo* político. Ele ainda vai além de outros críticos da cultura de massa, sugerindo que o desfrute da cultura popular pode desestimular as pessoas a derrubar a ordem política e econômica existente. Ele se opõe inclusive à atual liberalização das normas e práticas sexuais, pois isso distrai muito as pessoas do papel revolucionário que ele atribui a elas.

Ao contrário de outros críticos da cultura de massa, Marcuse argumenta em favor dos politicamente oprimidos e assinala corretamente que as formas prevalecentes de dissidência, liberdades civis e tolerância (e cultura) estão tão institucionalizadas que não são capazes de mudar o sistema político – e, de fato, só deixam os grupos poderosos mais fortes, pois estes podem prevalecer sem abolir a dissidência e as liberdades civis. No entanto, como na definição de Marcuse oprimidos são quase todos os indivíduos, exceto as elites corporativa e política que tolhem o direito dos oprimidos de determinar seu próprio destino (e cultura), sua crítica pode ser entendida mais como uma declaração revolucionária, em que a única função da cultura é acelerar a chegada da revolução. Pode ser que ele tenha razão quando afirma que a cultura – incluindo

---

[43] Marcuse, "Repressive Tolerance", *op. cit.*, p. 100.

tanto a popular quanto a alta – distrai as pessoas da atuação política, embora sua capacidade de distrair seja minúscula em comparação, por exemplo, com a família, mas ele não tem razão ao supor que as pessoas se tornariam revolucionárias se a presente cultura fosse substituída por uma cultura revolucionária. Da mesma forma que os meios de comunicação de massa não mudam o comportamento e as atitudes de maneira significativa, uma cultura revolucionária não transformará seus usuários em revolucionários, sobretudo se essa cultura for imposta por uma elite revolucionária. Além disso, mesmo em tempos revolucionários, nem todas as pessoas aderem à revolução, e até aqueles que aderem precisam da diversão propiciada pela cultura. Enquanto não se consiga determinar até que ponto a cultura provoca ou estimula o apoio público em favor da guerra, da pobreza, do racismo, do chauvinismo etc., e se as pessoas estariam mais dispostas a acabar com essas perversidades se a cultura popular fosse abolida ou alterada, é impossível considerar a cultura popular como um instrumento contrarrevolucionário, ainda que se queira aceitar os objetivos de Marcuse.

Se a análise de Marcuse é imperfeita por sua relutância em aceitar qualquer cultura que não seja revolucionária, a de Ellul peca por sua definição muito ampla de propaganda. Ellul tem razão ao assinalar que, quando as pessoas são inundadas com as informações efêmeras e muitas vezes contraditórias que jorram da mídia noticiosa, elas podem ficar facilmente confusas; então, tendem a aceitar a informação que se encaixa em suas preconcepções e, portanto, ficam propensas a cair vítimas das declarações propagandísticas que partilham essas preconcepções. Todavia, o argumento geral de Ellul não é convincente, por duas razões. Primeiro, se toda cultura popular é propaganda, então o termo propaganda perde o sentido, e resta a Ellul sustentar que toda cultura possui consequências antidemocráticas e que a sociedade moderna não pode ser democrática. Se a sociedade moderna pode ou não ser democrática, isso depende em grande medida de como definimos democracia, e a resposta pessimista de Ellul resulta diretamente de sua definição, pois para ele a democracia só existe quando indivíduos autônomos, imunes à propaganda e à pressão social, podem formar suas próprias opiniões e, então, a opinião pública. No entanto, essa definição se baseia numa concepção antissocial dos seres humanos e da formação de opinião, e os indivíduos autônomos que Ellul defende não existem no mundo real. Ellul insinua que eles – e, portanto, a democracia – existiam no passado, mas, como não consegue demonstrar a existência deles com dados históricos, sua ilação se reduz a uma nostalgia romântica.

Em outras palavras, Ellul estabelece critérios inatingíveis para a democracia e, então, considera a sociedade antidemocrática, culpando por isso a propaganda e a cultura. Como outros críticos da cultura de massa, ele não reconhece características positivas na sociedade moderna e vê as pessoas comuns como robôs que se sujeitam à propaganda como os cães de Pavlov – e esses dois temas, que permeiam todos os seus livros, distorcem fatalmente seus argumentos mais específicos.

Além disso, enquanto a acusação de Ellul se estende a todas as sociedades modernas, a maioria de seus exemplos dos perigos da propaganda é extraída da Alemanha nazista, da Rússia soviética e da França (um país em que o Estado dispõe de controle considerável sobre a mídia noticiosa), mas ele não analisa suficientemente a Inglaterra e os Estados Unidos, onde essas mídias frequentemente se mantêm numa relação antagônica com o Estado. Pela definição bastante ampla de Ellul, elas também oferecem propaganda, mas esta é muito diferente em intenção e conteúdo da propaganda nazista e soviética, e pode, assim, fornecer informação para a opinião pública que se opõe ao Estado. De fato, nos Estados Unidos, o jornalismo se viu historicamente como um expositor autodesignado do delito político, e, como no escândalo de Watergate, pode desmascarar a propaganda do Estado e reduzir o poder estatal. Ellul talvez tenha razão ao sustentar que toda comunicação de massa, seja ela propaganda intencional ou não, consiste em declarações de apoio a uma causa ou valor, mas isso não significa que seja antidemocrática por definição ou que terá necessariamente consequências totalitárias.

AS ORIGENS E AS TENDÊNCIAS DA CRÍTICA À CULTURA DE MASSA ⊙
Quando comparada a evidências empíricas e outros dados disponíveis, a crítica à cultura de massa não resiste bem. Não só existem semelhanças entre os modos como a cultura popular e a alta cultura são criadas, como também a primeira não representa ameaça genuína à alta cultura ou aos seus criadores. Além disso, o conteúdo da cultura popular não tem os efeitos que lhe são atribuídos, exceto talvez sobre uma minoria de pessoas que o consome de maneira diferente da que é aceita. Por causa de sua falta de efeito geral, não pode ser considerado fonte de perigo à sociedade ou à forma democrática de governo.

Portanto, a crítica é, em grande medida, uma demonstração de insatisfação estética com o conteúdo da cultura popular, justificada por uma avaliação incorreta dos efeitos negativos e baseada numa concepção falsa dos usos e das funções da cultura popular.

Antes de entrarmos na análise da alta cultura e da cultura popular, quero discutir por que a crítica existe e quais são os principais vieses que a tornam inadequada.

⊙ *As funções políticas da crítica* Por um lado, a crítica é um rogo em favor de um estilo de vida ideal, orientado pelos ditames humanistas da alta cultura que emergiu durante o Iluminismo e pelos padrões de pensadores humanistas que atribuem alto valor à autonomia pessoal, à criatividade individual e à rejeição das normas grupais. Esses padrões são, sem dúvida, conducentes à criação da alta cultura, mas se devem orientar todas as pessoas e ser aplicados a toda a sociedade é algo questionável. Essa questão será discutida no Capítulo 3. Por outro lado, porém, a crítica também é um rogo pela restauração de uma ordem elitista pelos criadores da alta cultura, os críticos literários e os ensaístas que a apoiam, e por diversos críticos sociais – incluindo alguns sociólogos – que estão descontentes com as tendências à democracia cultural que existem em qualquer sociedade moderna. A análise da função política da crítica requer uma breve explicação da história da cultura popular e de sua crítica.

Na era pré-industrial, as sociedades europeias estavam divididas culturalmente em alta cultura e cultura folclórica. Esta última era esparsa, produzida em casa e, como os camponeses viviam em vilarejos isolados, era geralmente invisível. A primeira era apoiada pelas elites residentes nas cidades – a corte, a nobreza, o clero e os comerciantes – que tinham tempo, educação e recursos para o entretenimento e a arte, e condições para subvencionar um pequeno número de pessoas criativas a produzir cultura para elas. Tanto os artistas quanto os intelectuais estavam próximos das fontes de poder, e alguns compartilhavam o prestígio e os privilégios de seus patrões e patronos. Por causa do baixo status social e do isolamento geográfico da cultura folclórica, também tinham o monopólio virtual sobre o público e a cultura visível.

Quando as mudanças econômicas e tecnológicas forçaram a migração dos camponeses para as cidades, dando-lhes tempo livre e renda disponível para sua própria arte e entretenimento, eles se livraram da cultura folclórica, baseada na vida rural, e se tornaram clientes de uma cultura popular comercial, que, em pouco tempo, excedeu em número os produtos e os criadores da alta cultura e, no fim, destruiu sua posição monopolista de única cultura pública e visível. Com a redução dos recursos econômicos e do poder dos patronos ricos, os criadores da alta cultura foram forçados a abandonar a sociedade da corte e procurar apoio e públicos em outros lugares. Com o tempo, tiveram de competir com a cultura popular no que se poderia chamar de *mercado cultural*.

Para muitos criadores daquela que então se passou a designar explicitamente como alta cultura, essas mudanças não poderiam parecer mais indesejáveis e ameaçadoras. O declínio da corte reduzira seu prestígio, sua fonte de apoio e seus privilégios. A ascensão de um imenso mercado para as artes populares significou para eles não só uma redução severa dos padrões culturais, mas também uma perda de controle sobre o estabelecimento de padrões para públicos de status e educação inferior. Nesse processo, os artistas se esqueceram da subordinação e humilhação que tantas vezes haviam sofrido nas mãos de seus patronos e não conseguiram apreciar a liberdade e a dignidade que estavam ganhando, mesmo com a perda de seu público garantido e do apoio econômico que este lhes dava. Resolveram o problema do público negando que precisavam de um; criavam só para si mesmos e para seus pares que conseguiam apreciar seus trabalhos. Assim, simplesmente desprezaram os novos públicos, de cujo apoio econômico dependiam, ainda que estes lhes oferecessem remunerações maiores e mais liberdade do que antes. O culto do artista como um gênio, posteriormente transformado na imagem romântica do artista, proporcionou à cultura o prestígio que ela perdera ao se dissociar da aristocracia.[44]

Os criadores de cultura experimentaram então uma mudança rápida e considerável de status e poder, e alguns se defrontaram com uma drástica e declinante mobilidade social. Entre seus patronos da elite, essa mobilidade declinante levou ao desenvolvimento de movimentos políticos e sociais reacionários, mas, entre os artistas e os intelectuais, produziu uma ideologia de *ressentiment* expressa não só em romances e outros conteúdos que deploravam o desaparecimento da antiga ordem, mas também na formulação da crítica à cultura de massa.

Como as condições que deram início à crítica surgiram na Europa, a maioria dos críticos eram europeus, ou norte-americanos que descendiam da elite europeia ou haviam se espelhado nela. (No entanto, houve também uma versão norte-americana autóctone da crítica, que assumiu a forma de uma cruzada contra bebidas alcoólicas, sexo e, posteriormente, *vaudevilles* e filmes, com a elite branca, anglo-saxã e protestante condenando os pobres, em especial aqueles vindos da Europa, por não viverem

---

[44]. Gostaria de agradecer a Peter Marris por muitas das ideias contidas neste parágrafo.

de acordo com seus padrões puritanos. Essa crítica nunca chegou a amadurecer intelectualmente, mas apareceu nos textos políticos reformistas e contra a imigração do final do século XIX e começo do XX.)

Os autores que contribuíram para a crítica e a difundiram nas últimas décadas vieram, na maior parte, de dois campos políticos. Um era formado por conservadores: Jacques Ellul, T. S. Elliot, F. R. Leavis e José Ortega y Gasset, na Europa; Ernest van den Haag e Russell Kirk, entre outros, nos Estados Unidos. O segundo grupo chamarei de socialistas, embora representassem um ponto de vista específico dentro da ideologia marxista e nem todos se considerem socialistas ou marxistas atualmente. Os principais autores europeus de esquerda estavam associados à Escola de Frankfurt, que incluía, entre outros, Theodor Adorno, Max Horkheimer, Leo Lowenthal e Herbert Marcuse; entre os autores norte-americanos, destacavam-se Clement Greenberg, Irving Howe, Dwight MacDonald, Bernard Rosenberg e Harold Rosenberg.[45] A crítica socialista da cultura de massa era, sob certos aspectos, parecida com a dos conservadores, embora não fosse hostil à democracia política ou à igualdade social e econômica.

Os críticos socialistas também divergiam dos conservadores em sua análise das causas do problema da cultura. Os conservadores explicavam a existência da cultura popular pela incapacidade de seus públicos; os socialistas destacavam que a sociedade de massa e o uso do mecanismo de mercado para fornecer cultura eram equivocados, e que haviam levado à destruição da cultura folclórica e à sua substituição por uma nova cultura popular que as pessoas não queriam, mas não conseguiam impedir nem combater. Os conservadores atacavam a cultura popular porque se ressentiam da ascensão do poder político, econômico e cultural das chamadas massas; os socialistas, porque estavam decepcionados com o fato de essas massas, uma vez libertadas da condição proletária, não aceitarem a alta cultura nem apoiarem a defesa socialista dela.

Apesar de suas explicações divergentes para a ascensão da cultura popular, os dois grupos estavam receosos do poder da cultura popular, rejeitavam os possíveis benefícios da democracia cultural e se sentiam impelidos a defender a alta cultura contra o

---

[45] Sobre as atitudes políticas de alguns críticos conservadores, ver, por exemplo, William M. Chace, *The Political Identities of Ezra Pound and T. S. Eliot*, Stanford: Stanford University Press, 1973, e David Craig, *The Real Foundations: Literature and Social Change*, Nova York: Oxford University Press, 1973. Sobre os críticos da Escola de Frankfurt, ver Martin Jay, *The Dialectical Imagination*, Boston: Little Brown, 1974, cap. 4.

que consideravam ser uma ameaça séria por parte da cultura popular, das indústrias que a proporcionavam e de seus públicos.[46]

⊙ *O viés histórico da crítica* As mesmas condições que conduziram ao desenvolvimento da crítica à cultura de massa também produziram seus principais vieses. O primeiro é aquele que denomino "falácia histórica": uma visão regressiva e pessimista do processo histórico que postula um declínio contínuo da qualidade de vida desde a substituição da pequena comunidade coesa e sua cultura folclórica pela sociedade urbana industrial e sua cultura popular. Esse pessimismo não é incomum entre grupos em mobilidade descendente, já que exageram sua própria perda de influência numa teoria de deterioração social generalizada. No entanto, todas as evidências sugerem que os velhos e bons tempos dificilmente eram bons, e que a visão dos críticos do passado está mais próxima da falácia histórica do que da análise.

Essa visão da história começa com o quadro romântico de um campesinato feliz, que cria e se deleita com a cultura folclórica, o que a obriga a minimizar as condições subumanas em que muitos camponeses viviam, explorados por senhores feudais e mercadores, suportando fome, pestes e violência gratuita como ocorrências cotidianas. A deterioração adicional de sua qualidade de vida com o início da sociedade urbano-industrial gerou em resposta uma cultura folclórica ainda mais violenta e brutal do que poderiam imaginar os críticos que consideram violenta a cultura popular atual. O açulamento de cães contra ursos acorrentados, visitas a hospícios para ridicularizar os doentes mentais, comparecimento a execuções públicas e embriaguez desenfreada eram gêneros de primeira necessidade na cultura folclórica da recém-formada sociedade urbano-industrial.[47] A cultura folclórica das sociedades agrárias mais antigas era menos brutal, exceto no tratamento que dispensavam a forasteiros e estrangeiros, mas, ainda assim, dificilmente era tão afável quanto os críticos nostálgicos insinuam.

Na realidade, os estudos que tratam da transição da chamada sociedade folclórica para a sociedade moderna sugerem que muitas das acusações contra a sociedade

---

[46] A ambivalência deles acerca da democracia cultural é claramente expressa numa mesa-redonda em Jacobs, *Culture for the Millions, op. cit.*, pp. 155 ss.

[47] Edward Shils, "Daydreams and Nightmares: Reflections on the Criticism of Mass Culture", *Sewanee Review* 65, 1957, pp. 587-608.

contemporânea aplicam-se às sociedades pré-industriais e industriais primitivas, mas se tornam imprecisos quando essas sociedades passam a ter maior afluência. Não obstante a nostalgia acerca da solidariedade e "comunidade" da sociedade folclórica, as pessoas das sociedades pré-industrial e industrial primitiva eram indivíduos frequentemente apáticos, submissos, atomizados, considerados incapazes de ter opiniões sobre seu bem-estar. Privados desse direito, do poder de se defender e de votar, ficavam sujeitos às pressões de grupos limitados e à dominação das elites secular e religiosa.[48]

Somente na sociedade industrial moderna as pessoas comuns começaram a se libertar dessas opressões. Os abastados entre essas pessoas se tornaram, na expressão de Daniel Lerner, membros de uma sociedade participativa, em que podem ter opiniões e, se a sociedade for democrática, começar a influenciar seus próprios destinos. (No entanto, a ironia é que, da mesma forma que as pessoas podem hoje ter maior participação, a crescente complexidade da sociedade estimula a centralização das funções e do poder, reduzindo a possibilidade de os indivíduos influenciarem a sociedade por meio de sua participação.) Além disso, graças em parte ao acesso à educação, as pessoas comuns se capacitaram a começar a pensar em si mesmas como indivíduos, a se desenvolver como tais e a querer os valores da autonomia e da criatividade individual defendidos pelos humanistas. Como afirma Edward Shils:

> Uma nova ordem social tomou forma desde o final da Primeira Guerra Mundial nos Estados Unidos [...]. Essa nova ordem, apesar de todos os seus conflitos internos, revelou no indivíduo um senso maior de ligação com a sociedade em geral e de afinidade com seus semelhantes [...].
> A nova sociedade é uma sociedade de massa exatamente no sentido de que a massa da população se incorporou à sociedade. O centro da sociedade – as instituições centrais e os sistemas de valor centrais que orientam e legitimam essas instituições – estendeu seus limites. A maioria da população (a "massa") agora tem um relacionamento mais próximo com o centro do que tinha nas sociedades pré-modernas ou nas fases iniciais da sociedade moderna. Nas sociedades anteriores, uma proporção substancial, muitas vezes a maioria, nascia e permanecia para sempre "marginal".[49]

---

48. Daniel Lerner, *The Passing of Traditional Society*, Glencoe, Ill.: The Free Press, 1958.
49. Edward Shils, "Mass Society and Its Culture", em Jacobs, *Culture for the Millions, op. cit.*, p. 1.

A cultura popular desempenhou um papel útil no processo de capacitar as pessoas comuns a se tornar indivíduos, a desenvolver sua identidade e a descobrir maneiras de alcançar a criatividade e a autoexpressão. A cultura popular não causou essas mudanças; ela só ajudou as pessoas predispostas a alcançá-las, dando exemplos e sugerindo ideias. Por exemplo, em seu conteúdo, os meios de comunicação de massa sempre foram defensores decididos do individualismo e da liberdade pessoal; uma grande parte dos filmes de Hollywood da era pré-televisão retratavam heróis individuais, que se libertavam da autoridade parental e aprendiam a agir por conta própria, mesmo que suas ações fossem muitas vezes violentas ou ilegais.[50] Os filmes que retratavam ou idealizavam o estilo de vida das classes média e superior forneciam modelos de identificação que ajudavam os imigrantes a se americanizar e virar classe média, e davam aos pobres, como ainda hoje, um quadro do que era a vida sem pobreza. Ainda que a mídia provavelmente não tenha criado aspirações de mobilidade ascendente – estas se desenvolveram entre os pobres somente por meio da privação absoluta e da privação relativa –, ela ajudou a especificá-las. As radionovelas, os filmes e a televisão supriram as donas de casa com informações acerca de como solucionar seus problemas; mesmo que os problemas dos personagens de radionovela fossem muitas vezes sensacionais ou exóticos, difíceis de acontecer com o público, passavam a mensagem de que as pessoas, como indivíduos, podiam resolver seus problemas emocionais e sociais com seu próprio esforço e a informação certa. Os dramas e melodramas populares, incluindo os filmes de faroeste, abordaram e solucionaram uma imensa variedade de problemas morais e éticos, ainda que o contexto fosse histórico ou fantástico, e diversos episódios das séries de tevê atuais tratam de questões como discriminação racial, casamentos mistos, tolerância com comportamentos diferentes etc. As questões raramente são apresentadas como aparecem na vida comum, e os problemas são solucionados com muita facilidade, mas, ainda assim, oferecem ideias para a audiência, que pode aplicá-las à sua própria situação. As revistas dedicadas à decoração da casa estimulam os leitores a ser criativos e alcançar satisfação estética, mesmo que a mobília estampada em suas páginas exija muito mais dinheiro do que eles têm.

---

50. Ver, por exemplo, Martha Wolfenstein e Nathan Leites, *Movies: A Psychological Study*, Glencoe, Ill.: Free Press, 1950.

É possível (e fácil) criticar as telenovelas e radionovelas por não lidarem com problemas mais comuns, e as revistas de decoração por não apresentarem projetos menos onerosos, mas também é possível que seu público atual as rejeitasse. Ninguém ainda tentou uma telenovela socialmente realista ou uma revista de decoração financeiramente realista, ao menos na última geração, e, embora ambas talvez fossem bem-sucedidas, o fato de não terem sido experimentadas nesse período também sugere que talvez não tivessem sucesso. Quem sabe seus usuários queiram alguma fantasia.

Os críticos zombam da cultura popular por oferecer somente desinformação de uma satisfação espúria, mas eles não consideram essa cultura da mesma perspectiva que o público. Os críticos supõem que o público é, ou deve ser, tão instruído quanto eles, que já esteja acostumado ao individualismo e à solução individual de problemas, que seja socializado e educado para lutar pela criatividade e autoexpressão, que possua a habilidade de solucionar problemas de maneira direta e racional, que não tenha necessidade de escape e entretenimento. Embora os críticos superestimem a ortodoxia de sua própria cultura – a alta cultura também lhes oferece escape de problemas e soluções espúrias –, eles têm pouca compreensão de como vive a classe média norte-americana. Muitos norte-americanos das classes trabalhadoras e até da classe média ainda estão no processo de se libertarem das culturas parentais tradicionais e de aprenderem a ser indivíduos, com necessidades e valores próprios. Por exemplo, para uma dona de casa que decidiu decorar sua casa de seu jeito, e não do jeito que seus pais ou vizinhos sempre decoraram, as revistas de decoração proporcionam não só uma legitimação do seu próprio esforço rumo à autoexpressão individual, mas também um conjunto de soluções de diversas culturas de gosto das quais ela pode começar a desenvolver a sua própria.[51] Da mesma forma, a enorme quantidade de artigos sobre emancipação da mulher nas revistas femininas ajuda aquela mulher ainda profundamente imersa numa sociedade machista a encontrar ideias e sentimentos que lhe permitam começar a lutar por sua própria liberdade.

No entanto, pode-se argumentar que, na época em que as pessoas comuns estavam se livrando dos padrões restritivos da cultura folclórica e do feudalismo, poderiam ter

---

[51] Para uma evidência de que as mulheres não imitam as ideias das revistas de decoração, ver Herbert J. Gans, *The Levittowners*, Nova York: Pantheon Books, 1967, pp. 191-192.

sido estimuladas a participar da alta cultura, abolindo a necessidade da cultura popular. Contudo, a alta cultura era inacessível para elas. A elite social e política que apoiava a alta cultura não só rejeitava a participação popular nas atividades da elite, como não fazia nenhum esforço para proporcionar ao resto da sociedade os pré-requisitos necessários, entre eles, os econômicos, para compartilhar da alta cultura. Até o começo do século XX, os grupos de renda superior frequentemente se opunham a educar os de renda inferior, pois temiam que a capacidade de ler e escrever levasse à revolução e à perda de seus privilégios.

Atualmente, essa oposição é mínima, mas, hoje, os usuários da cultura popular são frequentemente descritos como entes condicionados a aceitar apenas isso, depois de décadas de programação dos meios de comunicação de massa. Se eles estão assim condicionados é uma questão empírica a que ninguém respondeu, embora haja evidências históricas para sugerir que o conteúdo dos meios de comunicação de massa se apropriou, de certa forma, das culturas populares mais antigas e até das culturas folclóricas. A cultura popular atual não passou a existir com a invenção do rádio e do cinema; é tão antiga quanto a alta cultura, e não simplesmente o resultado de um processo de condicionamento.

Todavia, os dados sobre a origem socioeconômica e educacional dos públicos de alta cultura sugerem que não é a cultura popular que impede as pessoas de participar da alta cultura, mas sim a ausência de bagagem prévia e a falta de oportunidades de obtê-la. Se mais pessoas tivessem acesso a uma boa renda e a uma educação de qualidade nas artes liberais, muitos devotos atuais da cultura popular seriam capazes de participar da alta cultura, e ao menos alguns deles estariam dispostos a isso. Essa hipótese e suas implicações políticas serão consideradas novamente no Capítulo 3.

⊙ *Outros vieses da crítica* A falácia histórica sustenta dois outros vieses. Um deles é o desdém acentuado pelas pessoas comuns e por suas capacidades estéticas, ilustrado pela crença anteriormente mencionada de que a mídia tem um controle pavloviano sobre seu público e pode persuadi-lo a aceitar qualquer emoção e ideia que desejar. A opinião negativa dos críticos a respeito do público da cultura popular e do papel que ele desempenha nas críticas foi assinalada de forma reveladora por Shils, numa afirmação que resume em dois parágrafos a falha essencial da crítica:

Com frequência se alega que a cultura de massa é ruim porque atua como um narcótico, porque abala nossa democracia política, porque corrompe nossa alta cultura. Não acho que haja qualquer evidência empírica para essas alegações, e qualquer evidência impressionista que exista não lhes dá apoio. Considero que não estamos confrontando o problema real: por que não gostamos da cultura de massa [...]. Ela é repulsiva para nós. Seria, em parte, porque não gostamos das classes trabalhadoras e das classes médias?

Algumas pessoas desgostam mais das classes trabalhadoras que das classes médias, dependendo de sua formação política. No entanto, o fato real é que, de um ponto de vista estético e moral, os objetos da cultura de massa são repulsivos para nós. Temos de admitir isso. Admiti-lo nos ajudaria a selecionar um ponto de vista estético, um sistema de juízos morais que se aplicasse aos produtos da cultura de massa; mas acho que isso também aliviaria nossas mentes da necessidade de inventar ficções sobre as consequências empíricas da cultura de massa.[52]

Um segundo viés derivado da falácia histórica é a suposição de que toda a produção da alta cultura atual deve se comparar favoravelmente com o que sobreviveu da alta cultura do passado e se aproximar dos padrões do que hoje se consideram as eras douradas da alta cultura, como a Atenas de Péricles, a Inglaterra elisabetana e o Renascimento. Tais comparações se esquecem, é claro, de que a maioria das pessoas comuns daquelas sociedades vivia na pobreza (ou até na escravidão), e que elas contribuíram, direta ou indiretamente, para o apoio de uma elite que podia, por sua vez, apoiar a alta cultura. Como essas comparações avaliam a qualidade da sociedade pela qualidade de sua alta cultura (sobrevivente), os críticos concluem que o principal objetivo da sociedade é assegurar a criação da melhor alta cultura possível, e que todos os outros objetivos, como o bem-estar geral, são secundários.[53] Basicamente, então, a crítica à cultura de massa argumenta em causa própria, orientada apenas pelos inte-

---

52. Edward Shils, "Panel Discussion", em Jacobs, *Culture for the Millions, op. cit.*, pp. 198-199. Casualmente, Shils é um dos poucos intelectuais conservadores que não endossa a crítica à cultura de massa. No entanto, ele não aprova a cultura de massa e parece acusar seus críticos de "trotskistas e *Edelmarxisten* arruinados". Shils, *The Intellectuals and the Powers and Other Essays*, Chicago: University of Chicago Press, 1972, p. xi. A antipatia de Shils pelo marxismo é intensa o suficiente para fazê-lo esquecer que a crítica à cultura de massa foi, na realidade, formulada inicialmente pelos conservadores.

53. Ver Lyman Bryson, *The Next America*, Nova York: Harper & Brothers, 1952, sobretudo cap. 17.

resses da alta cultura e pela maximização de seu poder e recursos. Os defensores da alta cultura têm o direito de argumentar em causa própria, mas não de dissimular seu próprio interesse como interesse público ou sugerir que a sociedade como um todo deve ser organizada em torno da iniciativa de promover os destinos da alta cultura.

O viés final da crítica à cultura popular resulta diretamente do precedente; a isso denomino *orientação pelo criador*. Como sugeri anteriormente, qualquer item da cultura popular pode ser avaliado de duas perspectivas: a do criador e a do usuário. De acordo com a primeira, a cultura existe para as pessoas que a criam, rejeitando qualquer tentativa de satisfazer um público; a segunda considera a cultura do ponto de vista dos usuários e pergunta até que ponto a cultura satisfaz seus desejos e necessidades.

A alta cultura é orientada pelo criador, e sua estética e princípios de análise se baseiam nessa orientação. A crença de que as intenções do criador são cruciais e os valores do público são quase irrelevantes serve para proteger os criadores do público, facilitando-lhes a criação, embora ignore a realidade de que cada criador deve responder de certa forma a um público.

As artes populares são, em geral, *orientadas pelo usuário* e existem para satisfazer os valores e desejos do público. Esse talvez seja o principal motivo do antagonismo da alta cultura em relação às artes populares e do tom da crítica à cultura de massa. A alta cultura precisa de público tanto quanto a cultura popular, mas receia que o público seja seduzido por uma cultura orientada pelo usuário ou que demande o que se pode chamar de seu direito cultural-democrático de ser considerado no processo de criação da alta cultura.

Em consequência, a alta cultura precisa atacar a cultura popular e, em especial, sua apropriação do conteúdo da alta cultura, pois a apropriação transforma aquele conteúdo numa forma orientada pelo usuário. Além disso, a alta cultura precisa considerar a cultura popular como de baixa qualidade, seus criadores como charlatães, e seu público como pessoas culturalmente oprimidas e sem padrões estéticos. Para manter sua orientação pelo criador, a alta cultura deve ser capaz de mostrar que somente ela é direcionada por padrões estéticos e somente seus criadores e seu público são seres humanos completos, que por esses motivos têm o direito de manter seu status cultural e poder. A ironia é que, para defender sua orientação pelo criador, a alta cultura requer status, e, para reivindicar esse status, deve se comparar com algo inferior. Esse é o único motivo pelo qual a crítica à cultura de massa continua a existir.

Em resumo, essa crítica é, em parte, uma ideologia de defesa, formulada para proteger os privilégios culturais e políticos da alta cultura. Como todas as ideologias desse tipo, ela exagera o poder de sua oposição e as consequências prejudiciais que resultariam de se permitir a existência dessa oposição. No entanto, apesar de a alta cultura ter perdido seu monopólio sobre a cultura e ter sido obrigada a abrir mão de parte de seus privilégios e poder no mercado cultural, sua contínua vitalidade, numa época em que as artes populares também estão florescendo, sugere que as parcelas defensivas da ideologia não são tão necessárias para a alta cultura quanto os críticos acreditam. Além disso, essas parcelas são indesejáveis, pois procuram proteger a alta cultura e seus criadores à custa do resto da cultura e da sociedade. Nesse processo, a alta cultura invoca falsos perigos e problemas sociais espúrios, o que a impossibilita de entender as artes populares ou avaliá-las corretamente.

Nos capítulos a seguir, desenvolverei uma maneira alternativa de considerar a alta cultura e a cultura popular, que aceita ambas e nos permite chegar ao que considero uma avaliação mais útil das duas.

PÓS-ESCRITO

A crítica padrão à cultura de massa já estava perdendo força quando escrevi este livro e perdeu ainda mais desde então. De fato, até mesmo o termo *cultura de massa* praticamente desapareceu. No entanto, a crítica em si não desapareceu, mas assumiu novas formas. Duas delas, as chamadas crítica ao *emburrecimento planejado* e crítica à *realidade-entretenimento-infoentretenimento*, serão discutidas posteriormente neste pós-escrito.

A antiga crítica não está morta, já que alguns de seus elementos se tornaram parte do pensamento convencional, como a noção de que a tevê induz à passividade ou que a vida no subúrbio é estéril. Outras partes foram modernizadas para acomodar novos perigos percebidos, entre eles os programas de tevê e filmes viabilizados em parte pela invenção de efeitos especiais, o apelo ao sexo e à violência da música rap e a pornografia na internet.[54] A tecnologia pode ser nova, mas uma vez mais a elite crítica está condenando as massas por sua suposta relutância em rejeitar os perigos culturais evidentes aos críticos.

Os críticos não se limitam apenas aos setores elitistas da sociedade e geralmente estão mais preocupados com o sexo do que com a violência. Talvez por isso não pareçam notar que os espectadores, ao menos como são representados pela maioria das pesquisas de opinião pública, há muito tempo vêm fazendo censuras semelhantes; exceto que estão muito mais preocupados com a violência na mídia do que com o sexo na mídia. Por enquanto, muita gente ainda paga para ver filmes de ação, agora com efeitos especiais que intensificam a violência e o derramamento de sangue para torná-los comercialmente mais atraentes. Os conservadores políticos e religiosos es-

---

[54] A crítica à cultura de massa não se limita aos conservadores. Por exemplo, a esquerda ainda condena o conservadorismo político presente em grande parte da cultura popular; frequentemente, as mulheres criticam o sexismo e a misoginia do rap, e, desde o aumento da violência escolar de classe média no final da década de 1990, muitos grupos políticos e culturais começaram a se queixar mais ruidosamente da violência nos filmes, na tevê e nos jogos eletrônicos.

tão mais preocupados com o sexo na mídia, mas ainda não encontraram um maneira de acabar com ele.[55]

Além disso, diversos autores, sobretudo os conservadores, continuam a criticar o que hoje se denomina, de maneira geral, cultura popular.[56] Os estudos culturais, disciplina acadêmica de cunho predominantemente humanista que se difundiu desde a primeira edição deste livro, gerou críticas adicionais à cultura popular, mas também ergueu algumas defesas. Sem a cultura popular, os estudos culturais careceriam de território acadêmico próprio.

Apesar do declínio da crítica, quase todas as questões levantadas no Capítulo 1 ainda estão em debate, sugerindo que elas podem ser mais duradouras que a própria crítica. No entanto, a maioria dos argumentos que fiz em minha apreciação crítica da crítica e das constatações empíricas que apresentei não precisa de atualização. O cardápio da mídia de massa, incluindo notícias e propaganda política, entre outros, mudou, assim como os próprios meios de comunicação de massa, e novos estudos sobre os efeitos negativos da violência na tevê e da pornografia foram realizados, mas os dados continuam a ser inconclusivos.[57] Ainda assim, o ponto pacífico do momento é que esses efeitos existem, não obstante a falta de dados convincentes.

---

[55] As opiniões do público sobre o aspecto sexual da relação do presidente Clinton não foram muito diferentes daquelas relativas ao sexo na mídia.

[56] Não tentei acompanhar essa literatura, mas um dos conservadores mais ativos é Roger Scruton, que escreve com regularidade e de maneira repetitiva para o *City Journal*, do Manhattan Institute. Talvez a reprise mais proeminente da antiga crítica à cultura de massa seja Allan Bloom, *The Closing of the American Mind*, Nova York: Simon and Schuster, 1987. A análise mais ponderada a respeito da crítica ainda é Patrick Brantlinger, *Bread and Circuses: Theories of Mass Culture as Social Decay*, Ithaca: Cornell University Press, 1983. Para uma defesa vivaz da cultura popular, ver Tyler Cowen, *In Praise of Commercial Culture*, Cambridge: Harvard University Press, 1998.

[57] As experiências de laboratório que consistem em expor as pessoas, geralmente alunos de graduação, ao conteúdo midiático, continuam a registrar os efeitos investigados pelo pesquisador, mas ninguém investigou os efeitos a longo prazo dessas experiências, e os laboratórios ainda não nos contam muito acerca do mundo real.

Por exemplo, apesar das afirmações terríveis acerca dos efeitos da preocupação permanente dos telejornais com o *affair* sexual entre Bill Clinton e Monica Lewinsky, as pesquisas de opinião pública mostraram que a posição do público com respeito ao caso e sua importância política não mudou durante aquele um ano de cobertura frequentemente sensacionalista. O país parece estar passando por outro período de acusações contra a mídia, talvez porque não haja no momento nenhum bode expiatório igualmente satisfatório de âmbito nacional.

Um dos motivos para o declínio da própria crítica foi a morte dos críticos que a mantinham viva e seu fracasso em se reproduzirem. A esquerda erudita, que procurava combinar socialismo com alta cultura modernista, desapareceu quase por completo, embora tenha deixado uma herança importante: a oposição aos novos "senhores do *kitsch*", isto é, as grandes corporações e conglomerados que controlam grande parte da cultura popular.

A herança conservadora tem se mostrado um pouco mais duradoura. Os críticos conservadores atuais talvez não estejam tão preocupados com a cultura popular quanto seus predecessores, prestando mais atenção à alta cultura. Eles atacam qualquer um que busque modernizar ou questionar o cânone literário tradicional e também os que defendem uma política governamental liberal para as artes, de maneira geral, e o National Endowment for the Arts, em particular. Na década de 1990, os adeptos da história social "de baixo para cima" e outros desmistificadores dos feitos históricos da elite também ficaram sujeitos ao ataque, assim como praticamente qualquer um que sugerisse mudanças nas artes liberais e no domínio desses currículos pelos cursos de humanidades. Além disso, os conservadores estão alvejando o multiculturalismo, o bilinguismo e os programas afins na educação pública.

A direita religiosa também gerou um novo conjunto de críticas que patrulham a cultura popular em relação a programas que não são suficientemente entusiastas da família tradicional biparental, imaginária ou real, ou que apresentam personagens principais que são divorciados ou nunca se casaram. Nos últimos anos, a direita religiosa contestou especialmente as descrições positivas de homossexualidade e aborto, nenhuma das quais aparece com muito frequência na cultura popular.

Grande parte da informação pública extensiva dos conservadores (isto é, propaganda) a respeito dessas questões provém de cerca de meia dúzia de fundações de direita, que financiam a maior parte da política cultural conservadora nos Estados Unidos.

A direita religiosa possui suas próprias fontes de financiamento, embora também obtenha recursos dessas fundações.

EMBURRECIMENTO PLANEJADO ⊙ A nova crítica cultural, que guarda a semelhança mais próxima com a antiga crítica à cultura de massa, é mais uma expressão pejorativa que uma crítica formal. A expressão *emburrecimento planejado* é usada amplamente e pode sugerir que a cultura que está sendo fornecida é menos sofisticada, complexa, elegante, criteriosa ou prestigiosa que a cultura do passado, mas também é utilizada para se referir ao seu público ou audiência, que se acredita ter declinado em gosto, inteligência e status.

Aparentemente, a expressão surgiu no início dos anos 1980, quando se introduziu a simplificação dos livros didáticos do ensino médio, de onde se espalhou para outros campos culturais.[58] Como outras expressões de efeito, logo se tornou um jargão, especialmente entre os especialistas da mídia e os críticos culturais, mas também entre os próprios criadores. Não faltam exemplos de emburrecimento planejado: quando os museus substituem suas exposições tradicionais por exposições *blockbuster* e ampliam suas lojas; quando as salas de concerto adicionam música semiclássica e musicais da Broadway em seu repertório de música clássica; e quando as tevês públicas reduzem a quantidade de documentários e peças teatrais, adicionando programas sobre a natureza e música popular. Acusações de emburrecimento planejado foram invocadas quando a mídia noticiosa trocou o noticiário internacional por reportagens sobre saúde e fofocas sobre celebridades, e quando William Shawn foi despedido do cargo de editor da revista *New Yorker* e substituído por Tina Brown, que acabara de transformar a *Vanity Fair* numa revista "quente", que era, entre outras coisas, uma versão de cultura média superior da revista *People*.

O emburrecimento planejado requer uma comparação, que é sempre feita a partir da perspectiva de uma cultura do passado que possuía mais status e também de um público mais inteligente.[59] Previsivelmente, os críticos do emburrecimento planejado não estão interessados nos recém-chegados do público atual; por exemplo, aqueles

---

[58] A expressão é atribuída a T. H. Bell, ex-secretário de Educação republicano.
[59] Persiste ainda o velho expediente de comparar os vencedores de prêmios do passado com a cultura menos apreciada do presente, de modo que, por exemplo, a tevê de entretenimento do passado

que agora vão a uma sala de concertos pela primeira vez em suas vidas, pois o programa inclui seleções dos musicais norte-americanos do pós-guerra.

Como a expressão "emburrecimento planejado" é um jargão, foi usada um tanto imprecisamente para descrever qualquer tipo de deterioração percebida no cenário cultural: a substituição do "universalismo" pelo "relativismo"; a escolha de atores não brancos para peças clássicas escritas em sociedades de brancos e para brancos; o ato de cortejar novos-ricos para o patrocínio de atividades artísticas e outras antes dominadas pelos ricos tradicionais.[60] Consequentemente, alguns exemplos de emburrecimento planejado não são muito diferentes daqueles que incomodaram os participantes conservadores da crítica à cultura de massa.[61] E, como era previsível, casos de emburrecimento planejado já foram percebidos na internet, embora no momento da redação deste livro as queixas se limitassem aos defensores do "inglês correto", que notam uma deterioração do idioma quando usado em *e-mails*, salas de bate-papo e outras atividades baseadas na *web*.

UMA OBSERVAÇÃO SOBRE A "INTELECTUALIZAÇÃO" ☉ Talvez porque o emburrecimento planejado seja por definição pessimista e, portanto, sujeito a comparações com um passado mais brilhante, os críticos culturais parecem não perceber quando o presente melhora em relação ao passado e quando a cultura e as pessoas "se intelectualizam".

Contudo, a intelectualização ocorre o tempo todo e pode ser geral ou específica. Uma comparação de qualquer jornal ou revista da década de 1950 ou anterior com as questões atuais sugere uma intelectualização geral: o declínio dos clichês e este-

---

é representada por *Playhouse 90*, *Odissey* e outros programas clássicos da era dourada dos anos 1950, enquanto o presente é representado pelos seriados cômicos típicos dos anos 1990. Ninguém presta atenção ao fato de que o programa mais popular na década de 1950, e na tevê a cabo na década de 1990, era a luta-livre.

60. Para uma compilação útil, porém sisuda, de textos a respeito do emburrecimento planejado, ver Katherine Washburn e John F. Thornton (orgs.), *Dumbing Down: Essays on the Strip Mining of American Culture*, Nova York: Norton, 1996.

61. Não obstante, fiquei surpreso com o fato de Washburn e Thornton começarem sua antologia com alguns artigos clássicos da antiga crítica à cultura de massa.

reótipos, incluindo os raciais, étnicos, religiosos e de gênero, no texto; e as mudanças equivalentes nas ilustrações, nas caricaturas e até mesmo nas histórias em quadrinhos. O mesmo padrão pode ser encontrado na comparação entre as histórias de detetives e os seriados cômicos da tevê dos mesmos dois períodos. Mesmo os heróis e vilões de hoje em dia são mais multifacetados do que aqueles que atraíam os telespectadores da década de 1950.

Uma intelectualização específica sempre acontece quando se dispõe de uma clientela mais rica, pois geralmente se ganha mais dinheiro com produtos de luxo do que com os produzidos em massa. O pão artesanal é altamente elogiado pelos críticos de gastronomia; e independentemente do que alguém possa pensar a respeito, a arquitetura contemporânea, como a de Frank Gehry, por exemplo, é mais complexa do que a do designer mais hermético das belas-artes ou da Bauhaus.[62]

REALIDADE-ENTRETENIMENTO-INFOENTRETENIMENTO ◉ O outro sucessor da crítica à cultura de massa sustenta que a cultura do passado, dominada pela realidade e pela informação acerca dela, está sendo dominada pelo entretenimento. Os jornalistas dão o mesmo recado com palavras diferentes; para muitos deles, o passado está associado com a informação, enquanto o moderno, com o infoentretenimento.

Como acontece com outros vilões culturais, o entretenimento é amplamente definido para satisfazer a crítica. Embora a cultura não seja mais a heroína em perigo, o medo de que o entretenimento esteja fazendo a cabeça das pessoas não é totalmente diferente do medo que norteou a crítica antiga. Os novos críticos podem estar falando ainda da sedução que a cultura de massa exerce sobre as massas. Essa crítica também guarda alguma semelhança com a crítica ao emburrecimento planejado, pois, da mesma forma, identifica um declínio a uma condição cultural inferior.

Os críticos do entretenimento não são, ou ainda não são, um movimento cultural visível. Na ausência desse movimento, vou representá-lo por dois autores de sucesso – Neil Postman e Neal Gabler – e também pelos muitos inventores e divulgadores agora esquecidos do infoentretenimento jornalístico.

---

[62]· Os produtos artesanais também produzem um lucro de 30%, enquanto os padeiros de pão comum, produzido em massa, devem se contentar com margens muito menores.

A primeira crítica ao entretenimento a alcançar visibilidade nacional foi o livro de Neil Postman intitulado *Amusing Ourselves to Death* [Morrendo de nos divertir], editado em 1985 e reimpresso diversas vezes.[63] O tópico real do autor é declarado no subtítulo; a tese principal do livro – a única, na verdade – é a de que quando "a tipografia se transfere para a periferia de nossa cultura e a televisão assume seu lugar no centro, a seriedade, a clareza e, sobretudo, o valor do discurso público declinam perigosamente".[64]

Na realidade, Postman nunca discute o discurso público ou seu valor. O livro é principalmente um panegírico a respeito dos elementos informativos e culturais, entre outros, da cultura impressa, começando com os livros. Ele termina o livro com uma advertência ao estilo de Huxley, afirmando que "quando uma população se deixa distrair por uma cultura inútil, quando a vida cultural está sendo redefinida como uma rodada perpétua de entretenimento, quando a conversa pública séria torna-se pueril, quando, em resumo, as pessoas tornam-se uma audiência e seus negócios públicos viram um número de *vaudeville*, então o país se encontra em risco".[65]

Postman não indica qual é o risco envolvido; limita-se apenas a dar o rótulo misterioso de "morte da cultura". No entanto, ele parece estar dizendo que no passado o discurso público dominado pela palavra impressa (seria a alta cultura?) produziu uma nação saudável de cidadãos ativos, enquanto o entretenimento atual (seria a cultura popular?) cria cidadãos passivos, colocando o futuro cultural do país em dúvida. Infelizmente, Postman se satisfaz em afirmar e reafirmar seus argumentos, sem nunca fornecer dados empíricos para nenhum deles, supondo por fim efeitos sociais a partir unicamente de sua análise de conteúdo da cultura impressa e de suas substitutas.

Aproximadamente na mesma época do lançamento do livro de Postman, os críticos da mídia e os jornalistas começavam a sustentar que a mídia noticiosa estava substituindo cada vez mais a informação (isto é, notícias sérias dadas pelo repórter a

---

63. Neil Postman, *Amusing Ourselves to Death: Public Discourse in the Age of Show Business*, Nova York: Viking-Penguin, 1985. O título do livro suscita uma questão provocativa, à qual o autor, infelizmente, nunca se dedica.

64. *Ibid.*, p. 29.

65. *Ibid.*, pp. 155-156. O próprio título de Postman remete ao *Admirável mundo novo*, de Aldous Huxley.

respeito de acontecimentos nacionais e, sobretudo, internacionais) pelo infoentretenimento.[66] O infoentretenimento inclui, entre outras coisas, fofocas sobre celebridades; "notícias de serviços", como matérias sobre questões de saúde ou do consumidor; e "notícias de interesse humano", um antigo gênero jornalístico de relatos trágicos, alegres, irônicos e humorísticos sobre pessoas comuns e até típicas.

A categoria mais ampla do infoentretenimento são as colunas: matérias não tópicas, semelhantes a ensaios, a respeito de uma grande variedade de assuntos, frequentemente com um final irônico ou um fundo moral. Por outro lado, a notícia séria é tópica; se não relata desastres, escândalos ou crimes, dedica-se à informação política. A notícia importante é quase sempre muito séria.

Nos últimos anos, o rótulo de infoentretenimento também foi atribuído a reportagens longas acerca de criadores de notícias e celebridades, começando com o julgamento de O. J. Simpson, a vida e a morte da princesa Diana, e, mais recentemente, o caso entre Bill Clinton e Monica Lewinsky.

Além disso, o infoentretenimento é aplicado às mudanças de formato dos noticiários, tais como o surgimento da fórmula das "boas notícias" em oposição aos telejornais infestados de crimes das tevês locais e ao virtual desaparecimento dos documentários televisivos de uma hora de duração e sua substituição por revistas eletrônicas.

Contudo, a crítica ao infoentretenimento não se limita à mídia eletrônica. As revistas semanais atuais são comparadas de maneira hostil com as do passado, por dedicarem mais espaço a notícias de serviços e celebridades do que a notícias sérias; e os jornais são acusados de acrescentar novas seções dedicadas a um ou outro tipo de infoentretenimento, muitas vezes à custa da cobertura dada ao noticiário nacional e internacional.

Na realidade, há pouca diferença entre o entretenimento descrito por Postman e o infoentretenimento, já que em ambos os casos o sério é substituído pelo frívolo.[67]

66· O lexicógrafo William Safire, do *The New York Times*, sugere que o termo pode ter sido usado pela primeira vez no começo dos anos 1980; ver sua coluna "Sunday Magazine", de 13 de setembro de 1981. No entanto, nem Safire, nem uma consulta ao Nexis, nem uma inquirição por *e-mail* aos historiadores do jornalismo mundial descobriram o nome do inventor do termo.

67· Talvez a principal diferença é que a explicação de Postman para a mudança parece ser inteiramente tecnológica, enquanto os jornalistas explicam a ascensão do infoentretenimento pela crescente competição econômica entre as empresas de mídia noticiosa em sua busca de lucros.

Como no entretenimento de Postman, os efeitos perniciosos do infoentretenimento sobre o público de noticiários são inferidos a partir das análises informais de conteúdo do material pelos críticos. Postman e os jornalistas estão preocupados com a mesma questão, a democracia, embora, como já observado, Postman dê ao tema um tratamento superficial, enquanto os jornalistas acreditam que as notícias sérias são fundamentais para a democracia norte-americana.[68]

Não obstante o rótulo, poucas das reportagens classificadas como infoentretenimento proporcionam a diversão e o escape típicos do entretenimento. O noticiário de serviços trata de questões cotidianas, que preocupam a maioria das pessoas durante a maior parte do tempo e sobre as quais elas têm ao menos algum controle: sua saúde e bem-estar. Em geral, algumas reportagens de interesse humano permitem que as pessoas sintam empatia pelos seus semelhantes; outras informam o público a respeito da diversidade de atividades das pessoas. Junto com a fofoca, as reportagens de interesse humano podem ser o principal guia informal para mudar as normas sociais que as pessoas constantemente recebem.

A história de O. J. Simpson não forneceu apenas um drama de tribunal da vida real; assim como a vida e morte da princesa Diana, ela expôs o desvio comportamental de uma celebridade – uma maneira que as pessoas aparentemente encontram de lidar com a desigualdade sob a qual muitas vivem. Da mesma forma, o assassinato de Nicole Simpson, como a morte da princesa Diana, permitiu que as pessoas se solidarizassem com as vítimas de tragédias que afetam tanto as elites quanto as pessoas comuns.

A rigor, então, o infoentretenimento não é entretenimento; é noticiário a respeito de partes e questões da sociedade deixadas de lado pelos jornalistas que se concentram na política. Para o bem ou para o mal, ele tem tanta importância para o público de noticiários quanto as informações sobre política, se não mais.[69]

---

68. Os jornalistas acreditam que, se a audiência se informar adequadamente com as notícias sérias que eles fornecem, então seus membros poderão obter o controle das organizações políticas e da democracia. Escrevi criticamente acerca desse conjunto de suposições em "What Can Journalists Actually Do for American Democracy?", *Harvard International Journal of Press/Politics* 3 outono de 1998, pp. 6-13.

69. A pesquisa da audiência de noticiários sugere que as grandes matérias sobre notícias sérias interessam muito mais à audiência do que grande parte do cardápio do infoentretenimento. No entanto, as evidências sobre o interesse da audiência por fofocas, notícias de celebridades etc., como o *affair* sexual entre Bill Clinton e Monica Lewinsky, são ambíguas. Quando consultada, a maiorias das pessoas afirma

E, mais importante ainda, não há evidências de que muitas das pessoas do público de noticiários se entretêm com o infoentretenimento. Como sugeri anteriormente, a análise de conteúdo nos diz principalmente o que o analista enxerga. Além disso, nenhum estudo relata se o público atual está ou se sente mais entretido do que o do passado, se quer ou obtém mais escape e diversão do que um quarto ou meio século atrás, e se está, como Postman quer saber, "morrendo de se divertir".[70] Se as pessoas estão mesmo se divertindo e escapando da realidade mais do que no passado, o que interessaria saber, então, é por que e do que elas estão escapando, em vez de colocar a culpa causal principalmente nos objetos midiáticos que estão sendo utilizados para o escape.

O crítico mais recente do papel supostamente crescente do entretenimento é Neal Gabler, cujo livro *Life the Movie*[71] é, em parte, uma reformulação mais cuidadosa dos temas de Postman e do infoentretenimento. As ideias de Gabler divergem das de seus predecessores na falta de interesse do autor pelo discurso público; em vez disso, sua principal inquietação é o suposto crescimento da ficção na vida social cotidiana. Portanto, o que preocupa Gabler é que a vida social esteja imitando cada vez mais o entretenimento de Hollywood em vez da arte.

Novamente, o argumento supõe um passado mais luminoso, em que a alta cultura e a cultura popular habilitavam as pessoas a lidar com a realidade. Então, Gabler sugere que os fatos reais do passado (isto é, as notícias sérias) foram substituídos por aquilo que Daniel Boorstein certa vez denominou *pseudoeventos*, ou pelos acontecimentos que políticos inventam para comunicar aos eleitores. Ora, Gabler considera que esse processo avançou um passo além, pois Hollywood está convertendo as pessoas em

---

ter pouco interesse por essas coisas, mas a audiência real estimada para algumas dessas histórias, ainda que não todas, é muito maior.

70. Na realidade, o que se conhece hoje sobre como as pessoas se sentem acerca do que veem e leem, como o interpretam e como isso afeta suas vidas, se é que afeta, não é diferente do que se conhecia há 25 anos. Nem mesmo sabemos com que concentração e intensidade elas consomem diversos tipos de repertório dos meios de comunicação de massa.

71. Publicado pela Companhia das Letras em 2000, com o título *Vida, o filme* e tradução de Beth Vieira. (N. E.)

"lifies",[72] que levam mais a sério os enredos de cinema, suas estrelas e outros aspectos cinematográficos das culturas populares contemporâneas do que a realidade.

Sem dúvida, os políticos criam fatos – e outras notícias – para impressionar seus eleitores, e fazem isso desde que começaram a concorrer em eleições. Da mesma forma, de vez em quando, a vida pode imitar a mídia. Na década de 1980, fragmentos da série de tevê *L. A. Law*, muito popular na época, apareceram em tribunais de todo o país, e alguns mafiosos recentes da vida real aparentemente copiaram alguns de seus maneirismos dos personagens da trilogia *The Godfather* [*O poderoso chefão*]. No entanto, o público de cinema copia o estilo das estrelas e de seus personagens nos filmes desde que Hollywood inventou o sistema de estrelas. Cabe lembrar que Clark Gable quase arruinou os fabricantes de camisetas ao dispensar essa peça de seu figurino no filme *It Happened One Night* [*Aconteceu naquela noite*], de 1934.

Contudo, Gabler se esquece de dois fatos básicos: os problemas da vida cotidiana continuam e raramente se transformam em entretenimento popular capaz de orientar o comportamento do público. Não há filmes de Hollywood que ajudem os pais de adolescentes beberrões ou promíscuos, ou com doença familiar grave, nem séries de tevê sobre como lidar com condições de trabalho insalubres ou com o rebaixamento a um emprego de salário mínimo.

Além disso, mesmo que o público assista a filmes em que a vida imita a arte, esses filmes não ilustram realmente a tese de Postman e Gabler. Por exemplo, um filme de 1998 discutido por Gabler, *The Truman Show* [*O show de Truman*], talvez comece mostrando que a "realidade pode ser coextensiva ao entretenimento", como Gabler afirma.[73] No entanto, o filme que transformou a vida de Truman num programa de tevê transmitido 24 horas por dia me lembra uma história de suspense antiquada sobre a fuga do protagonista de um produtor de tevê megalomaníaco inspirado no estereótipo hollywoodiano do cientista maluco.[74] Obviamente, ninguém sabe como os

---

[72] Palavra formada pela combinação de *life* (vida) e *movies* (cinema) para se referir a pessoas meio reais, meio ficcionais. (N. T.)

[73] Neil Gabler, *Life the Movie: How Entertainment Conquered Reality*, Nova York: Knopf, 1998, p. 85.

[74] Não há "*lifies*" na comunidade de Truman, já que ele está totalmente cercado por atores profissionais que desempenham os papéis de esposa, patrão, amigos e vizinhos. Às vezes, mas só às vezes, o filme também parece ser um ataque contra o conglomerado midiático dominante que estava produ-

espectadores do filme o interpretaram. Um filme de 1999, *EdTV*, dá o mesmo recado, só que dessa vez é um herói da classe trabalhadora que tenta fugir das garras dos meios de comunicação de massa.[75]

Na realidade, no período durante o qual Gabler e Postman acusam o entretenimento de tomar o poder, as adaptações semificcionais dos eventos da vida real apresentaram, de maneira geral, melhor desempenho que as ficções nas bilheterias, nos índices de audiência e nas livrarias. O argumento de Postman e Gabler poderia até propor o contrário, ou seja, que a cultura popular atual dedica muito mais tempo narrando histórias acerca da realidade do que a mídia impressa e eletrônica de 25 anos atrás, muito mais dominada pela ficção pura.

COMPARANDO AS NOVAS CRÍTICAS COM AS ANTIGAS ⊙ Apesar das semelhanças da crítica à cultura de massa com as críticas ao emburrecimento planejado e à realidade-entretenimento-infoentretenimento, existem algumas diferenças. Os críticos da cultura de massa eram ou falavam em nome de elites que combatiam o declínio de seu poder cultural e sua civilização, distinguindo-se entre eles os críticos de direita, que temiam ser subjugados pela plebe, e os críticos de esquerda, que temiam a despolitização das classes baixas pelos senhores do *kitsch*.

Os adversários do emburrecimento planejado, estando mais próximos dos antigos críticos da cultura de massa, também culpam vilões similares. No entanto, o vilão principal para Postman é a tecnologia, e, como a maioria dos deterministas tecnológicos, ele não explica realmente como e por que a ascensão da televisão ao domínio

---

zindo o show. E a fuga de Truman é motivada pelo seu desejo de recuperar o amor verdadeiro com quem o produtor perverso não o deixou casar-se, de modo que, em certo nível, o *Truman Show* pode ser interpretado como mais um filme do tipo garoto conquista garota, garoto perde garota, garoto conquista garota.

[75] Em *EdTV*, o vilão era um chefe explorador de uma estação de tevê, mas o herói aceita voluntariamente encenar a história de sua vida porque, a princípio, gostou da fama e precisava de dinheiro. Ed tenta escapar quando o show começa a expor o passado e o presente aberrantes de sua família; só consegue se livrar quando vira o jogo e expõe as fraquezas sexuais do dono da estação. Às vezes, o filme aborda os conflitos entre as classes trabalhadora e média, mas, de novo, ninguém sabe como suas audiências interpretaram o filme.

dos meios de comunicação de massa produziu os efeitos que ele afirma, ou como essa mudança tecnológica conduziu ao declínio do discurso público. Os vilões de Gabler são os usuários da cultura e seu apetite pelo entretenimento, assim como os fornecedores que o alimentam, mas ele tem pouco interesse pelas forças sociais ou de outra natureza que podem estar condicionando as mudanças que o perturbam.

Os críticos do infoentretenimento, a maioria deles profissionais da área, estão preocupados com o que está sendo feito ao seu trabalho e sua profissão, e também ao público dos noticiários, mas culpam principalmente seus chefes corporativos.

No entanto, o tema básico das críticas antigas e novas ainda é a deterioração cultural. Como antes, as virtudes dos bons e velhos tempos e os vícios do presente estão sendo exagerados, e ninguém presta muita atenção ao pensamento dos diversos tipos de usuários. A falta de autoconsciência e reflexão dos críticos acerca de suas análises, sem mencionar a ausência de evidência suficiente para os elementos empíricos de seus argumentos, é complementada pelo que se pode chamar de *pânico cultural* das mudanças descritas por eles.

É aqui que as novas críticas emergem como sucessoras da antiga crítica, já que esta também estava impregnada de pânico cultural. De novo, os críticos estão pranteando o poder declinante dos criadores e sua substituição por outros que atendem mais os usuários, por escolha ou necessidade – e, como os críticos antecessores, exageram a autonomia dos antigos criadores e o servilismo dos novos. A única diferença é que, em um país onde o status se torna mais igualitário, enquanto a riqueza e a renda caminham na direção contrária, a análise não é enquadrada em termos hierárquicos explícitos. Com algumas exceções, as antigas distinções entre elites e massas desapareceram.

Da mesma forma, o antigo receio de que a cultura de massa subjugasse e eliminasse a alta cultura raramente é mencionado; de fato, os críticos não se veem como parte do público da alta cultura. Também não existem divisões entre esquerda e direita nas novas críticas, e os debates explicitamente políticos também estão ausentes. Nem o emburrecimento planejado, nem o entretenimento, nem o infoentretenimento resultará numa sociedade totalitária. No entanto, não pode haver pânico cultural sem perigos; assim, os novos críticos vislumbram novos perigos – e, provavelmente, um futuro observador considerará estes tão infundados ou exagerados quanto os antigos.

⊙ ⊙ ⊙

⊙ CAPÍTULO 2

Uma análise comparativa da cultura popular com a alta cultura

Uma análise comparativa da cultura popular com a alta cultura deve começar não com julgamentos pessoais acerca de suas qualidades, mas sim com a perspectiva que atribui a existência de cada uma ao fato de satisfazer as necessidades e os desejos de algumas pessoas, ainda que desagrade a outras.

Começo com a suposição básica de que todos os seres humanos possuem anseios estéticos;[1] uma receptividade às expressões simbólicas de seus desejos e medos; uma demanda de conhecer sua sociedade e de satisfazer seus desejos em relação a ela; e uma vontade de dedicar o tempo livre, se tal existir, a coisas diferentes de sua rotina de trabalho. Portanto, toda sociedade deve fornecer arte, entretenimento e informação a seus membros. As pessoas podem ser seus próprios criadores, recrutar alguém para atuar temporariamente como criador ou recorrer, como na sociedade moderna, a criadores profissionais de tempo integral.

Além disso, a arte, a informação e o entretenimento de uma sociedade não se desenvolvem num vácuo; devem satisfazer padrões de forma e conteúdo que brotam como resultado dos valores da sociedade e das necessidades e características de seus membros. Portanto, os padrões estéticos de cada sociedade podem estar relacionados com outras de suas características, e podemos esperar que uma tribo de caçadores tenha conceitos de beleza, arte e lazer distintos daqueles dos operários ou dos intelectuais de hoje. As sociedades homogêneas oferecem pouca diversidade cultural; geralmente, desenvolvem um só conceito de beleza, um só estilo de arte (frequentemente, religioso) e uma só forma de mobiliar a casa. A sociedade norte-americana, com sua generalizada divisão do trabalho e heterogeneidade, inclui variedades de arte que vão de *pinups* ao expressionismo abstrato; tipos de música que variam do último

---

[1] Os Selznick descrevem isso como "a tendência rumo à estética". Gertrude Selznick e Philip Selznick, "A Normative Theory of Culture", *American Sociological Review* 29, outubro de 1964, pp. 653-669, citação na p. 664. Ver também Hugh D. Duncan, *Symbols and Social Theory*, Nova York: Oxford University Press, 1969, parte 2.

sucesso do rock à música de câmara eletrônica; e, mais importante, uma quantidade igualmente grande de padrões estéticos a determinar as escolhas que pessoas fazem a partir do conteúdo disponível.

Essas escolhas não são aleatórias. Pesquisas sobre o comportamento e o lazer do consumidor indicam que as escolhas estão relacionadas; pessoas que leem a revista *Harper's* ou *New Yorker* também tendem a preferir filmes estrangeiros e televisão pública, a escutar música clássica (mas não de câmara), a jogar tênis, a escolher móveis contemporâneos e a comer comidas finas. Os assinantes da revista *Reader's Digest* [*Seleções*, no Brasil], por outro lado, são mais propensos a ver os grandes filmes de Hollywood (isso se forem ao cinema), a assistir a comédias familiares na tevê comercial, a escutar baladas populares ou antigos musicais da Broadway, a jogar boliche, a escolher móveis tradicionais e arte figurativa, e a comer comida tradicional norte-americana. E os homens que leem a revista *Argosy* assistem a filmes de faroeste e esportes na televisão, frequentam lutas de boxe e corridas de cavalo, e deixam suas mulheres escolher os móveis, mas preferem os estofados.[2]

Essas relações entre as escolhas existem porque estas se baseiam em valores e padrões estéticos parecidos ou, ao menos, em escolhas similares entre o menor dos males quando não se dispõe de nenhum produto cultural que expresse esses valores. Os valores e os padrões constituem a base do que defini anteriormente como *cultura de gosto*, e as pessoas que fazem escolhas similares por motivos parecidos são o público de gosto. Se existem culturas e *públicos de gosto* distintos, isso se deve à diversidade de valores e padrões estéticos e à discordância acerca deles. Por exemplo, embora possa haver concordância a respeito da conveniência da ordem visual na arte, existe discordância acerca de como definir ordem e o que constitui ordem e desordem em arte. A ordem visual de uma pintura de De Kooning é interpretada como desordem pelas

---

[2] São descrições hipotéticas, pois, embora exista considerável pesquisa de mercado sobre as inter-relações de escolha, a maioria permanece confidencial, e pouca pesquisa acadêmica foi realizada nessa área temática. O estudo pioneiro é de W. Lloyd Warner e Paul S. Lunt, *The Social Life of a Modern Community*, New Haven: Yale University Press, 1941, sobretudo cap. 19. Ver também August B. Hollingshead e Frederick C. Redlich, *Social Class and Mental Illness*, Nova York: John Wiley & Sons, 1958, anexo 3, pp. 398-407. Para um estudo que atesta meu conceito de cultura de gosto entre jovens, ver R. Denisoff e M. Levine, "Youth and Popular Music", *Youth and Society* 4, dezembro de 1972, pp. 237-255.

culturas de gosto inferior, e a ordem visual dos calendários artísticos não é considerada arte pela alta cultura.

Como cada público de gosto possui padrões um tanto característicos, cada uma das principais culturas de gosto possui sua própria arte, música, ficção, não ficção, poesia, filmes, programas de tevê, arquitetura, alimentos favoritos etc.; e cada cultura possui seus próprios escritores, artistas plásticos, atores, críticos etc. Cada cultura também possui suas próprias instituições para satisfazer as necessidades estéticas de seu público. Embora todos os norte-americanos consumam arte, os públicos da alta cultura selecionam sua arte entre pinturas a óleo originais e "reproduções de qualidade", frequentemente em galerias, enquanto outros públicos escolhem originais e reproduções produzidos em massa, adquiridos em lojas de departamentos; e os muito pobres provavelmente se valem dos calendários e fotos de revista que penduram nas paredes. Da mesma forma, alguns públicos satisfazem a demanda universal por dramas indo ao teatro; outros, indo ao cinema e vendo televisão; e outros ainda, a jogos de futebol e torneios de luta.

Portanto, esta abordagem comparativa rejeita a dicotomia entre alta cultura e cultura popular, bem como a ideia de que a primeira mantém padrões estéticos, enquanto a segunda existe por motivos não estéticos. Além disso, em vez de supor uma cultura popular única, proponho que a quantidade de culturas é um problema empírico e conceitual, a ser determinado, em parte, por estudos acerca de quem escolhe que tipo de conteúdo e quais relações existem entre as escolhas de conteúdo. A ideia de uma série de culturas de gosto não é nova; foi expressa em textos literários e populares pela concepção de culturas e públicos como refinados, convencionais e vulgares.[3] Chamo essa ideia de *pluralismo estético*.

CULTURAS E PÚBLICOS DE GOSTO ⊙ As culturas de gosto não são sistemas de valor coesos, e os públicos de gosto não são grupos organizados; as primeiras são conjuntos de valores similares e, em geral, mas não sempre, de conteúdo similar; os segundos são conjuntos de pessoas que, geralmente, mas não sempre, têm valores si-

---

3. Van Wyck Brooks, *America's Coming of Age*, Garden City, N.Y.: Anchor Books, Doubleday, 1985, e Russell Lynes, "Highbrow, Middlebrow, Lowbrow", em The *Tastemakers*, Nova York: Harper & Brothers, 1954, cap. 13.

milares e fazem escolhas similares entre as ofertas de cultura disponíveis. Além disso, são conjuntos analíticos construídos pelo pesquisador social, em vez de conjuntos reais que se percebem como tal, embora, às vezes, as pessoas que compõem um público de gosto atuem em grupo, por exemplo, para protestar contra o cancelamento de um programa de tevê favorito ou para defender a alta cultura contra uma ameaça externa. Os conjuntos analíticos podem ter limites, pois são demarcados pelo pesquisador, mas esses limites também são artefatos analíticos.

Diversos fatores determinam a opção de uma pessoa por uma certa cultura de gosto, especialmente classe social, faixa etária, religião, origem étnica e racial, origem regional e local de residência, assim como fatores de personalidade, que se traduzem na procura de um tipo específico de conteúdo cultural. No entanto, como as diferenças étnicas, religiosas, regionais e locais estão desaparecendo rapidamente na sociedade norte-americana, as principais fontes da variedade subcultural são cada vez mais a faixa etária e a classe social.[4] Os jovens são os principais portadores da inovação, ao menos nas sociedades em mudança; e, se não inventam novos itens culturais, arrebanham-se em torno deles, em parte para expressar sua distinção de outros grupos etários e sua coesão como grupo etário, mas também porque, na sociedade ocidental, são uma classe ociosa (pelo menos os que são abastados) e demandam inovações, ainda que somente pelo fato de necessitarem de um amplo cardápio cultural.

No entanto, a principal fonte de diferenciação entre culturas de gosto e públicos de gosto é o nível socioeconômico ou classe.[5] Dentre os três critérios que os sociólogos utilizam com mais frequência para definir e descrever a posição de classe – renda, profissão e educação –, o mais importante é a educação (e refiro-me aqui, assim como em outros lugares, não só à instrução, mas também ao que as pessoas aprendem dos meios de comunicação de massa e de outras fontes), e por dois motivos. Primeiro, cada item de conteúdo cultural carrega consigo um requisito educacional intrínse-

---

[4] Essa noção é aprofundada em Herber J. Gans, "Diversity and Homogeneity in American Culture", em *People and Plans*, Nova York: Basic Books, 1968, cap. 11.

[5] Aqui, utilizo "classe" não no sentido marxista de um grupo organizado, ou potencialmente organizado, mas sim como sinônimo de nível socioeconômico. Independentemente da opinião de alguém sobre a existência de classes na sociedade norte-americana, os públicos de gosto não são classes, mas conjuntos de pessoas que são similares em um ou mais de um dos três índices principais de posição de

co – baixo para história em quadrinhos, alto para a poesia de T. S. Elliot. Segundo, os padrões estéticos e o gosto são ensinados em nossa sociedade pela família e pela escola. Portanto, o aproveitamento educacional de uma pessoa e o tipo de escola que frequentou provavelmente vaticinarão melhor do que qualquer outro indicador as escolhas culturais dessa pessoa. Como esses dois fatores estão intimamente relacionados com o nível socioeconômico do indivíduo (e de seus pais), a variedade de culturas e de públicos de gosto segue a variedade e hierarquia de classes da sociedade norte-americana, embora a correlação dificilmente seja perfeita.

Descreverei, portanto, cinco públicos de gosto e suas culturas, rotulando-os com termos adaptados do conceito warneriano de cultura de classe. Embora insatisfatórios do ponto de vista estilístico, esses termos possuem a vantagem de ser relativamente neutros, desde que não se julgue "alto" como positivo e "baixo" como negativo; uso-os aqui como categorias neutras, sem favorecer o superior nem o inferior, nem julgá-los como mais ou menos desejável ou estético.[6]

Os cinco públicos e culturas a ser descritos são denominados *alta cultura, cultura média superior, cultura média inferior, baixa cultura* e *baixa cultura quase folclórica*.[7] Contudo, a escolha de cinco culturas é um tanto arbitrária, e propósitos analíticos distintos resultariam em números diferentes. Por exemplo, a elaboração de uma política cultural exigiria maior especificidade e a identificação de muitos mais públicos e culturas.

---

classe. No entanto, o que os sociólogos denominam *inconsistência de status*, isto é, a falta de consistência entre os três índices sociológicos de classe, é provavelmente mais frequente no caso das escolhas culturais do que na maioria dos outros padrões comportamentais, em parte porque a educação é o fator mais importante na determinação do gosto. Por exemplo, uma pessoa rica que ganhou dinheiro num negócio de baixo status e frequentou a escola por somente dez anos tende a pertencer a um público de gosto baixo, ainda que suas outras escolhas de comportamento reflitam sua renda.

6· Edward Shils, que mantém a divisão tripartite utilizada por Brooks e Lynes, utiliza os termos *refinado, medíocre e bruto*, que dificilmente são neutros. Ver Edward Shils, "The Mass Society and Its Culture", em Norman Jacobs (org.), *Culture for the Millions*, Princeton, N. J.: Van Nostrand, 1961, pp. 1-27.

7· Uma alternativa seria usar o nível modal educacional de cada público, classificando-o assim em *universitário, superior, ensino médio, ensino fundamental e educação infantil*.

Além disso, as descrições que segui apresentam diversas limitações. *Primeiro*, abordam culturas norte-americanas gerais e omitem variantes étnicas, religiosas, regionais, entre outras que elas encerram – embora as culturas étnicas sejam discutidas brevemente numa seção subsequente. Além disso, cada público de gosto é estratificado por faixa etária, mas minhas descrições tratam principalmente dos públicos adultos e suas culturas – embora a chamada cultura jovem também seja discutida brevemente numa seção subsequente.

Segundo, as descrições exageram o grau de coesão e delimitação das culturas e dos públicos, e devo observar mais uma vez que se trata de conjuntos analíticos, não de conjuntos reais. Em consequência, as descrições também realçam demais os limites entre culturas e públicos; no mundo real, muitos itens de cultura podem ser classificados como parte de duas culturas e, de fato, ser compartilhados pelos dois públicos. Além disso, algumas pessoas costumam escolher itens de mais de uma cultura e, assim, podem ser classificadas em mais de um público. Ademais, públicos e culturas serão tratados como relativamente homogêneos e estáticos, ainda que, na realidade, cada um possua diversos subgrupos, incluindo facções que se poderiam chamar de tradicional, convencional e progressista (ou acadêmica, do *establishment* ou de vanguarda, como são, às vezes, referidas na alta cultura). Sem dúvida, há uma forte correspondência entre a faixa etária e essas facções, sendo os progressistas mais jovens que os tradicionalistas.

Terceiro, descreverei os públicos e suas culturas, em vez do inverso, pois se conhecem mais as características dos públicos, e seus padrões são relativamente estáveis. As culturas mudam ao longo do tempo, e as modas específicas, com mais frequência; isso porque, por um lado, a cultura de gosto é utilizada para lazer e as pessoas parecem querer variedade, e, por outro, porque as mudanças na sociedade reverberam na cultura. De fato, a mudança cultural se intensificou nos últimos anos, e o ritmo em que uma forma cultural progressista se torna convencional e é substituída por uma nova forma progressista se acelerou, especialmente na arte da alta cultura.[8] Na cultura popular, a mudança também é endêmica, embora pareça ser cíclica, já que filmes e

---

8. Daniel Bell, "The Cultural Contradictions of Capitalism", *The Public Interest* 2, outono de 1970, pp. 16-43, e Hilton Kramer, "The Rise and Fall of the Avant-Garde", *Commentary* 54, outubro de 1972, pp. 37-45.

programas de tevê passam por "ciclos" de curta duração. Certo ano, os faroestes de tevê alcançam os maiores índices de audiência, mas são substituídos por histórias de detetive ou comédias familiares e, em seguida, por faroestes.

Assim, as mudanças nesses programas são muitas vezes do tipo que David Riesman descreveu como diferenciação marginal, e a programação da televisão popular da década de 1970 não é muito diferente daquela da década de 1950, ou dos filmes "B" de uma época mais anterior. As tramas e os personagens dos programas de tevê e dos filmes se tornaram mais complexos, e os diálogos ficaram mais sofisticados, mas diversas reencarnações contemporâneas de *Ozzie and Harriet*, comédia familiar da televisão dos anos 1950, continuam a apresentar a mulher inteligente e o marido nem tanto. Talvez a mudança mais importante tenha sido no tamanho relativo dos diversos públicos de gosto, já que, como resultado do aumento das rendas e dos níveis educacionais, a baixa cultura declinou, e as culturas média superior e média inferior cresceram quantitativa e qualitativamente.

Quarto, a descrição das culturas e dos públicos não se aplica à minha distinção anterior entre as orientações para o criador e para o usuário, exceto no caso da alta cultura. Uma análise mais completa teria de identificar as duas orientações para cada cultura. Não só os criadores em tempo integral de cada cultura possuem perspectivas distintas das de sua audiência, como muitas pessoas da audiência também são criadores amadores, especialmente como passatempo ou distração. Nessas atividades, agirão com base nos padrões orientados pelo criador, que variam dos padrões que aplicam como usuários. Portanto, um usuário de alta cultura que consuma música clássica e também pinte pode avaliar a música como usuário e a pintura como criador. Uma pessoa de cultura média inferior aficionada por tevê e cujo trabalho seja "envenenar" motores de carros esportivos terá as mesmas preferências televisivas que seus pares, mas rejeitará os padrões orientados pelo usuário dos seus pares que compram os sedãs de Detroit. No entanto, ela provavelmente não fugirá dos padrões de sua própria cultura de gosto no que diz respeito ao design de seu carro; na parte externa, ele provavelmente irá se assemelhar a um modelo atual de Detroit e não à carroceria sinuosa de um carro esportivo europeu, que é o preferido dos amantes de carros da cultura média superior ou da alta cultura.

Quinto, devo observar que descrevo aqui o que se pode denominar culturas de gosto *leigas*, aquelas que criam conteúdo para o público geral, e ignoro as que se poderiam chamar de culturas de gosto *profissionais*, que existem em muitas profissões e disciplinas científicas. A sociologia, por exemplo, inclui uma alta cultura de grandes teóricos, com facções funcionalista, marxista e outras, e também uma que desenvolve teorias por meio de modelos matemáticos; uma baixa cultura à qual estão relegados os divulgadores da sociologia, que só escrevem para o público leigo; e diversas culturas médias constituídas de autores de livros didáticos e de pesquisadores que realizam os estudos empíricos de pequena escala que abastecem as publicações profissionais. Mesmo essa descrição é excessivamente simples, já que omite os diretores de pesquisas que realizam grandes estudos empíricos e a maioria dos sociólogos que fazem pouca ou nenhuma pesquisa.

Nas ciências humanas, diferentemente do que acontece em outras disciplinas, há uma considerável sobreposição entre a alta cultura profissional e a alta cultura leiga. A primeira é criada por acadêmicos; a segunda, em parte por estudiosos, mas sobretudo por autores nacional e internacionalmente conhecidos e por outros criadores que são *freelancers* ou eventuais artistas residentes na academia. Uma grande quantidade de trabalhos criativos tecnicamente difíceis, que seriam considerados profissionais em outras disciplinas, é parte da alta cultura leiga, na suposição de que o público de alta cultura é ou deve ser tão instruído a ponto de ler crítica técnica a respeito de literatura. Em consequência, uma crítica literária minuciosa e de difícil compreensão aparecerá numa publicação de alta cultura leiga, mas não um texto de ciências sociais igualmente minucioso e de difícil compreensão, pois não se espera que o público leigo o compreenda e porque a alta cultura prefere a análise literária e desdenha a maior parte dos estudos em ciências sociais.

Sexto, as culturas de gosto serão descritas com base em seus produtos mais difundidos, destacando-se os que são distribuídos comercialmente, de modo que enfatizo as parcelas comerciais das culturas à custa do resto. A análise ignora completamente o repertório cultural que muitas pessoas ainda criam em casa e na comunidade, quer como arte, entretenimento ou informação, ou como mito e celebração. Parte desse repertório é adaptação local da cultura comercial nacional, como quando um grupo da comunidade homenageia um de seus membros realizando uma versão caseira de *Esta é sua vida*, ou quando crianças ou adultos compõem versões eróticas ou sacrílegas de canções populares. Muito da cultura não comercial é, no entanto, original ou adaptada da cultura folclórica anterior; por exemplo, as brincadeiras infantis ou a música criada por grupos ocupacionais, como as canções de trabalho e protesto dos mineiros.

Sétimo, minhas descrições dos cinco públicos e culturas são esboços breves e bastante simples, mormente na caracterização das culturas de gosto, ainda que seja presunçoso descrever qualquer cultura de gosto – e não apenas a alta cultura – em poucos parágrafos. Além disso, esses esboços não são completos; enfatizam alguns componentes selecionados das culturas que se prestam a comparações entre as culturas. Portanto, menciono a ficção e a arte das culturas individuais, mas ignoro quase todo o resto. Finalmente, esses esboços são tão gerais que não podem ser utilizados para classificar indivíduos nem itens culturais isolados, e não oferecem orientações metodológicas nem indicadores socioculturais para classificar pessoas ou conteúdos em públicos e culturas de gosto específicos. As análises etnológicas das diversas culturas de gosto são muito necessárias, mas não pretendo fazê-las na seção a seguir.

OS CINCO PÚBLICOS E CULTURAS DE GOSTO ⊙ *Alta cultura* ⊙ Essa cultura de gosto difere de todas as outras por ser dominada pelos criadores – e críticos – e porque muitos de seus usuários aceitam os padrões e perspectivas dos criadores. É a cultura de escritores e artistas plásticos "sérios", entre outros, e seu público, portanto, inclui uma proporção significativa de criadores. Seus usuários são de dois tipos: (1) os orientados pelo criador, que, embora não sejam eles próprios criadores, consideram a cultura da perspectiva de um criador; e (2) os orientados pelo usuário, que participam da alta cultura mas, como os usuários de outras culturas, estão mais interessados no produto do criador do que em seus métodos e nas dificuldades de ser um criador. Todavia, os criadores e os dois tipos de usuários são parecidos em um aspecto: quase todos são pessoas altamente instruídas da classe alta ou média alta, que exercem principalmente ocupações acadêmicas e profissões liberais.

Dentre as culturas de gosto, esta é, de certa maneira, a que mais se assemelha a um conjunto. Por exemplo, contém itens, tanto clássicos quanto contemporâneos, que são formal e substantivamente diversos, mas considerados como alta cultura por serem utilizados pelo mesmo público. Assim, inclui desde as simples canções medievais líricas às complexas músicas formalistas modernas; de *Beowulf* a *Finnegan's Wake*. (Outras culturas de gosto também utilizam os clássicos, mas num grau muito menor, e se concentram naqueles que são mais coerentes com os itens contemporâneos.) Além disso, a alta cultura muda com mais rapidez do que as outras; só no século XX, suas artes plásticas reuniram o expressionismo, o impressionismo, a abstração, a arte conceitual e diversos outros estilos. De fato, dentre as características constantes dessa cultura, as principais são o fato de ela ser dominada pelos criadores e de seus usuários pertencerem à elite social.

Contudo, há alguns elementos estáveis na alta cultura que a destacam das outras culturas. O mais importante deles talvez seja que a alta cultura dá atenção explícita à construção dos produtos culturais, como as relações entre forma, substância e método, entre conteúdo aberto e simbolismo oculto, entre outros, embora a ênfase relativa que a alta cultura deposita nisso varie ao longo do tempo. Nas últimas décadas, a inovação e a experimentação na forma dominaram as artes plásticas e a música da alta cultura e, num grau menor, sua ficção e arquitetura, da mesma forma que a metodologia dominou as ciências sociais. Os padrões da alta cultura em relação à substância são menos variáveis; quase sempre atribuem alto valor à comunicação cuidadosa do estado de espírito e dos sentimentos, à introspecção em vez da ação, e à sutileza, de modo que boa parte do conteúdo cultural pode ser percebido e entendido em diversos níveis. A ficção da alta cultura enfatiza o desenvolvimento do personagem em detrimento da trama e explora temas filosóficos, psicológicos e sociais básicos, em romances e peças cujos heróis e heroínas muitas vezes são modelados nos próprios criadores. Assim, grande parte da ficção da alta cultura trata da alienação individual e do conflito entre o indivíduo e a sociedade, refletindo o papel marginal do criador na sociedade contemporânea.

A não ficção da alta cultura gira basicamente em torno da literatura; no passado, baseava-se em escritores que analisavam a realidade social e em críticos que analisavam o conteúdo de romances à procura do que relatavam sobre a sociedade. Atualmente, baseia-se mais em ensaístas, o que levou ao menos um crítico a sustentar que o romance sério perdeu sua principal função. Os cientistas sociais que cumprem os padrões de escrita da alta cultura também são lidos, mas, como sugeri anteriormente, esta é frequentemente hostil às ciências sociais; por um lado, por causa da inclinação dos cientistas sociais ao jargão (embora a linguagem igualmente técnica da crítica literária raramente seja condenada por isso) e, por outro, porque se recusam a aceitar observações literárias e impressões autobiográficas como evidências.

Como essa cultura atende a um pequeno público que se orgulha da exclusividade, seus produtos não são destinados à distribuição pelos meios de comunicação de massa. Suas artes plásticas consistem em originais distribuídos por meio de galerias de arte; seus livros são publicados por editoras subsidiadas ou comerciais, dispostas a assumir a perda financeira em troca de prestígio; seus periódicos são de pequena tiragem; seu teatro está agora concentrado basicamente na Europa, fora do circuito da Broadway, em Nova York, e em ocasionais companhias de repertório. A alta cultura ainda não aceitou completamente a mídia eletrônica; seus filmes são, em geral, estrangeiros e compartilhados com a cultura média superior, com a qual compartilha também os poucos programas de tevê de seu interesse exibidos na televisão pública.

Devido à sua orientação pelo criador, a alta cultura confere mais status aos criadores do que aos intérpretes, e os atores não são vistos como estrelas, mas como instrumentos do diretor e do dramaturgo, a menos que consigam demonstrar que tomaram parte na direção de seu próprio desempenho. Algumas vezes, os críticos são mais importantes que os criadores, pois determinam se certo item cultural merece ser considerado alta cultura e porque se preocupam com questões estéticas que são muito importantes para essa cultura.[9] Eles encabeçam o debate sobre essas questões, e suas diferenças de opinião frequentemente afetam o trabalho de criação posterior. Foram os críticos de cinema, por exemplo, que introduziram a *teoria do auteur*, que propõe que os filmes sejam realizados quase inteiramente pelos seus diretores – teoria que não só elevou o status dos diretores elogiados como *auteurs*, mas estimulou outros a ampliar suas funções na produção cinematográfica. As divergências estéticas entre críticos ou criadores são muitas vezes institucionalizadas, levando à formação de subfacções ideológicas. Por exemplo, há diversas escolas de vanguarda na realização e na crítica cinematográfica, o que reflete a existência de diferentes padrões acerca do conteúdo adequado, das técnicas de filmagem a ser utilizadas e, também, acerca do papel do diretor.

A alta cultura é fiel, antes de tudo, ao seu próprio público orientado pelo criador, mas ela também se percebe na função de definir padrões estéticos e fornecer a cultura correta para toda a sociedade. Embora essa percepção, que desempenha um papel importante na crítica à cultura de massa, seja exagerada, a alta cultura exerce ao menos uma função distintiva para a sociedade mais ampla e para as outras culturas de gosto. Como é orientada pelo criador e seus criadores têm excelente capacitação,

---

9. Hugh Dalziel Duncan, *Language and Literature in Society*, Chicago: University of Chicago Press, 1953, p. 65. Na realidade, os criadores também determinam os padrões estéticos, mas, como nem eles nem os críticos têm o poder unilateral de definir padrões, brigam entre si para determinar o que é alta cultura ou não e quem deve decidir essas questões.

ela se dedica a questões filosóficas, políticas e sociais abstratas, e a suposições sociais fundamentais, com mais frequência e de maneira mais sistemática e intensiva do que as outras culturas. Isso não quer dizer que a alta cultura lide com todas as questões fundamentais e que as culturas inferiores as ignorem. As questões morais são temas constantes no repertório do entretenimento popular, e as filosóficas também vêm à baila, geralmente exemplificadas em casos concretos. Por outro lado, a alta cultura não costuma se dirigir a questões prosaicas como ganhar a vida, pois estas não são problemáticas para seu público.

Observei anteriormente que o público de alta cultura pode ser dividido em dois tipos: orientado pelo criador e orientado pelo usuário. O público orientado pelo criador enxerga a alta cultura da perspectiva do criador, enquanto o público orientado pelo usuário, ainda que recorra à mesma cultura, seleciona o que lhe satisfaz sem se colocar na posição do criador, ou, em outras palavras, sem fazer o "trabalho estético" que os criadores da alta cultura demandam de sua audiência. Os membros desse público são, portanto, como os dos públicos de gosto inferior, que escolhem a cultura pelos sentimentos e prazer que ela evoca e pelos *insights* e informações que eles podem obter; estão menos preocupados com a maneira pela qual a obra de arte é criada e talvez não apreciem ou entendam a obra tão completamente quanto o criador e o público orientado pelo criador. Eles escolhem a partir de uma cultura criada por e para "especialistas", mas como amadores.

Provavelmente, esse público é maior que o orientado pelo criador e de renda e status mais elevados, pois inclui alguns dos patronos das artes plásticas, da música e da poesia, que subvencionam a criação da alta cultura, e os colecionadores de arte – e artistas – que estão procurando lucros ou prestígio. Além disso, esse público inclui profissionais e administradores extremamente cultos, assim como criadores de alta cultura que são amadores em campos diferentes dos seus.

Às vezes, os criadores caracterizam esse público como pessoas ignorantes e aduladoras, que, como os fãs e as tietes que cercam as estrelas do rock, estão mais interessadas nos criadores do que em suas obras, mas a reação delas reflete, em grande parte, as diferenças intrínsecas entre criadores e usuários que existem em todas as culturas de gosto. Sem dúvida, alguns membros do público orientado pelo usuário estão interessados no status conferido pela alta cultura, mas o mesmo acontece com alguns criadores.

Claro que o público orientado pelo usuário compartilha a alta cultura com o público orientado pelo criador, mas o primeiro tende a evitar a crítica mais técnica e a erudição acadêmica que são importantes para os criadores e os críticos, orbitando em torno das partes mais facilmente deleitáveis e compreensíveis da cultura. O público orientado pelo usuário também presta mais atenção aos criadores do que aos críticos e, às vezes, relaciona-se com os primeiros como fãs, transformando em estrelas os criadores famosos. Ao longo dos anos, esse método de reificação do artista foi aplicado a Thomas Wolfe, Ernest Hemingway, J. D. Salinger, James Baldwin e Norman Mailer, entre outros, embora recentemente Mailer também tenha se tornado um jornalista e ensaísta que atrai principalmente o público da cultura média superior.

Como o público orientado pelo usuário é grande e abastado, os distribuidores comerciais de alta cultura tentam abastecê-lo e encontrar – às vezes até mudar – conteúdos pelos quais estejam dispostos a pagar. Por exemplo, em meados dos anos 1960, Susan Sontag defendeu o *camp* como um gênero legítimo do criador de alta cultura, mas ele foi rapidamente vendido ao público orientado pelo usuário e absorvido por este, pois permitiu que as pessoas utilizassem a alta cultura para entretenimento.[10] De vez em quando, a popularização resultante da alta cultura leva os criadores e o público orientado pelo criador a criar novos pontos de venda, inaugurando novas galerias de arte e revistas, como a *New York Review of Books*. De fato, esse processo pode até afetar o conteúdo da alta cultura, pois, quando os inovadores acham que seu trabalho está se tornando muito popular, alguns talvez se sintam motivados a ir adiante – embora outros lucrem com sua popularidade. Pode ser mais do que coincidência que, na década de 1960, a rápida mudança nas artes plásticas, incluindo a pop art, a op art, o minimalismo, o realismo fotográfico e a arte conceitual, ocorresse num momento em que o expressionismo abstrato estivesse se tornando popular entre o público orientado pelo usuário. Apesar de algumas dessas inovações terem sido rapidamente aceitas pelo

---

10. Susan Sontag, "Notes on 'Camp'", *Partisan Review* 31, outono de 1964, pp. 515-531. Para uma descrição do consumo do *camp* e um exemplo de como as novas tendências da alta cultura são relatadas para os públicos da classe média alta, ver Thomas Meehan, "Not Good Taste, Not Bad Taste; It's Camp", *New York Times Magazine* 114, 21 de março de 1965, pp. 30-31, 113-115. No meu esquema analítico, *camp* era uma moda e uma subfacção temporária da alta cultura de vanguarda, sobretudo entre o público homossexual.

público orientado pelo usuário, os experimentos vanguardistas em outras mídias da alta cultura não se popularizaram, como a ficção estruturalista francesa ou a música eletrônica atonal.

O público orientado pelo usuário não faz suas escolhas culturais somente na alta cultura, tampouco o público orientado pelo criador. Como a alta cultura é "séria", as pessoas frequentemente obtêm parte de seu entretenimento nas culturas inferiores, tornando-se aficionados de esportes, leitores ávidos de histórias de detetive ou *habitués* de filmes e programas de tevê que consideram ruins. Todavia, nem mesmo essas escolhas são aleatórias; os aficionados de esporte da alta cultura tendem mais a acompanhar o beisebol ou o futebol americano do que a luta-livre da baixa cultura, ou a preferir os romances de Dashiel Hammett aos de Mickey Spillane. Esse padrão de "perambular" pelas culturas é universal; o público da cultura média superior também vagueia pelas culturas inferiores, assim como os públicos das culturas inferiores de vez em quando vão a museus ou concertos sinfônicos.

⊙ *Cultura média superior* Essa é a cultura de gosto da grande maioria da classe média alta dos Estados Unidos, isto é, os profissionais liberais, os executivos e os administradores (e suas esposas), que cursaram as "melhores" faculdades e universidades. Apesar de instruídos, não são capacitados como criadores ou críticos, e, embora não sejam orientados pelo criador, tal como o público orientado pelo usuário da alta cultura, não acham, como este, que a alta cultura é satisfatória. Eles querem cultura e querem ser cultos, mas preferem uma cultura substantiva, indiferente à inovação na forma e desinteressada em transformar questões de método e forma em parte da cultura.[11]

Em consequência, a cultura verbal média superior é muito menos "literária", e as artes plásticas e a música são muito menos abstratas do que na alta cultura. A ficção da cultura média superior enfatiza a trama mais que o estado de espírito e o desenvolvimento do personagem, embora os heróis e as heroínas sejam mais importantes que na alta cultura. No conteúdo, a ficção da cultura média superior reflete os interesses permanentes e correntes de seu público, que, por sua vez, refletem, entre outras coi-

---

[11] Grande parte da análise de Riesman da cultura popular trata da cultura média superior, e muitas de suas conclusões ainda são pertinentes hoje em dia. Ver Riesman, Denney e Glazer, *The Lonely Crowd*, op. cit.

sas, a posição econômica desse público na sociedade. Por exemplo, as audiências da cultura média superior parecem preferir obras de ficção sobre as atividades, ideias e sentimentos pertinentes aos seus próprios esforços, tais como suas carreiras e organizações sociais e cívicas. Como os usuários da classe média alta dessa cultura – ao menos, os homens – são econômica e politicamente influentes, seus heróis ficcionais estão mais preocupados com a capacidade de alcançar seus objetivos numa competição (contra os outros, a burocracia ou a natureza) do que com sua alienação como indivíduos em relação à sociedade mais ampla. Portanto, são atraídos por romances, dramas e biografias de realizações individuais e ascensão social. As mulheres da classe média superior, eu suspeito, recorrem à ficção que descreve a luta das mulheres para competir contra os homens nas empresas machistas, os problemas de mulheres cujos maridos são casados com o trabalho e, mais recentemente, as potencialidades e os problemas do feminismo.

Como o público da cultura média superior está muito mais interessado em como a sociedade e seus líderes funcionam, desconfio que seu uso da não ficção é comparativamente maior do que entre os outros públicos de gosto. As revistas *Time* e *Newsweek*, além de outros periódicos de notícias, são publicadas principalmente para esse público, assim como o New Journalism, o "romance-testemunho" e a ciência social popularizada que aparece na *Psychology Today* e em artigos e colunas de outras revistas.

A música da cultura média superior inclui as obras sinfônicas e líricas dos compositores do século XIX, mas exclui, com algumas exceções, as composições dos séculos anteriores e a música contemporânea, e também a música de câmara de todas as épocas. Os musicais da Broadway costumavam ser compostos para o público da cultura média superior, mas, atualmente, isso só acontece ocasionalmente, embora seus membros mais jovens sejam provavelmente os principais consumidores de música *folk* e do rock mais melódico, como exemplificado por *Hair*. Artes plásticas que sejam nitidamente da cultura média superior são mais difíceis de identificar; desconfio que esse público escolhe o que se tornou mais popular entre o público da alta cultura orientado pelo usuário – com o incentivo apropriado dos distribuidores comerciais de artes plásticas.

No entanto, o público da cultura média superior compartilha relativamente pouca cultura com o público de alta cultura; ele se apropria de obras selecionadas e utiliza os criadores que começaram na alta cultura. Por exemplo, na década de 1960, os cinéfilos da cultura média superior afluíram aos filmes mais leves de Ingmar Bergman e transformaram o diretor sueco numa estrela em sua cultura, mas, nos últimos anos, quando os filmes de Bergman se tornaram novamente mais filosóficos e pessimistas, ele perdeu muito de sua audiência. Arthur Miller e Norman Mailer estão entre os criadores que começaram sua carreira na alta cultura mas, posteriormente, mudaram de público ou incluíram outros, embora não necessariamente de maneira deliberada. Como resultado, os críticos da cultura de massa são especialmente hostis em relação à cultura média superior – que Dwight MacDonald chamou de *midcult* – pois seu público se apropria da alta cultura e, às vezes, a altera, mas se recusa a se unir ao público da alta cultura.

O público da cultura média superior presta atenção considerável aos criadores como "estrelas", e recorre muito a críticos e resenhistas, que o ajudam a diferenciar entre os conteúdos de alta cultura e de cultura média superior – e também entre os conteúdos médio inferior e médio superior – quando estes são fornecidos pela mesma mídia. Alguns críticos que resenham filmes, livros, artes plásticas e música para o jornal *New York Times* e revistas da cultura média superior desempenham essa função, expressando desaprovação a respeito do conteúdo que consideram muito experimental ou filosófico, por um lado, ou muito cheio de clichês e "vulgar", por outro.

A cultura média superior é distribuída por meio dos chamados meios de comunicação de massa de qualidade ou de classe média. Seu público lê revistas de notícias como *Harper's*, *New Yorker*, *New York*, *Playboy*, *Ms.* e *Vogue*, entre outras; compra a maioria dos novos livros "comerciais" de capa dura e, assim, ajuda a determinar quais serão *best-sellers*; sustenta o teatro da Broadway, embora não tanto como nos anos passados, e vai ver filmes de comédia estrangeiros e as produções "independentes" que agora saem de Hollywood. Proporciona a audiência principal para a televisão pública, para os documentários das redes e para os especiais de tevê de obras dramáticas de prestígio, e também para os museus e salas de concerto das maiores cidades – e agora dos subúrbios.

Hoje em dia, a cultura média superior é provavelmente a que cresce mais rápido dentre todas as culturas de gosto, pois o *boom* da educação superior aumentou o tamanho e a afluência de seu público. Não só inúmeros universitários escolhem suas atividades de lazer entre as ofertas dessa cultura, como continuam a fazer isso depois, daí a grande popularidade de filmes estrangeiros, o aumento nas vendas de livros de negócios e a tiragem duplicada de algumas revistas de "classe" durante os anos 1960.

Eles também deram sustentação à chamada cultura jovem, que será discutida a seguir. Além disso, o público jovem estimulou a ascensão de uma cultura média superior progressista, em que Vonnegut, Hesse e Tolkien são as estrelas principais, mas também afetou a cultura média superior convencional, como indicam as mudanças na linha editorial de revistas como *Atlantic* e *New Yorker*, para torná-las mais dinâmicas e "relevantes".[12]

⊙ *Cultura média inferior* Numericamente, trata-se da cultura e do público de gosto que predominam hoje nos Estados Unidos. A cultura média inferior atrai as pessoas das classes média e média baixa que exercem profissões de status inferior, como contadores, professores de escola pública e funcionários administrativos de nível mais baixo. Embora os membros mais velhos desse público tenham concluído apenas o ensino médio, muitos dos mais jovens cursaram e se formaram em universidades estaduais e nas diversas pequenas faculdades que pontilham a paisagem norte-americana.

Esse público não está particularmente interessado no que ele denomina "cultura", referindo-se com isso à alta cultura e à cultura média superior, mas, se no passado ele se opunha à sofisticação cosmopolita das duas culturas e até às suas instituições culturais, hoje não é mais assim. Embora ainda desgoste da arte abstrata e continue a rejeitar a maior parte da alta cultura e muito da cultura média superior, agora aceita a "cultura" e já está participando de instituições culturais que buscam uma audiência maior e estão dispostas a fazer as mudanças necessárias em seu repertório.[13] Diversos museus começaram a expor bens de consumo de design apropriado, artes plásticas

---

[12] Os limites da cultura média superior convencional podem ser claramente percebidos no destino da revista *Harper's* durante a gestão editorial de Willie Morris e seus colegas. As mudanças introduzidas por eles na revista, direcionando-a em parte para a cultura média superior progressista e, em parte, para a alta cultura, resultaram em queda na circulação e, no fim, na demissão de Morris. Os dois jovens empreendedores da revista *Psychology Today*, que compraram a *Saturday Review* de Norman Cousins, também tentaram dar um rumo mais progressista à revista, especialmente no estilo, e faliram, permitindo que Cousins, que talvez seja prototípico da cultura média superior convencional, recuperasse a propriedade e o controle da revista.

[13] Para uma boa ilustração das atitudes e da participação dos públicos de gosto médio inferior na cultura, ver National Research Center of Arts, *Arts and the People*, mimeografado, Nova York: Cranford-

que comentam sobre assuntos pontuais – por exemplo, a exposição *Harlem on My Mind*, do Metropolitan Museum – e artistas que são, ou eram, populares entre o público da cultura média inferior, como Norman Rockwell. Algumas formas artísticas da alta cultura e da cultura média superior foram apropriadas e adaptadas pelos ilustradores e anunciantes que aparecem em revistas da cultura média inferior, e as indústrias de cinema e televisão adaptam romances e dramas "sérios" ou produzem séries de tevê a partir de filmes da cultura média superior, como *M.A.S.H.*[14]

A estética da cultura média inferior enfatiza o conteúdo; a forma deve servir para tornar o conteúdo mais inteligível ou gratificante. Os materiais dramáticos expressam e reforçam as próprias ideias e sentimentos da cultura, e, embora permitam algum questionamento, as dúvidas devem geralmente ser solucionadas na conclusão do drama. Seus heróis são pessoas comuns, ou pessoas extraordinárias que se revelam comuns por aceitarem a legitimidade das virtudes tradicionais, como o "asseio", e das instituições tradicionais, como a religião. Por exemplo, os dramas familiares lidam principalmente com o problema de preservar a tradição e manter a ordem contra impulsos sexuais irreprimíveis e outras influências perturbadoras. Ao contrário das duas culturas superiores, a cultura média inferior raramente explicita os conflitos insolúveis. Dada sua orientação pelo usuário, esse público presta pouca atenção nos escritores ou diretores, concentrando-se nos atores e atrizes. Prefere o julgamento boca a boca dos amigos e vizinhos do que a opinião dos críticos formais, embora possa escutar as personalidades do *show business* quando elas atuam como críticos informais.[15]

–Wood, 1973. Esse estudo, realizado por Louis Harris and Associates, fornece dados relativos ao uso de diversas instalações culturais e às reações a elas; como os dados estão decompostos por renda e educação, sugerem o grau de interesse de diversas instalações da alta cultura e da cultura média superior entre o público de gosto médio inferior, sobretudo os jovens.

14. Lester Asheim, "From Book to Film", *Quarterly of Film, Radio and Television* 5, 1950, pp. 289-349, e 6, 1951, pp. 54-68, 258-273. Ver também George Bluestone, *Novels into Film*, Baltimore: John Hopkins Press, 1957.

15. Um motivo pelo qual eles evitam os críticos é que estes tendem a defender os padrões da cultura média superior. Ver Jules J. Wanderer, "In Defense of Popular Taste: Film Ratings Among Professionals and Lay Audiences", *American Journal of Sociology* 76, setembro de 1970, pp. 262-272.

O público da cultura média inferior fornece a principal audiência para os meios de comunicação de massa atuais; é o grupo para o qual esses meios programam a maior parte de seu conteúdo. Esse público compartilha as revistas de notícias com o público da cultura média superior, mas provavelmente ignora suas seções culturais, que são redigidas para o público da cultura média superior; costuma ler as revistas *Life*, *Look* e *Saturday Evening Post* e justifica as grandes tiragens da *Reader's Digest*, da *Cosmopolitan* e de outras revistas femininas e de decoração, entre outras dedicadas a passatempos, que surgiram nas últimas duas décadas. Também constitui muitos dos compradores de romancistas populares como Jacqueline Susann e Harold Robbins, que vendem milhões de exemplares de seus livros. O público da cultura média inferior permanece fiel aos filmes norte-americanos, embora veja grandes musicais e outras superproduções de vez em quando; são, é claro, os telespectadores para quem a televisão produz os seriados cômicos, os dramas populares e os diversos shows que registram altos índices de audiência.

Aparentemente, o público da cultura média inferior tem menos interesse no funcionamento da sociedade do que em assegurar-se de que esta continue a persistir nos valores morais importantes da cultura da classe média baixa em geral. Portanto, esse público provavelmente utiliza muito menos não ficção do que o público da cultura média superior (exceto conteúdos de autoajuda e do tipo "como fazer", que auxiliam as pessoas a solucionar problemas pessoais e cuidar da casa, do carro e de outros bens de consumo). Em vez disso, o público da cultura média inferior lê romances e assiste a filmes e dramas de tevê que trazem versões ficcionais de eventos mundiais recentes e biografias romanceadas de celebridades e figuras públicas importantes. Frequentemente, esse conteúdo é uma versão moderna do teatro de fundo moral, em que os personagens pecam e, então, chegam a um final infeliz, ou renunciam aos seus costumes perversos para aderir novamente aos valores morais da classe média baixa. Os romances do gênero de Susann Robbins são frequentemente retratos ficcionais de políticos, atores, cantores e executivos de empresas ou do *show business* (e outros membros das classes alta e média alta) que, finalmente, percebem que devem agir – ou deviam ter agido – para preservar a moralidade da classe média baixa. E, embora o público da cultura média inferior raramente veja documentários, ele assiste a programas de entretenimento que abordam questões como tolerância racial, exploração econômica ou igualdade perante a lei, especialmente se estas são apresentadas em um cenário não realista: em comédias familiares, histórias de detetive ou, no passado, como em *Bonanza*, seriado de faroeste muito popular na década de 1960. Esse conteúdo se limita a problemas sociais que podem ser solucionados ou a questões sociais a que os padrões morais da classe média baixa podem ser aplicados inequivocamente. De maneira geral, o tratamento que a cultura média inferior dá a seus temas procura não perturbar nem preocupar seu público, mas, por outro lado, o mesmo acontece em outras culturas, incluindo a alta cultura.

As artes plásticas de gosto médio inferior continuam a ser sobretudo românticas e representativas, evitando o naturalismo e a abstração. No entanto, a julgar pelas diversas lojas que brotaram na última década oferecendo originais baratos e pintados às pressas, os públicos de gosto médio inferior não só estão hoje mais dispostos e têm mais condições de comprar artes plásticas do que no passado, como também estão preparados para aceitar adaptações populares de arte não representativa da alta cultura e da cultura média superior: imitações de cubistas como Feininger, em que o método cubista é alterado para um estilo mais representativo, e de op art, que é suavizada e romantizada pelo uso de cores pastel. Reproduções de obras de artistas da alta cultura também podem ser encontradas em lojas de gosto médio inferior; por exemplo, as paisagens de Cézanne e Van Gogh, as bailarinas de Degas e as cenas urbanas de Buffet.

Atualmente, a cultura média inferior parece estar cada vez mais fragmentada; as diferenças entre as facções tradicional, convencional e progressista parecem ser mais acentuadas do que em outras culturas de gosto. A maior parte do conflito cultural gira em torno do tratamento dado ao sexo; os tradicionalistas de gosto médio inferior ainda são conservadores a respeito do que querem ver retratado no repertório cultural público, enquanto os progressistas são o público da franqueza sexual que aparece hoje na revista *Cosmopolitan*, nos romances de Susann e Robbins, nos documentários de tevê sobre problemas sexuais e, agora, até no entretenimento televisivo. Por exemplo, em 1972, a impotência e o aborto eram tratados em séries como *All in the Family* e *Maude*, e a protagonista do *Mary Tyler Moore Show* passava a noite fora de vez em quando, embora sua vida sexual fosse apenas sugerida.

Toda violação dos tabus sexuais, entre outros, é objeto de protesto de alguns membros da audiência, mas esse protesto parece limitar-se aos tradicionalistas mais ruidosos, enquanto a grande maioria das pessoas convencionais da classe média inferior permanece em silêncio e os críticos da classe média superior que publicam resenhas da programação da tevê aplaudem. O protesto só é difundido quando se afrouxam os tabus em programas televisivos e outros repertórios vistos por crianças, ou quando se propõe a educação sexual nas escolas. Talvez o público da cultura média inferior como um todo esteja alterando seus próprios valores sexuais, mas é bastante ambivalente acerca dessa alteração já que procura defender seus filhos dela.

De fato, pode ser que a cultura média inferior esteja mudando tão rápido quanto a alta cultura, ainda que a mudança não enfatize a inovação das novas formas tanto quanto a experimentação com adaptações da cultura média superior. A rapidez da mudança mergulhou na incerteza alguns dos criadores e dos tomadores de decisão dos meios de comunicação de massa que abastecem esse público; séries de tevê outrora populares subitamente perderam sua audiência e há novas que nunca chegam a obtê-la, tendo de ser substituídas no fim da temporada ou até mesmo no meio, num ritmo mais rápido que no passado. Ninguém parece capaz de prever o que esse público quer ou aceitará, ou, de maneira mais correta, de achar o repertório cultural que atrairá todas as suas facções. As revistas *Saturday Evening Post* e *Life* passaram por diversas mudanças de política editorial na tentativa malsucedida de achar esse repertório, embora sua extinção final tenha sido provocada pela preferência de seus anunciantes pela televisão e não porque elas desagradassem a uma parcela significativa dos leitores.

⊙ *Baixa cultura* Essa é a cultura da classe média baixa mais antiga, mas principalmente dos trabalhadores qualificados e semiqualificados dos setores da indústria e de serviços, das pessoas que abandonaram o ensino médio antes de concluí-lo. A baixa cultura predominou nos Estados Unidos até os anos 1950, quando foi substituída pela cultura média inferior. Seu público, embora ainda grande, foi encolhendo gradativamente, em parte por causa do aumento da escolaridade entre os próprios trabalhadores braçais, mas também por causa da exposição à tevê e a outros meios de comunicação de massa de gosto médio inferior por parte dos jovens da classe trabalhadora, que escaparam do isolamento dos enclaves rurais e étnicos urbanos.

O público da baixa cultura ainda tende a rejeitar a "cultura", e até com certa hostilidade. Acham a cultura não só chata, mas também efeminada, imoral e sacrílega – motivo pelo qual a caricatura de Spiro Agnew dos universitários de classe média alta como "esnobes efeminados" atraiu tanta atenção –, e, frequentemente, apoiam as iniciativas da Igreja, da polícia e do governo de censurar os materiais eróticos. Ao mesmo tempo, sua preferência pelos filmes de ação e pelo melodrama, descrita a seguir, explica sua relutância em apoiar a censura à violência.

Os padrões estéticos da baixa cultura enfatizam o conteúdo; a forma é totalmente subserviente, e não há interesse explícito por ideias abstratas ou pelas modalidades ficcionais dos problemas e questões sociais contemporâneos. Como resultado, a baixa cultura quase nunca se apropria dos conteúdos da alta cultura e da cultura média superior, nem os adapta. Ela também enfatiza o teatro de fundo moral, mas este se limita principalmente aos problemas familiares e individuais e aos valores que se aplicam a esses problemas; assim, o conteúdo da baixa cultura descreve como os valores tradicionais da classe trabalhadora triunfam sobre a tentação de ceder aos impulsos e padrões de comportamento conflitantes. Os valores dominantes da cultura são mais dramatizados e sensacionalizados do que na cultura média inferior; a ênfase é na demarcação do bem e do mal. A ficção da baixa cultura é frequentemente melodramática, e em seu mundo a divisão entre heróis e vilões é mais clara, com os primeiros sempre ganhando dos segundos no final.

A sociedade da classe trabalhadora pratica a segregação sexual na vida social: os papéis masculinos e femininos são bastante diferenciados, mesmo no seio da família, embora a diferenciação e a segregação estejam atualmente declinando.[16] Esses padrões se refletem na baixa cultura, de modo que existem tipos de conteúdo masculinos e femininos raramente compartilhados pelos dois sexos. A segregação sexual e os valores da classe trabalhadora são bem expressos nos filmes de ação de Hollywood, nos programas de tevê – e, é claro, na programação esportiva – e também nas revistas de aventura destinadas ao público masculino e nas revistas de fãs e confissões voltadas ao público feminino.

Em geral, o drama de ação masculino descreve a luta de um protagonista individual contra o crime e outras violações da ordem moral, ou sua tentativa de salvar a sociedade de um desastre natural, mas, nos dois casos, as questões são sempre claras. Por exemplo, um faroeste da cultura média inferior pode contar a história do conflito entre vaqueiros e fazendeiros, mas um faroeste de baixa cultura trata mais frequente-

---

[16] Herbet J. Gans, *The Urban Villagers*, Nova York: The Free Press of Glencoe, 1962, caps. 3 e 11.

mente de caubóis enfrentando malfeitores ou pessoas fora da lei. Além disso, enquanto o protagonista da cultura média inferior pode ocasionalmente ter dúvidas acerca da utilidade social de suas atividades e da validade de sua identidade, o protagonista da baixa cultura não tem nenhuma dúvida. Ele é descrito como uma pessoa explicitamente sem classe social, que expressa normas comportamentais importantes da classe trabalhadora; tem certeza de sua masculinidade, é tímido com as mulheres "boas" e sexualmente agressivo com as "más". Trabalha sozinho ou com "companheiros" do mesmo sexo, depende parcialmente da sorte e do destino para ter sucesso e desconfia do governo e de toda autoridade institucionalizada. Clark Gable, Gary Cooper e John Wayne eram os protótipos típicos desse herói, e o fato de que nenhum dos astros mais jovens dos filmes de ação atuais tenha alcançado o nível de popularidade deles é indicativo da perda de predominância da baixa cultura. Por outro lado, as revistas de confissões apresentam o conflito da garota da classe trabalhadora entre ser sexualmente ativa, a fim de ser popular com os homens, e permanecer virgem até o casamento. São raros os dramas familiares que lidam compreensivamente com os problemas dos dois sexos ao mesmo tempo.

Na baixa cultura, o ator não só é soberano, como muitas vezes é apreciado como "estrela", e seu público busca contato indireto com ele – por exemplo, por meio das revistas de fãs que são lidas pelos membros mais jovens desse público. Além disso, esse público não faz distinção entre os atores e os personagens que eles representam; parece que as estrelas representam "a si mesmas", isto é, a suas imagens públicas. Os escritores e outros criadores recebem pouca atenção.

A baixa cultura é suprida pelos meios de comunicação de massa, mas, apesar do tamanho desse público, deve compartilhar muito de seu conteúdo com a cultura média inferior. Frequentemente faz isso reinterpretando o conteúdo da classe média inferior, ajustando-o aos valores da classe trabalhadora. Por exemplo, numa população da classe trabalhadora que estudei, as pessoas que assistiam a um seriado de detetive questionaram a integridade do policial-herói e se identificaram com os personagens da classe trabalhadora que o ajudaram a capturar o criminoso. Elas também protestaram ou ridicularizaram os protagonistas e os valores da classe média baixa que viram retratados em outros programas e comerciais.[17]

17. *Ibid.*, cap. 9.

Também existe conteúdo voltado exclusivamente para a baixa cultura, mas, como esse público carece de poder aquisitivo para atrair importantes anunciantes nacionais, sua mídia só consegue sobreviver economicamente produzindo conteúdo de baixa qualidade técnica para essa grande audiência. Além disso, em parte por causa da baixa escolaridade, o público da baixa cultura não lê muito. Por isso, são atendidos por um número reduzido de tabloides diários e semanais, entre os quais alguns com as maiores vendas em bancas, que relatam atividades sensacionalistas ou violentas – ou atividades inventadas – envolvendo celebridades e pessoas comuns.

Antigamente, a maioria dos filmes de Hollywood era produzida para o público de baixa cultura, até este se mover para a televisão. Embora essa mídia seja compartilhada também pelos públicos de cultura média inferior, no início a programação das redes abastecia extensivamente a baixa cultura; por exemplo, oferecendo faroestes, a ação cômica de Lucille Ball e Red Skelton, o *vaudeville* acrobático do *Ed Sullivan Show*, seriados cômicos como *Beverly Hillbillies* (que descrevia como pessoas da classe trabalhadora de origem rural passavam a perna em pessoas da classe média urbana, mais sofisticadas e poderosas) e a música de Lawrence Welk. Alguns desses programas estão desaparecendo da programação das redes conforme o público da baixa cultura encolhe de tamanho e poder aquisitivo, mas as reprises sobrevivem nas estações de tevê independentes, que talvez atualmente sejam as principais transmissoras para a baixa cultura. Esse público também é atendido pelas estações de rádio independentes, que veiculam rock e música *country*, e noticiários breves que utilizam efeitos sonoros para imitar a manchete chamativa dos tabloides.

As artes plásticas da baixa cultura refletem a segregação sexual de seu público. Frequentemente, os homens escolhem imagens de *pinups* (mulheres com aparência mais abertamente erótica e sexualmente agressiva do que aquelas apresentadas na revista *Playboy* da cultura média superior), que penduram nas paredes de fábricas e oficinas. As mulheres gostam de arte religiosa e imagens representativas seculares com cores vívidas. O mobiliário da casa reflete a mesma estética: deve ter aparência sólida e ser colorido. Enquanto os públicos da alta cultura e da cultura média superior valorizam a austeridade e a simplicidade, os públicos da baixa cultura preferem a ornamentação exagerada – ou nas formas tradicionais, quase rococós, ou no extravagante estilo contemporâneo outrora descrito como "Hollywood moderno".

⊙ *Baixa cultura quase folclórica* Essa cultura de gosto é uma mistura da cultura folclórica com a baixa cultura comercial da época pré-Segunda Guerra Mundial, que abastecia as audiências que acabavam de emergir das culturas étnicas ou folclóricas. É a cultura de gosto de muitas pessoas pobres, que trabalham em empregos não qualificados dos setores da indústria e de serviços e cuja educação terminou no ensino fundamental; muitas delas são do campo ou de origem rural e não brancas. Embora esse público ainda seja numeroso, seu baixo status e baixo poder aquisitivo significam que suas necessidades culturais recebem pouca atenção; de modo geral, ele deve se entender com o conteúdo da baixa cultura.

Os dados acerca dessa cultura são escassos, mas ela parece ser uma versão mais simples da baixa cultura, com a mesma segregação sexual e ênfase no melodrama, nas comédias de ação e nas peças com conteúdo de fundo moral. O material de leitura desse público são os tabloides e as revistas em quadrinhos; seus filmes são os antigos faroestes e histórias de aventuras (atualmente só exibidos nos cinemas decadentes dos bairros pobres para as audiências de fala espanhola), os filmes de ação simples e as telenovelas produzidas no México. Em parte pelo fato de essa cultura ser quase totalmente ignorada pelos meios de comunicação de massa, seu público manteve mais elementos da cultura popular do que qualquer outro, ela é recriada – e provavelmente modernizada – nos eventos da Igreja e da rua e em outros encontros sociais. Recentemente, os mais jovens desse público começaram a decorar edifícios públicos e veículos com grafites pintados e coloridos de forma elaborada, como em Nova York e Filadélfia. Em geral, esses grafites consistem nos nomes desses artistas e nos números das ruas onde moram e podem expressar seu protesto por serem ignorados pelo resto da sociedade norte-americana.

CULTURAS JOVEM, NEGRA E ÉTNICA ⊙ Meu breve estudo a respeito das culturas e dos públicos de gosto omitiu desenvolvimentos recentes, como a chamada cultura jovem, o surgimento das culturas nacionalistas entre os negros, os porto-riquenhos e outras minorias destituídas, e o *revival* das culturas étnicas entre descendentes dos imigrantes europeus. Essa omissão foi intencional, pois essas culturas podem ser apenas ramos temporários das culturas de gosto descritas anteriormente.

⊙ *Cultura jovem* A última metade dos anos 1960 assistiu ao surgimento de culturas aparentemente novas entre os jovens, que logo foram reduzidas pelos adultos ao rótulo de cultura jovem. No entanto, essas culturas não são inteiramente novas, nem limitadas aos jovens e tampouco tão homogêneas para ser descritas por um rótulo.

Nenhuma cultura é inteiramente nova, e muito do que é considerado novo se assemelha à cultura boêmia que emergiu após a Primeira Guerra Mundial e às culturas *beat* e *hippie* da década de 1950 e início da década de 1960. Por exemplo, a informalidade do vestuário e da postura, a rejeição das formas tradicionais de arte e de outra alta cultura, como no movimento Dadá, o consumo de drogas, a apropriação das culturas negra e folclórica e os valores radicais podem remontar à alta cultura de vanguarda anterior. O novo, porém, é a expansão dessas formas de alta cultura nas culturas de gosto inferior, o tamanho do público e o vasto conjunto de repertório cultural que ele apoia. Esse cardápio inclui novos tipos de rock e música popular, filmes, jornais, arte psicodélica e multimídia, novas modas (de roupas com tingimento artístico a trajes unissex), pôsteres e objetos da cultura das drogas. Os novos produtos culturais são complementados por outros tipos de inovação cultural, que vão além da cultura de gosto, como novas formas de vida familiar e comunal.

Embora essas inovações sejam frequentemente descritas pelos meios de comunicação de massa como partes de uma cultura única, remontam, na realidade, a diversas culturas. Além disso, essas culturas existem em dois níveis: como culturas *totais*, que procuram existir à parte das correntes predominantes ou da sociedade convencional e, na realidade, buscam mudá-la ou subvertê-la, e como culturas *parciais*, que, como as culturas de gosto descritas anteriormente, são praticadas por pessoas que ainda "pertencem" à sociedade convencional.

Entre as culturas totais, ao menos cinco podem ser identificadas. A primeira é a cultura *hippie* original, que parece a esta altura ter virado uma cultura de *drogas e música*, na medida em que seus padrões, produtos e estilos de vida giram em torno do consumo de drogas e do *acid rock*. A segunda é a cultura *comunal*, que está inventando novos estilos de vida familiar, comunitária e econômica, muitas vezes em comunidades, algumas procurando recriar as sociedades pastoris, a vida tribal e a família estendida. A terceira é a cultura *política*, que, embora dividida em diversas facções, procura substituir o capitalismo norte-americano por uma ou outra forma de socialismo ou anarquismo radical mediante o pensamento revolucionário e não necessariamente por meios violentos. Essas culturas não são de forma alguma excludentes; cada uma deposita maior ênfase sobre um tema, mas algumas pessoas participam de duas delas ou das três. No entanto, os participantes da cultura das drogas parecem ser mais hedonistas e místicos do que os outros; os da cultura comunal se preocupam mais com a invenção social; e os da cultura política se dedicam à revolução, opondo-se ao uso de drogas, ao misticismo e à inovação sexual, que consideram contrarrevolucionários. Um rótulo melhor para a quarta cultura talvez seja o de *neodadaísta*. Tipificada pelos *yippies*, é um amálgama das três anteriores, mas enfatiza a criação de novas formas sociais, culturais e políticas, menos como um fim em si do que como método de crítica das instituições equivalentes da sociedade convencional.[18] A quinta cultura é a *religiosa*, representada pelos "entusiastas de Jesus" e pelo culto Hare Krishna, e é uma reação tradicionalista às outras quatro culturas, pregando a adesão aos códigos morais absolutistas da comunidade teocrática e, frequentemente, a um estilo de vida assexuado, apolítico e antidrogas.

O número de participantes dessas culturas é pequeno, provavelmente menos de 100 mil pessoas em todo o país, mas suas atividades são muito visíveis, pois são ampla-

---

[18] Para uma classificação meio parecida, ver Jesse Pitts, "The Counter Culture", *Dissent* 18, junho de 1971, pp. 216-229. Os autores que defendem essas culturas lançaram inúmeras publicações, entre eles, Ken Kesey, sobre a cultura das drogas e da música, Tom Hayden, sobre a cultura política, e Abbie Hoffman e Jerry Rubin, sobre a cultura neodadaísta. Para estudos sobre as culturas *hippie* e das drogas, ver Nicholas von Hoffman, *We Are the People Our Parents Warned Us Against*, Nova York: Crest, 1969, e Tom Wolfe, *The Electric Kool-Aid Acid Test*, Nova York: Bantam, 1969; sobre a cultura comunal, ver Pitts, "The Counter Culture", e Rosabeth Kantor, *Commitment and Community*, Cambridge: Harvard University Press, 1972. Sobre a cultura política, ver Kenneth Kenniston, *The Young Radicals*, Nova York: Harcourt, Brance and World, 1968. Uma antologia útil a respeito das inovações musicais dessas culturas é R. Serge Denisoff e Richard Peterson (orgs.), *The Sounds of Change*, Chicago: Rand McNally, 1972. Entre os livros mais genéricos acerca das novas culturas, destacam-se Philip Slater, *The Pursuit of Loneliness*, Boston: Beacon Press, 1970, Theodore Roszak, *The Making of the Counter Culture*, Nova York: Doubleday, 1969, e Charles Reich, *The Greening of America*, Nova York: Random House, 1971. Esse último livro tornou-se um *best-seller*, talvez porque sua concepção e defesa das novas culturas tenha sido muito influenciada pela participação do autor em diversas culturas parciais. No entanto, a Consciência III que ele defende não é exatamente uma cultura parcial, mas é menos total do que a contracultura de Roszak. Desde a publicação do livro de Roszak, a contracultura tornou-se sinônimo de cultura jovem, embora a definição de Roszak seja muito mais específica.

mente cobertas pelos meios de comunicação de massa. Além disso, as culturais totais são muito mais importantes do que o número de participantes indicaria, pois servem de modelo para as culturas parciais, em que o número de participantes alcança a casa dos milhões. A maioria das pessoas que estão imersas nas culturas totais são jovens, sem responsabilidades familiares, muitos dos quais tendem a cair fora da cultura total ou a se transferir para a cultura parcial quando começam a constituir suas próprias famílias. No entanto, a cultura comunal é muito mais familial, embora muitos de seus participantes pareçam ser solteiros e se desloquem de uma comunidade a outra em busca de um estilo de vida que atenda às suas necessidades. Como essas culturas totais, especialmente a das drogas e a política, enfrentam considerável hostilidade da sociedade convencional, somente o tempo dirá se elas serão capazes de crescer ou até sobreviver, a não ser como fontes de inspiração para as culturas parciais.

As culturas parciais são versões de meio período das culturas totais, apoiadas por pessoas que mantêm sua posição econômica e social na sociedade convencional, participando delas somente à noite e nos fins de semana. Enquanto os participantes de período integral das culturas totais são orientados pelo criador, vendo-se como artistas cuja arte visa criar uma cultura norte-americana inteiramente nova, os participantes de meio período são orientados pelo usuário. Como são muito mais numerosos do que os participantes da cultura total, tornam-se audiências lucrativas para distribuidores comerciais de produtos da cultura parcial, especialmente música, pôsteres e roupas. De fato, algumas das culturas parciais estão a caminho de se tornar as mais novas facções vanguardistas de diversas culturas de gosto convencionais, não só porque seus produtos são criados comercialmente, mas porque esses produtos são modificados quando apropriados da cultura total, tornando-se mais parecidos com os produtos culturais convencionais. Por exemplo, os pôsteres mais populares estão muito mais próximos do estilo da arte da cultura média inferior ou superior progressista do que dos estilos *nova art nouveau* ou pseudoindiano originalmente desenvolvidos pelos *hippies*.

Embora as culturas parciais sejam derivadas das culturas totais, também são diferenciadas com base na classe social, refletindo de certa forma os padrões das culturas de gosto convencionais, para as quais atuam como vanguardas radicais. A contracultura de Roszak é, em propósito, método, estilo e sutileza, muito mais próxima da alta cultura convencional do que, por exemplo, a cultura de drogas e música dos jovens da classe trabalhadora, ainda que compartilhem alguns valores. Da mesma forma, as diversas culturas parciais médias superiores, que encontram expressão em publicações como *Village Voice* ou *Rolling Stone*, são bastante diferentes das culturas parciais médias inferiores, cujos produtos são encontrados no Greenwich Village, em Nova York, e na Sunset Strip, em Los Angeles. As diferenças de gosto entre os dois públicos ainda não foram estudadas, mas, embora os dois atualmente orbitem em torno do rock, desconfio que os jovens do público da cultura média superior têm mais propensão a escolher as formas esotéricas e experimentais de rock e o rock *folk* de cunho político; e os públicos das culturas média inferior e inferior, as formas mais convencionais do rock e as letras que abordam os infortúnios e as tribulações do amor. Da mesma forma, suponho que Bob Dylan seja mais popular entre os públicos de gosto "superior", ao passo que uma cantora de ação e de voz vigorosa como a falecida Janis Joplin, entre os públicos de gosto "inferior".

Outras diferenças entre as diversas culturas também podem ser identificadas. Por exemplo, a contracultura de Roszak é enfaticamente antitecnológica, enquanto a maioria das outras não só favorece os usos pacíficos da tecnologia, como também emprega as últimas invenções da tecnologia musical, cinematográfica e veicular. Algumas comunidades rejeitam os bens produzidos em massa e fabricam seus próprios móveis e roupas; outras utilizam produtos comerciais e fazem experiências com a última tecnologia arquitetônica.

No entanto, as culturas totais e parciais que descrevi também compartilham muitos valores. Todas se opõem aos diversos aspectos da sociedade convencional, em especial a inclinação para a guerra, a desigualdade econômica e geracional da sociedade doméstica, e a hipocrisia resultante da disparidade entre os valores sociais proclamados e as políticas públicas. Todas essas culturas recorrem mais às drogas do que ao álcool; enfatizam a comunidade em detrimento dos interesses individuais, ainda que alguns também valorizem o "fazer o que se quer"; dão maior prioridade à expressão dos sentimentos do que ao uso da razão; preferem filmes, músicas e artes plásticas à cultura impressa; e rejeitam as normas sexuais da sociedade convencional – embora essas normas não sejam mais sacrossantas entre os mais jovens que permanecem nela. Finalmente, todas refletem e reagem à posição intersticial e ambígua que os adolescentes e jovens adultos são forçados a ocupar na sociedade, que os trata ainda como crianças, principalmente quando não estão inseridos na força de trabalho convencional.

Por esse motivo, é possível rotular todas as culturas que descrevi como tipos de cultura jovem, embora sua rejeição à sociedade convencional tenha menos a ver com o hiato geracional do que com a diferença fundamental de valores que não se limita só aos jovens, nem é compartilhada por todos eles. Na realidade, a diferença de valores é muito mais uma função de classe, já que os jovens radicais políticos e culturais pertencem principalmente ao segmento profissional liberal das classes médias altas, e os valores que rejeitam são os das classes gerenciais média alta e alta e de seus apoiadores nas classes média baixa e trabalhadora.[19] Eles combatem o atual sistema econômico: os capitalistas e os administradores corporativos que o dirigem, e os funcionários administrativos e os operários que os apoiam até certo ponto porque dependem disso para sua subsistência. Também lutam contra a burocratização da sociedade, tanto na empresa privada como nos órgãos públicos, e, sobretudo, contra a burocratização do trabalho intelectual e profissional, que ameaça reduzir o controle dos intelectuais e dos profissionais sobre seu trabalho.

Dessa maneira, os jovens radicais estão lutando de forma semelhante a grupos como o dos críticos socialistas da cultura de massa, que também se opõem à sociedade dominada pelos negócios. Ao mesmo tempo, porém, não estão defendendo os mesmos valores; os jovens radicais procuram criar uma sociedade completamente diferente e não têm nenhum interesse específico em proteger a alta cultura. De fato, os radicais e os críticos são inimigos; alguns críticos acusam os radicais de serem revolucionários românticos – e até fascistas de esquerda –, enquanto os radicais condenam os críticos por defenderem o *status quo*.[20] A maior parte do conflito entre os dois grupos centralizou-se na universidade; os radicais a rejeitam por sua dependência da economia

---

19. Como Nathan Glazer assinalou, *Greening of America*, de Reich, é realmente um exemplo de cultura média superior, que manifesta a mesma hostilidade e esnobismo em relação à baixa cultura e à cultura média inferior que o público de cultura média superior da sociedade convencional. Ver Nathan Glazer, "The Peanut Butter Statement", em Philip Nobile (org.), *The Con III Controversy*, Nova York: Pocket Books, 1971, pp. 129-136.

20. A maior parte da literatura de ambos os lados é injuriosa, mas, para uma análise ponderada da posição radical, ver Richard Flacks, "Social and Cultural Meanings of Student Revolt", *Social Problems* 17, inverno de 1970, pp. 340-357. Uma discussão excelente a respeito do ponto de vista da crítica é Norman Birnbaum, "Is There a Post-Industrial Revolution?", *Social Policy* 1, julho-agosto de 1970, pp. 11-12.

corporativa e pelo apoio que dão a ela; os críticos procuram preservá-la, pois ela se tornou o principal repositório e apoio financeiro da alta cultura.

Ao longo do tempo histórico, porém, tanto os radicais como os críticos da cultura de massa podem acabar caindo na mesma categoria; ambos defendem as vítimas da evolução da sociedade urbano-industrial, embora defendam vítimas e ideais diferentes. Como sugeri no Capítulo 1, os críticos falam a favor de uma alta cultura que perdeu seu domínio cultural com o desenvolvimento e o crescimento das culturas populares comerciais, enquanto muitos radicais reagem contra a burocratização das profissões da classe média alta. Embora alguns estejam buscando o desenvolvimento de uma nova cultura baseada menos na escassez de dinheiro e mais na escassez de trabalho, isto é, uma cultura que será necessária quando as pessoas não mais investirem em semanas de trabalho de quarenta horas, outros, sobretudo aqueles que dão mais importância ao "fazer o que se quer" ou a se dedicar à carpintaria e outras formas de habilidade artesanal individual, rebelam-se contra o surgimento das linhas de montagem intelectual e profissional.

Em parte, o conflito entre radicais e críticos diz respeito à importância do ideal democrático; os radicais querem criar uma nova cultura, ainda que seus métodos para isso sejam às vezes antidemocráticos – e os críticos enfatizam essa deficiência em seu ataque. Por outro lado, os críticos querem preservar a alta cultura e, para esse propósito, apoiarão as instituições econômicas e políticas convencionais, mesmo que alguns métodos dessas instituições sejam antidemocráticos – e os radicais atacam os críticos por sua cegueira a esses métodos.

⊙ *Cultura negra* Somente na segunda metade da década de 1960, a criação consciente e deliberada de uma cultura negra se tornou visível – ao menos para os brancos. No entanto, assim como as culturas porto-riquenha, *chicana* e chinesa que hoje se desenvolvem entre grupos raciais e quase raciais igualmente destituídos, a cultura negra não é nova. Conteúdos culturais negros dos mais variados tipos existem desde que os negros foram trazidos para os Estados Unidos, e os brancos se apropriaram da música negra com regularidade por mais de um século.[21] O que há de novo em

---

21. Charles Keil, *Urban Blues*, Chicago: University of Chicago Press, 1966, e Charlie Gillett, *The Sound of the City*, Nova York: Outerbridge and Dienstfrey, 1970.

relação à cultura negra é a sua recente revitalização, responsável por sua maior visibilidade entre os brancos. Essa revitalização resulta não só do crescimento da classe média negra instruída e da atenuação das barreiras segregacionistas, mas também da necessidade de cultura dos movimentos dos direitos civis e do poder negro. De fato, os elementos mais novos da cultura negra – e seus equivalentes porto-riquenhos, *chicanos* ou outros – podem ser descritos como nacionalistas, que existem, em parte, para melhorar a posição política da comunidade negra nos Estados Unidos. A maior parte do conteúdo da nova cultura negra é direta ou indiretamente político, expressando, demandando e justificando a legitimidade da identidade e da tradição negras, a fim de estabelecer uma base cultural da igualdade racial.

Apesar de seu recente crescimento, a cultura negra permanece uma cultura parcial, já que, em diversos aspectos da vida, os negros compartilham as culturas de gosto criadas pelos brancos, e seus padrões estéticos, lazer e hábitos de consumo são pouco distintos daqueles dos brancos de nível socioeconômico e faixa etária semelhantes. Embora escutem estações de rádio negras, leiam jornais e revistas negros e assistam aos poucos filmes e programas de tevê genuinamente negros, também utilizam a mídia criada predominantemente pelos brancos e para eles – e, de acordo com ao menos um estudo, eles a utilizam mais do que os brancos.[22] A maioria dos negros também parece apreciar o conteúdo da mídia predominantemente branca, embora não seja apropriado fazer tal generalização até que eles tenham a oportunidade de escolher entre o conteúdo negro e o branco. Certos estudos sobre preferência revelaram, porém, que, quando os negros são solicitados a escolher entre um hipotético entretenimento totalmente negro e outro totalmente branco, a maioria escolhe o primeiro; no entanto, quando também podem optar por um entretenimento integrado, quase todos preferem este à programação negra ou branca.[23]

---

[22] Bradley S. Greenberg e Brenda Dervin, *Use of the Mass Media by the Urban Poor*, Nova York: Praeger, 1970. Sobre o papel da mídia na mudança da identidade negra, ver Benjamin Singer, "Mass Society, Mass Media and the Transformation of Minority Identity", *British Journal of Sociology* 24, junho de 1973, pp. 140-150.

[23] Herbert J. Gans, *The Uses of Television and Their Educational Implications*, Nova York: Center for Urban Education, 1968, p. 32 e anexo C.

⊙ *Culturas étnicas* Os imigrantes europeus trouxeram suas próprias culturas de gosto para os Estados Unidos, mas, como a maioria deles, exceto alguns judeus, era de camponeses e trabalhadores sem terra incultos, que passavam a maior parte de seu tempo no trabalho, suas culturas de gosto eram esparsas e dominadas por um conteúdo compensatório que os ajudava a enfrentar a privação e escapar dela. Por isso, essas culturas de gosto enfatizavam a vida familiar, o beber e o comer, e a religião. Os imigrantes mantiveram sua cultura, em parte, por motivos idiomáticos, mas ela foi rapidamente erodida pela aculturação da segunda geração, pois seu conteúdo, além de não ser suficiente para preencher o crescente tempo livre dessa geração, era muito religioso para satisfazer suas preferências de lazer mais seculares. Além disso, as culturas de gosto dos imigrantes eram principalmente as baixas culturas folclórica e quase folclórica. Quando os imigrantes ou seus filhos subiram na vida e quiseram uma cultura de gosto mais sofisticada e de maior prestígio, acharam mais fácil escolhê-la entre as culturas norte-americanas do que aprimorar a baixa cultura imigrante ou importar culturas de status mais elevado de seu país de origem. Algumas culturas de gosto judaicas foram americanizadas, mas as culturas de gosto camponês, como a polonesa, a italiana ou a grega, praticamente desapareceram, exceto pelas comidas tradicionais, as práticas religiosas e algumas danças e canções que são apresentadas em eventos étnicos ocasionais.

Alguns observadores relataram um *revival* da cultura étnica entre os italianos, poloneses e outros descendentes de terceira e quarta geração de imigrantes europeus.[24] No entanto, ainda não há evidência empírica confiável desse *revival*, a não ser entre um número limitado de intelectuais étnicos. De fato, os últimos estudos de comunidade entre grupos étnicos norte-americanos sugerem, como os estudos anteriores, que, na terceira ou quarta geração, a aculturação está quase concluída.[25] Embora a assimilação ocorra de maneira muito mais lenta, persistindo ainda as estruturas familiares étnicas, entre outras estruturas sociais, os "étnicos" mais contemporâneos vivem como os demais norte-americanos de faixa etária e status socioeconômico similares,

---

[24]. Ver, por exemplo, Andrew Greeley, *Why Can't They Be Like Us?*, Nova York: Dutton, 1971.

[25]. Ver, por exemplo, Joseph Lopreato, *Italian-Americans*, Nova York: Random House, 1970; Dennis Wrong, "How Important Is Social Class?", *Dissent* 19, inverno de 1972, pp. 278-285; e Irving Levine e Judith Herman, "The Life of White Ethnics", *Dissent* 19, inverno de 1972, pp. 286-294.

entregando-se à cultura alimentar pan-étnica da pizza, do *pastrami* e do *kebab* que os supermercados disponibilizaram para todos.

No entanto, o que reviveu ou, ao menos, se tornou mais visível foi a política étnica, principalmente como reação das pessoas brancas urbanas da classe trabalhadora à maior atividade política dos negros. Fenômenos como a lista de candidatos políticos etnicamente equilibrada nunca sucumbiram à aculturação, mas, desde o final da década de 1960, surtos esporádicos de orgulho étnico emergiram; por exemplo, o protesto dos italianos contra a identificação do crime organizado com a Máfia e o dos poloneses contra as "piadas de polonês". Todavia, a maior parte da atividade política étnica tem sido pan-étnica, isto é, os políticos de origem étnica são apoiados pelos eleitores da classe trabalhadora de todos os grupos étnicos, não só pelos seus pares étnicos, como no passado, especialmente na disputa contra negros ou reformistas da classe média alta branca. Nesses casos, porém, a etnicidade é apenas um disfarce eufemístico para classe. Por exemplo, quando Mario Procaccino concorreu contra John Lindsay na eleição para prefeito de Nova York, ele fez a campanha não como italiano, mas como candidato do "zé-povinho" contra os "liberais de limusine". Por mais que sentimentos de identidade e orgulho étnicos se desenvolvam durante essas campanhas eleitorais, eles desaparecem depois, e não há indicação de que levem a um *revival* das culturas étnicas individuais.

A ESTRUTURA SOCIAL DOS PÚBLICOS E CULTURAS DE GOSTO ⊙ A análise de públicos e culturas de gosto individuais subestima a relação que existe entre uns e outros e entre eles e a sociedade em geral. Na realidade, os públicos e as culturas de gosto não são apenas grupos independentes, mas devem ser vistos também como partes de uma *estrutura de gosto* geral, isto é, a soma das relações que ocorrem entre públicos e culturas distintos. A estrutura de gosto é, por sua vez, parte da estrutura social mais ampla.

⊙ *Gosto, estrutura social e política* Uma das relações mais importantes entre as culturas de gosto e a sociedade mais ampla é política. Embora a maioria das culturas de gosto não seja explicitamente política, todo conteúdo cultural expressa valores que podem tornar-se políticos e ter consequências políticas. Mesmo a mais simples comédia familiar da tevê, por exemplo, diz algo a respeito das relações entre homens e mulheres e pais e filhos, e, na medida em que essas relações envolvem valores e questões de poder, elas são políticas, embora talvez não sejam reconhecidas como tais até serem questionadas. Portanto, o uso de mulheres como objetos sexuais na propaganda só se tornou uma questão política com o surgimento do movimento de liberação das mulheres.

Como observado anteriormente, a crítica à cultura de massa é, em parte, política, defendendo políticas tanto conservadoras como socialistas, mas uma das principais contribuições das novas culturas radical e negra foi identificar as suposições políticas implícitas de todas as culturas de gosto convencionais, alta e baixa, e sustentar que toda cultura possui implicações políticas. Os críticos socialistas da cultura de massa já tinham apontado para os valores políticos conservadores da cultura popular, mas com frequência desconsideraram a presença de valores similares na alta cultura. Por isso, os defensores da alta cultura, tanto socialistas como conservadores, ficaram perturbados quando os radicais e os negros militantes identificarem valores conservadores na alta cultura. Igualmente importante foi o fato de os radicais argumentarem que a cultura não podia permanecer "acima" da política, o que certos defensores da alta cultura consideraram como uma deplorável politização da cultura. A politização serve para tornar visíveis os valores políticos da alta cultura (e da cultura popular), força a discussão desses valores e leva à crítica conservadora ou radical da cultura.

É difícil identificar com precisão os valores políticos das diversas culturas de gosto, pois, como observado anteriormente, os produtos associados com essas culturas são mais visíveis do que os valores das pessoas que os escolhem, sendo arriscado deduzir os valores das pessoas a partir dos produtos. Por exemplo, embora os produtos da baixa cultura sejam frequentemente conservadores, as pesquisas de opinião entre pessoas pobres e da classe trabalhadora, que constituem o público da baixa cultura, indicam que muitas não são conservadoras, sobretudo no que diz respeito às questões econômicas. De certa forma, elas carecem de produtos culturais para expressar seus valores.

Os valores políticos expressos nas diversas culturas de gosto variam da extrema direita à extrema esquerda, embora os produtos midiáticos evitem os extremos. A alta cultura pode incluir esses extremos com mais frequência do que as outras culturas, mas os valores da extrema direita serão encontrados principalmente entre os clássicos; o domínio da opinião liberal entre o público da alta cultura colocou a alta cultura de direita em descrédito.[26] Os produtos da cultura média superior são liberais, conser-

---

26. Por exemplo, no verão de 1972, a indicação de Ezra Pound ao prestigioso prêmio concedido por

vadores ou de centro, e os das demais culturas de gosto são, principalmente, de centro ou conservadores. Em parte, seu conservadorismo reflete a ideologia empresarial dos donos e administradores dos meios de comunicação de massa, mas, frequentemente, o desejo dos homens de negócio de não antagonizar o ruidoso, ainda que não considerável, número de conservadores da audiência é mais importante. Muitas vezes, os pequenos grupos de pressão conservadores conseguem despertar suficiente clamor público para forçar mudanças na política midiática – como banir um programa de tevê politicamente polêmico –, embora geralmente só consigam influenciar estações de tevê (ou jornais) locais. A mídia noticiosa e de entretenimento nacional não está imune à pressão conservadora (ou liberal), mas é muito menos propensa a ceder à pressão, ainda que possa rever suas políticas e práticas depois.

Na realidade, porém, o conservadorismo da mídia costuma ser mais cultural do que político, e a maior parte da censura ou autocensura dos criadores midiáticos destina-se a cortar referências de baixo calão, sexuais ou sacrílegas, que possam contrariar o que o pessoal de mídia denomina "grotões". Provavelmente, esse é o principal motivo da evidente lentidão da televisão em liberalizar conteúdos que tratam de normas sexuais e padrões de comportamento.

Intérpretes negros e conteúdo negro começaram a aparecer na programação de entretenimento depois que as revoltas dos guetos finalmente compeliram os executivos da mídia a prestar atenção aos grupos de direitos civis, que há muito tempo vinham demandando mais empregos para os intérpretes negros. Na década de 1970, o horário nobre da tevê até veiculou diversas séries cômicas acerca dos negros, como *Sanford and Son* e *Good Times*, produzidas para atrair telespectadores negros e brancos. Embora as duas séries concentrem seu humor principalmente na questão de classe – se seus personagens principais devem ou não cumprir as regras de respeitabilidade da classe média –, elas também questionam os estereótipos que os brancos fazem dos negros e incluem críticas incisivas, até mesmo combativas, ao comporta-

---

uma das academias da alta cultura foi rejeitada, em virtude das posições políticas abertamente fascistas e antissemitas que o poeta defendera no passado. Essa rejeição provocou muito debate entre os críticos da alta cultura; enquanto alguns a apoiavam, outros sustentavam que a poesia de Pound merecia o prêmio, apesar das posições políticas do autor, ou que a poesia e os poetas não deviam ser julgados por suas posições políticas.

mento dos brancos em relação aos negros e às instituições dominadas pelos brancos. Na realidade, esse padrão teve início com Leroy, jovem vizinho negro de Archie Bunker na série *All in the Family*, que é, casualmente, um dos poucos personagens desse programa popular a ser sempre apresentado como inteligente, e cujos comentários críticos acerca de questões raciais não estão sujeitos à refutação cômica. Da mesma forma, a televisão, como outras mídias da cultura média inferior, incorporou outras questões tópicas, tais como ecologia e feminismo, nos dramas e nas comédias populares, embora isso talvez não seja tanto uma resposta ao interesse da audiência quanto uma preocupação de criadores midiáticos pessoalmente interessados nessas questões ou que estão procurando ideias para novas histórias.

As implicações políticas do conteúdo da alta cultura e da cultura popular são mais difíceis de descrever. Como já observado, os estudos sobre os efeitos da mídia sugerem que ela tem impacto apenas limitado sobre as posturas e os comportamentos políticos, mas como os políticos utilizam o conteúdo da mídia noticiosa como índice do sentimento de seu eleitorado, os editoriais dos jornais e das televisões provavelmente têm mais impacto político do que o justificado pelo interesse dos telespectadores e leitores. Além disso, a mídia noticiosa desempenha papel político importante ao dar exposição e publicidade às pessoas e às atividades que elas relatam e, também, ao lhes conferir legitimação e status. Apesar de seu impacto político real sobre a audiência ser muito menor do que o impacto perceptível, os políticos prestam atenção a este último.

Os jornalistas tendem a ser mais liberais que suas audiências, e, embora procurem informar de maneira objetiva e imparcial, os valores liberais influenciam a seleção das matérias e sua cobertura. A mídia noticiosa nacional tenta não "minimizar a importância do centro", para não antagonizar a maioria supostamente centrista da audiência, ainda que, frequentemente, informe sobre atividades radicais, pois estas possuem um valor noticioso expressivo. No entanto, essa mídia não reflete com exatidão o pluralismo social existente nos Estados Unidos; vislumbra o mundo da perspectiva da classe média de meia-idade e, assim, dá pouquíssima atenção aos pontos de vista dos jovens, dos negros, dos pobres e até mesmo das classes média baixa e trabalhadora. A mídia noticiosa local tende a ser ainda mais conservadora. Embora a alta cultura e a cultura média superior apoiem diversos "jornais de opinião" a expressar diversos pontos de vista, as culturas de gosto inferior não são tão bem atendidas. Como os pobres não têm condições de possuir – ou até comprar – revistas, suas opiniões e demandas recebem pouca exposição pública.[27]

As críticas aos valores políticos implícitos na mídia vieram principalmente da direita e da esquerda; por um lado, porque ambas se ressentem do tom antagônico presente até em reportagens objetivas, e, por outro, porque as duas pensam que, se a mídia relatar suas opiniões e atividades com mais detalhes, poderão conquistar mais audiência para seus respectivos lados. Como todos os outros grupos políticos, acham que a mídia noticiosa existe para retratar e promover seus próprios pontos de vista, mas como esta fornece mais acesso aos grupos que estão no poder do que aos que estão fora dele, e também às principais organizações políticas mais do que às secundárias, sua crítica merece atenção.

A qualidade apolítica da maior parte do repertório de outros meios de comunicação de massa que não a mídia noticiosa pode sugerir que tratar a cultura popular como política é inexato ou, na melhor das hipóteses, irrelevante. Por outro lado, de uma perspectiva revolucionária como a de Marcuse, toda cultura de gosto é política, pois, mesmo que evite a política, sua omissão em promover a causa revolucionária a torna politicamente reacionária; de acordo com Eldridge Cleaver, se ela não é parte da solução, é parte do problema. No entanto, mesmo de uma perspectiva não revolucionária, a cultura de gosto é, em última análise, política, na medida em que descreve uma visão da sociedade à exclusão de outras ou que reforça um conjunto de valores e atitudes em detrimento de outro. Porém, a maioria das pessoas, quer como membros de públicos de gosto quer como cidadãos, presta somente uma limitada atenção à política, e é por esse motivo que a maioria das culturas de gosto propicia pouco conteúdo explicitamente político. Portanto, embora seja correto afirmar que toda cultura é política, essa afirmação é politicamente relevante somente para as pessoas que atribuem grande importância à política, já que o restante da população tende a não se preocupar com os valores políticos que estão implícitos em suas culturas de gosto – às vezes, nem mesmo a reparar neles. Quando tais valores são dominantes numa sociedade, geralmente são tidos como não políticos, e mesmo o desmascaramento frequente desses valores, especialmente pelos grupos sem poder, não causará muita mudança de conteúdo. Por

---

27. Herbert J. Gans, "How Well Does Television Cover the News?", *New York Times Magazine* 119, 11 de janeiro de 1970, pp. 30-45.

exemplo, embora o protesto negro – juntamente com a maior afluência de algumas parcelas da população negra – resultasse na criação de filmes com protagonistas e personagens negros desde o final dos anos 1960, isso não mudou o conteúdo da maioria desses filmes, que ainda refletem muito dos mesmos valores dos filmes "brancos" de gênero parecido.[28]

◉ *A estrutura de gosto* Todas as culturas e públicos de gosto coexistem dentro do que se pode chamar de estrutura de gosto, que estabelece e facilita o relacionamento entre as culturas e os públicos. Esses relacionamentos, que podem ser tanto pacíficos quanto conflituosos, existem porque alguns públicos escolhem elementos de mais de uma cultura, e uma cultura de gosto pode ter de atender a diversos públicos. O motivo mais importante para a existência de uma estrutura de gosto, porém, é a natureza da sociedade em geral, sobretudo sua hierarquia socioeconômica. Todas as culturas e públicos de gosto participam dessa hierarquia e são afetadas por ela, e a própria estrutura de gosto é hierárquica.

Embora a maioria das pessoas provavelmente limite suas escolhas de conteúdo a uma cultura ou a duas "adjacentes", todas elas ocasionalmente escolhem elementos de uma cultura mais alta ou mais baixa. Essa "perambulação cultural" pode se dar tanto para baixo como para cima; é para baixo quando os membros do público da alta cultura escolhem ler histórias de detetive para passar o tempo ou assistem a jogos de futebol no domingo após terem visitado galerias de arte no sábado, ou quando, assim como os membros dos públicos da cultura média, vão a um teatro burlesco. A perambulação é para cima, por exemplo, quando os membros dos públicos da baixa cultura e da cultura média inferior fazem uma visita anual ou semestral a um museu que exibe principalmente arte da alta cultura. Às vezes, a perambulação para cima envolve motivações explícitas de status, como é o caso quando as pessoas escolhem algum elemento de uma cultura "superior" com a finalidade de tentar obter prestígio ou estimular a mobilidade cultural de seus filhos; a perambulação para baixo é, em geral, justificada pela necessidade de catarse ou de um alívio da rotina cultural. Todavia, a perambulação para baixo, ao menos entre os públicos da alta cultura, é limitada pelo

---

28. Ver, por exemplo, Clayton Riley, "Shaft Can Do Everything: I Can Do Nothing", *New York Times* 121, 13 de agosto de 1972, seção 2: 9.

baixo status das outras culturas e informalmente regulada para fazer que somente um pequeno número de seus produtos se qualifique para a perambulação. De vez em quando, os públicos – e as publicações – de cultura superior procuram sugerir quais desses produtos são *"in"* e *"out"*, ou, como afirmou Nancy Mitford certa vez: *"U"* ["você"] ou *"non-U"* ["não você"].[29] Como as considerações de status são importantes, os públicos de cultura superior frequentemente aceitam a cultura popular somente depois que foi abandonada pelos seus usuários originais; nas décadas de 1960 e 1970, por exemplo, os filmes de Humphrey Bogart e os musicais de Hollywood de Busby Berkeley eram populares entre esses públicos.

Como já mencionado, as pessoas que são orientadas pelo criador em um campo da alta cultura podem ser orientadas pelo usuário em outro, e podem até preferir as opções da cultura média fora de sua área de especialização orientada pelo criador. Susan Sontag assinalou que "um dos fatos a ser considerado é que o gosto tende a se desenvolver de forma desigual. É raro que a mesma pessoa tenha bom gosto visual [isto é, alta cultura orientada pelo criador] e bom gosto para pessoas e ideias".[30] No entanto, em todos os públicos de gosto a orientação pelo criador se mistura com a orientação pelo usuário, e as pessoas da cultura média inferior que pintam podem ter bom gosto para artes plásticas, pela terminologia de Sontag, mas não para outras escolhas culturais.

Além disso, há mobilidade de escolha, pois algumas alcançam ascensão cultural e também social. Em geral, essa mobilidade ocorre durante os anos escolares, sendo a faculdade a principal causa da migração para uma cultura de gosto superior. Frequentemente, a mobilidade cessa com a paternidade, quando a quantidade e a complexidade das leituras diminuem, assim como as saídas ao teatro e cinema. Na velhice, pode ocorrer ainda uma mobilidade descendente, pois o conteúdo que as pessoas achavam gratificante em sua juventude torna-se muito difícil ou perturbador.

---

29. Nancy Mitford, *Noblesse Oblige*, Nova York: Harper & Brothers, 1956. Para um exemplo recente, ver Daniel Maneker, "Next Week, of Course, It May Be Out to Be In", *New York Times* 123, 13 de janeiro de 1974, seção 2: 17.

30. Sontag, "'Camp'", *op. cit.*, p. 516. Agradeço a David Riesman por chamar minha atenção para essa citação.

O conteúdo também se move entre as culturas. Assim, um livro escrito para um público da alta cultura pode ser disponibilizado para um público da cultura média superior por meio de um artigo na *Harper's*, que, em seguida, é cortado e editado para aparecer na *Reader's Digest*. Finalmente, a tese central do livro pode até receber menção passageira numa publicação de baixa cultura. Com as culturas se apropriando umas das outras, o conteúdo é muitas vezes transformado para se tornar compreensível ou aceitável para públicos distintos, e é desse aspecto da apropriação que os críticos da cultura de massa mais se ressentem.

De vez em quando, um produto cultural específico ou um intérprete pode atrair diversos públicos ao mesmo tempo e, então, tornar-se extraordinariamente bem-sucedido; por exemplo, as tiras de jornal "Peanuts" e "Pogo", ou intérpretes como Charlie Chaplin e Marylin Monroe. De modo geral, o apelo multicultural é possível porque o conteúdo é tal que permite a cada público ver algo nele que atende a suas vontades. Assim, Charles Chaplin era visto como um cômico e palhaço pelas culturas inferiores e como um crítico satírico da sociedade pelas superiores. De vez em quando, um produto é aceito por todas as culturas porque se adapta a padrões estéticos compartilhados por todas elas, mas isso é raro, pois há muito pouco consenso a respeito do que é bonito ou divertido.

Finalmente, e de certa forma mais importante, o conteúdo é compartilhado porque diversas culturas de gosto são atendidas pelo mesmo meio de comunicação. Por exemplo, a televisão comercial deve atender a todas as culturas, mas, na prática, atende principalmente aos públicos da cultura média inferior e da cultura inferior, oferecendo conteúdo de cultura superior principalmente para cumprir os requisitos de concessão pública da Federal Communications Commission. Grande parte do esforço e da ansiedade dos executivos de programação televisiva se origina de suas tentativas de achar conteúdo que seja aceitável para os principais públicos de gosto e seus diversos grupos etários. Quando Hollywood produz filmes de alto orçamento, o conteúdo é planejado para atrair o máximo de público possível, por exemplo, incluindo-se personagens que serão interpretados por estrelas que agradam a diversos grupos etários.

Como a maior parte do conteúdo cultural é distribuído comercialmente, a estrutura de gosto é bastante orientada pelas mesmas regras do restante da economia, isto é, os criadores e as empresas que os contratam vendem seus produtos para os clientes que podem pagá-los e ignoram os que não podem. Os vendedores procuram assegurar seus mercados e limitar a concorrência destrutiva a eles; os compradores procuram exercer algum controle sobre os vendedores por meio de suas decisões de compra. Também é possível descrever essas relações em termos políticos, em que os criadores, como os políticos, oferecem alternativas, e as audiências, como os eleitores, escolhem entre elas ou, como os radicais, reclamam da falta de opções viáveis. As redes de tevê competem entre si como partidos políticos e também como empresas, e a carreira dos executivos das redes, como a dos políticos, depende de sua capacidade de imaginar o que a audiência aceitará. Elas são ajudadas pelo fato de que o gosto, assim como a preferência partidária, está relacionado com o meio socioeconômico, sendo, assim, relativamente estável; mais estável, de fato, do que o "gosto" político, pois as estrelas da tevê e do cinema permanecem "no poder" por mais tempo do que os políticos populares. Por exemplo, Ed Sullivan e Bob Hope duraram mais que muitos senadores de estados fiéis a um único partido. A necessidade da mídia de atrair diversos públicos de gosto simultaneamente força-a a agir como os partidos políticos, cujo eleitorado transcende as linhas de classe e inclui grupos de interesse antagônicos.

Os próprios públicos podem ser concebidos como grupos de interesse, já que competem entre si para assegurar a oferta do conteúdo que desejam. Quando os recursos são escassos, como nos canais de tevê, ou quando os valores são contraditórios, como é o caso da preferência da alta cultura pela abstração e da hostilidade a esta por parte da baixa cultura, é provável que haja conflito entre os públicos. No entanto, como estes não constituem grupos organizados e falta uma arena na qual possam lutar, o conflito geralmente ocorre entre os criadores e os distribuidores. Como indiquei anteriormente, a criação nos meios de comunicação de massa é um processo grupal, e os membros do grupo frequentemente atuam como representantes autodesignados de públicos de gosto contraditórios, competindo entre si para determinar qual público terá prioridade em termos de conteúdo.

Um exemplo particularmente interessante de conflito cultural e de luta pelo poder cultural surge de tempos em tempos em torno da regulamentação da pornografia. Por diversos motivos, alguns dos quais relacionados com as características culturais de seus principais usuários, ao menos no passado, a pornografia – sobretudo em sua variedade explícita – tem observado as regras da baixa cultura, e como a alta cultura e a cultura média criam muito pouco conteúdo pornográfico, os usuários de pornografia desses públicos têm de sofrer as torturas estéticas dos paramentos da baixa cultura. No entanto, como a maioria dos ruidosos adversários da pornografia também é contra o uso de conteúdo erótico em filmes e romances não pornográficos, a legislação resultante muitas vezes condena tanto a pornografia da baixa cultura como os produtos da cultura média superior com algum conteúdo erótico. Em certa altura, os defensores dos públicos da alta cultura e da cultura média superior se juntam às organizações de liberdades civis para proteger suas próprias culturas e eximir da legislação antipornografia livros como *Ulisses*, de James Joyce, e *Studs Lonigan*, de James T. Farrell, e, mais recentemente, filmes como *Carnal Knowledge* [*Ânsia de amar*]. A decisão judicial da Suprema Corte de que conteúdos com "algum valor social compensatório" não devem ser censurados como pornográficos protegeu no passado os produtos da alta cultura e da cultura média superior que continham temas eróticos; em 1973, no entanto, a Suprema Corte transferiu o poder de censura para as comunidades locais. Em regiões onde os conservadores sexuais são politicamente poderosos e os defensores da alta cultura e da cultura média superior não têm força, os veredictos antipornográficos podem ser utilizados para censurar as duas culturas, com o conteúdo erótico servindo às vezes somente como justificativa para excluir conteúdos que ameacem os detentores do poder cultural e político por outros motivos que não os de ordem sexual.

Assim como na arena política, alguns participantes possuem mais poder que outros, e alguns são excluídos completamente – por exemplo, os pobres, os velhos e outros com pouco poder aquisitivo. Os criadores têm mais poder que os consumidores, pois estes só podem vetar o que os primeiros oferecem, embora o protesto da audiência possa afetar o conteúdo midiático. E, assim como todas as estruturas que lidam com lucros e poder, a estrutura de gosto é hierárquica. Atualmente, a predominância econômica está localizada nos meios de comunicação de massa – e em seus patrocinadores corporativos – que abastecem o público de cultura média inferior, que é o mais numeroso e possui maior poder aquisitivo. Esse predomínio é acompanhado de um certo poder político, como demonstra a relutância da Federal Communications Commission em impor seus requisitos à programação dos serviços de utilidade pública, que interessa principalmente aos públicos de cultura média superior. A cultura média superior detém algum poder sobre a destinação de verbas públicas para a cultura, pois os líderes cívicos que estão por trás da televisão pública ou dos complexos culturais locais, como o Lincoln Center de Nova York, são geralmente empresários saídos do público da cultura média superior. Para grande decepção da alta cultura, eles tendem a preferir a cultura média superior à alta cultura, e, dentro desta, o conteúdo do *establishment* ao de vanguarda. Os radicais rejeitam totalmente a hierarquia, mas não têm poder para impedir a apropriação e transformação de seus produtos culturais.

⊙ *A hierarquia de gosto*   A hierarquia de gosto difere em alguns aspectos da hierarquia de classes geral da qual é parte. Na hierarquia de classes norte-americana, as classes alta e média alta são mais poderosas que as classes média baixa e trabalhadora da *Middle America*,[31] embora esta, quando está interessada numa questão política específica, consiga muitas vezes o que quer. Na hierarquia de gosto, a *Middle America* possui muito mais poder, ao menos poder indireto, pois o público da cultura média inferior é a audiência-alvo dos meios de comunicação de massa. Assim como na hierarquia de classes, existem conflitos na hierarquia de gosto, mas estes diferem dos conflitos de classe: em parte porque os interesses de gosto não levam com tanta frequência à organização de grupos de interesse politicamente ativos como no caso dos interesses de classe; em parte porque as questões culturais não são, em geral, tão importantes para as pessoas quanto as questões de classe; e em parte porque a audiência não está acostumada a exercer pressão política em questões culturais. Alguns telespectadores poderão entrar em contato com a estação de tevê se o seu programa favorito estiver ameaçado de cancelamento, mas boa parte deles não parece preocupar-se com o que é apresentado diariamente na tevê, exceto em relação à programação infantil.

E, mais importante ainda, a desigualdade cultural parece causar menos ressentimento do que outros tipos de desigualdade. Enquanto as pessoas mais pobres querem o dinheiro e o poder de que desfrutam os grupos de maior renda, os públicos de gosto inferior aparentemente não se sentem destituídos por não poder participar das culturas de gosto superior. Esses públicos querem a mesma quantidade de instrução, porém visando mais a mobilidade profissional e social do que a mobilidade cultural. E, quando obtêm mais renda e status, as pessoas frequentemente permanecem em seu público de gosto original. Elas podem comprar a casa, os eletrodomésticos, os barcos e as férias que correspondem à sua renda maior, mas não as artes plásticas e a música associadas a ela. E nem sempre a mobilidade educacional leva essas pessoas a aspirar à mobilidade

---

[31] Segundo a Wikipédia, coloquialismo norte-americano usado para descrever tanto uma mentalidade cultural como uma região geográfica dos Estados Unidos que abrange a maior parte das áreas rurais e suburbanas do país. (N. T.)

cultural; por exemplo, em seu comportamento de lazer, muitos professores universitários pertencem ao público de gosto médio inferior. A ausência de privação relativa no tocante à desigualdade cultural torna o conflito entre os públicos de gosto muito mais suave do que o conflito entre os grupos de renda e, por sinal, entre os grupos religiosos.

Embora a hierarquia de gosto se diferencie da hierarquia de classes, é muito parecida com a hierarquia de status, pois, em termos de prestígio, a alta cultura está no topo e a baixa cultura está na extremidade inferior. Frequentemente, as decisões sobre escolhas culturais refletem as considerações de status, e, quando uma cultura de status inferior se apropria do conteúdo de uma de status superior, esta última, em geral, remove o item de seu repertório cultural. Como sugeri anteriormente, quando os filmes de Ingmar Bergman se tornaram populares entre os frequentadores de cinema da cultura média superior na década de 1960, eles perderam muito de seu prestígio entre os aficionados de cinema da alta cultura. No entanto, o prestígio cultural parece menos importante para a maioria das pessoas que outros tipos de prestígio, e pessoas em ascensão social se mudarão rapidamente para um bairro que expresse seu novo status, mas são capazes de nunca adotar a cultura de gosto associada a esse status. Isso é particularmente verdadeiro em relação às pessoas de status médio e inferior, o que reflete, ao menos em parte, sua carência educacional, que impede sua mobilidade cultural. Não obstante, ainda que as culturas de gosto superior possuam mais prestígio do que as de gosto inferior, as pessoas dão a impressão de estar menos interessadas ou preocupadas com prestígio cultural do que com outros tipos de prestígio.

O prestígio da alta cultura deriva de seu alinhamento histórico com a elite, de sua aliança ocasional com a alta sociedade nos Estados Unidos, do status de seu próprio público e de sua reivindicação à *expertise* cultural, que é legitimada pelos diversos criadores, críticos e acadêmicos de seu público. Portanto, ainda que todos os públicos de gosto reivindiquem que seus padrões são melhores, a reivindicação da alta cultura recebe mais deferência. Igualmente importante, os padrões da alta cultura são explícitos e, de certa forma, até codificados; são aplicados constantemente nas revistas literárias, discutidos pelos acadêmicos e críticos e ensinados nas universidades de mais prestígio. De fato, são até ensinados em faculdades de menos prestígio – onde o departamento de inglês é, frequentemente, um baluarte solitário da alta cultura – e, muitas vezes, como o único conjunto de padrões estéticos existentes. Os padrões de outras culturas de gosto são raramente discutidos e ensinados, e são, portanto, implícitos, não codificados e, para todos os efeitos práticos, invisíveis. Por isso, a alta cultura tem mais influência do que poderia sugerir o tamanho ou o status de seu público.

Essa influência também é sentida nos meios de comunicação de massa, pois a maioria de seus criadores tem consciência dos padrões da alta cultura, mesmo que estes não se apliquem a eles. Os críticos de cinema, teatro e televisão que escrevem para jornais e revistas de massa têm ainda mais consciência deles, embora suas críticas geralmente apliquem padrões da cultura média superior, apesar de a maior parte de sua audiência pertencer à cultura média inferior.[32] Além disso, criticam principalmente o conteúdo de alta cultura e de cultura média superior, independentemente dos níveis de gosto de seus leitores, de tal modo que, por exemplo, os críticos do *New York Daily News*, com um público leitor principalmente de baixa cultura, às vezes resenham peças e filmes estrangeiros que a maioria de seus leitores nunca viu.[33] Por outro lado, sobre aquilo a que a maioria das pessoas assiste com mais frequência, isto é, os episódios semanais das séries de tevê, não se publicam críticas depois do primeiro episódio. Por esse motivo, os públicos de gosto inferior tornam-se seus próprios críticos, disseminando suas críticas em conversas com familiares, amigos e colegas de trabalho. Essa crítica é denominada boca a boca pelos meios de comunicação de massa e tem mais influência do que as críticas publicadas na definição de quais romances populares, filmes e programas de tevês se tornam "*hits*".[34] Como resultado, quando os criadores bem-sucedidos da cultura popular são atacados por críticos profissionais por sua incapacidade de satisfazer os padrões da alta cultura, esses criadores costumam responder que a única crítica que eles respeitam é a audiência, e se ela compra o trabalho deles, o julgamento dos críticos profissionais é equivocado ou irrelevante.[35]

32. Wanderer, "In Defense of Popular Taste", *op. cit.*

33. No entanto, quando os críticos analisam as ofertas de uma cultura de gosto superior não compartilhada por seus leitores, frequentemente são negativos e utilizam sua análise para demonstrar as falhas da cultura superior.

34. A avaliação da audiência sobre o conteúdo da cultura popular foi estudada de maneira tangencial por sociólogos interessados no fluxo da influência. Ver Elihu Katz e Paul Lazarsfeld, *Personal Influence*, Glencoe, Ill.: The Free Press, 1955.

35. Para uma declaração interessante a respeito do credo do criador da cultura popular e seu relacionamento com a audiência e a crítica da alta cultura, ver as entrevistas com Morris Lapidus e Alan

No entanto, o predomínio público da crítica da alta cultura (e da cultura média superior) estimula a reverência aos padrões estéticos dessas duas culturas, sobretudo entre as pessoas que estão em ascensão social ou que dão algum valor ao fato de ser "cultas". Essa reverência também é estimulada pelas considerações de status; em todas as culturas as pessoas relutam em admitir que utilizam conteúdo popular entre as pessoas de status inferior ao seu próprio. Portanto, muitas vezes fazem distinções entre o que acham publicamente que é bom e o que escolhem privadamente. Os defensores da alta cultura interpretam a existência dessa distinção como evidência da universalidade de seus próprios padrões, concluindo que as pessoas querem mais alta cultura do que realmente obtêm ou que preferem escolher o que acham que é ruim em vez do que dizem que é bom. No entanto, as duas interpretações são inexatas, refletindo a invisibilidade dos padrões estéticos de outras culturas de gosto.

A invisibilidade dos padrões tem outras implicações. Por um lado, oculta o fato de que esses padrões, como os da alta cultura, incluem critérios de mau e bom conteúdo. Embora alguns críticos da cultura de massa sustentem que somente a alta cultura é capaz de escolher entre conteúdo bom e mau, os públicos de outras culturas fazem julgamentos qualitativos parecidos. As pessoas cujo tipo favorito de drama é o faroeste são capazes de fazer distinções entre conteúdos bons e maus, da mesma forma que os frequentadores de teatro da alta cultura conseguem fazer distinções entre peças boas e más. O julgamento dos frequentadores de teatro pode ser mais sofisticado e mais explicitamente relacionado aos seus padrões, mas isso só ocorre porque seus padrões são explícitos, porque foram capacitados a fazer julgamentos com base nesses padrões e porque seus julgamentos são apoiados por críticos profissionais. Os telespectadores de faroestes carecem de padrões explícitos e, portanto, da formação para aplicá-los, e não podem recorrer à crítica publicada para testar e aguçar seus próprios enfoques.

A diferença entre os dois públicos está na quantidade de aprendizado estético, mas isso não justifica assumir uma diferença na preocupação estética. Assim, os públi-

---

Lapidus em John W. Cook e Heinrich Klotz, *Conversations with Architects*, Nova York: Praeger, 1973, pp. 147-177. Morris Lapidus é e se vê como um designer da arquitetura popular, principalmente para os públicos de gosto médio inferior e baixo gosto. No mesmo livro, uma entrevista com Robert Venturi e Denise Scott Brown (pp. 247-266) descreve dois arquitetos da alta cultura que convertem estilos arquitetônicos da baixa cultura e da cultura média inferior em formas da alta cultura.

cos de baixa cultura podem achar os calendários artísticos e os móveis estofados tão belos quanto os públicos da cultura superior consideram belas as pinturas expressionistas abstratas e os móveis italianos; a diferença entre eles está na capacidade de colocar seus sentimentos num vocabulário estético. As donas de casa da alta cultura podem ter aprendido decoração de interiores na escola ou ter condições de contratar decoradores profissionais, mas, em todas as culturas de gosto, as donas de casa que podem comprar móveis procuram transformar seus aposentos numa obra de beleza que expresse seus padrões. Nesse processo, elas selecionam formas, cores e relações entre peças individuais, como faz o decorador profissional. As donas de casa diferem na quantidade do aprendizado que receberam em seus padrões, na habilidade e nos recursos de que dispõem para exercitá-los, na fluência verbal com que justificam suas escolhas e, é claro, no conteúdo de seus padrões, no que acham que é belo, mas são parecidas em uma coisa: todas aspiram à beleza.[36]

---

36. Clement Greenberg descreveu essa similaridade e, de maneira implícita, também se refere ao que denominei orientação pelo criador e orientação pelo usuário em estética, embora ele chame esta última de *kitsch* ou arte sintética. Assim, Greenberg escreve: "Em última análise, podemos dizer que o espectador cultivado obtém de Picasso os mesmos valores que o camponês obtém de Repin, pois o que este aprecia em Repin também é arte, de certo modo, por mais baixos que sejam os parâmetros, e seu olhar para as pinturas é guiado pelos mesmos instintos que guiam o espectador cultivado. No entanto, os valores fundamentais que o espectador cultivado obtém [...] não estão imediata ou externamente presentes na pintura de Picasso, mas devem ser projetados nela pelo espectador que seja sensível o bastante para reagir de maneira suficiente às qualidades plásticas [...] Em Repin, por outro lado, o efeito 'reflexo' já foi incluído na pintura, pronto para o desfrute irrefletido do espectador. Onde Picasso pinta a causa, Repin pinta o efeito. Repin digere antecipadamente a arte para o espectador e poupa o esforço dele, fornecendo-lhe um atalho para o prazer da arte que contorna o que é necessariamente difícil na arte genuína. Repin, ou o *kitsch*, é arte sintética". Clement Greenberg, "Avant-Garde and Kitsch", em Rosenberg e White, *Mass Culture*, op. cit., pp. 98-107, citação na p. 105.

PÓS-ESCRITO

A cultura de gosto e o público de gosto continuam sendo o que eram há um quarto de século: conceitos que precisam ser preenchidos com dados empíricos. Minha expectativa inicial – de que seriam realizados estudos empíricos suficientes sobre culturas e públicos para mostrar se há uma coerência entre os produtos culturais e as escolhas da audiência e como ela se dá – não se cumpriu.[37]

Além disso, as culturas e os públicos de gosto específicos que descrevo a seguir representam somente uma maneira de analisar as questões de classe e de culturas de classe. A estrutura de classe norte-americana sempre foi instável, hoje em dia talvez mais do que nunca, quando as rendas e as desigualdades de renda estão aumentando; modalidades inteiras de trabalho, como a manufatura, estão encolhendo; e outros tipos de trabalho, que vão desde os dos "colarinhos azuis" até novos empregos profissionais e técnicos assalariados, estão crescendo.

Além disso, as expressões "colarinho azul" e "colarinho branco" perderam há muito tempo seu significado original, e os profissionais liberais estão se tornando trabalhadores assalariados, em vez de empresários e autônomos que cobram honorários. Ao mesmo tempo, a educação está se agrupando quantitativamente, na medida em que menos norte-americanos terminam sua educação após oito anos e mais passam algum tempo no ensino superior. Aquilo que as distintas faculdades ensinam, na classe e fora dela, pode estar se tornando mais estratificado, pois elas assumem as funções de triagem de classe que outrora cabiam às escolas públicas.

A hierarquia de classes, e também o conjunto de públicos de gosto, reflete, em última análise, a economia política, mas ninguém sabe o que mais acontecerá a ela quando os Estados Unidos se moverem plenamente para a economia política pós--industrial, informatizada e politicamente mais centralizada – ainda que mais glo-

---

[37] Os dados coletados na última geração não são capazes de fornecer as informações; por isso, as observações neste pós-escrito são, como suas predecessoras, predominantemente impressionistas.

balizada. Até a economia política e a hierarquia de classes se estabilizarem o suficiente para justificar novas maneiras de dividir as classes e os estratos de cultura de gosto, ficarei com aquelas que utilizei em 1974, e indico de maneira resumida o que parece novo e diferente nelas.[38]

A cultura, no sentido restrito que utilizo aqui, também está sempre mudando, e os setores do entretenimento requerem novidade constante para continuar atraindo a audiência. Por isso, muitos dos exemplos de gêneros e títulos específicos com que ilustrei minhas observações originais estão datados, e, se eu tivesse espaço para inserir novos, em pouco tempo eles também estariam datados. Assim, devo deixar que os leitores apliquem seus próprios exemplos e ilustrações.

ATUALIZANDO OS PÚBLICOS E CULTURAS DE GOSTO ⊙ *Alta cultura*
Aparentemente, a alta cultura mudou menos nos últimos 25 anos do que as outras culturas. Embora seu repertório tenha se ampliado por meio de novos tipos de arte – a performática e a conceitual, entre outras – e de inovações paralelas em outros campos, o público da alta cultura como um todo se encantou menos com as inovações do que a maioria dos outros públicos. Atualmente, a música contemporânea tem cerca de cem anos de idade, mas a maioria da audiência da alta cultura continua a preferir a música de séculos anteriores. Na literatura, as inovações foram recebidas com um pouco mais de entusiasmo, talvez porque tenham sido, em geral, menos experimentais. Nos conselhos culturais, porém, mantêm-se os "padrões" dos repertórios das instituições da alta cultura, sejam elas museus, salas de concerto, teatros líricos e até teatros "autênticos". De fato, a alta cultura se tornou menos visível do que era quando escrevi este livro, embora talvez só por causa do declínio do interesse pela antiga crítica à cultura de massa.

---

[38]. Numa atualização dessa análise realizada em meados dos anos 1980, propus a chegada de uma nova cultura média para explicar o novo interesse em viagens, alimentos e outras atividades culturais, além do crescente movimento através das fronteiras da cultura de gosto. Como indiquei na Introdução, essas mudanças, a esta altura, tornaram-se mais amplamente distribuídas entre os públicos de gosto e também são mais bem explicadas pela noção da escolha cultural onívora. A atualização original aparece em Judith H. Balfe e Margaret K. Wyszomirski (orgs.), *Art, Ideology, and Politics*, Nova York: Praeger, 1985, pp. 40-57.

O público da alta cultura parece ter se ampliado nos últimos 25 anos, possivelmente devido ao contínuo crescimento da educação superior. Porém, nem todos os professores ou doutores são automaticamente membros do público da alta cultura, e é improvável que as faculdades e universidades formem hoje mais candidatos à alta cultura do que antes, embora a origem destes permaneça tão misteriosa quanto no passado.

Como já observado, as instituições da alta cultura cresceram em quantidade, ainda que muitas só tenham conseguido sobreviver atraindo a audiência da cultura média superior.[39] Outras se apoiam em bases econômicas instáveis, já que as subvenções públicas e as audiências estão encolhendo – ainda assim, todas as instituições culturais viram suas audiências comprando seus produtos em lojas de vídeo, música, livro etc. para consumo em casa. Já antes da chegada da internet, a cultura pública norte-americana estava sendo apreciada cada vez mais em casa.

Paul DiMaggio conceituou a mudança de uma maneira um tanto diferente. Escrevendo em 1991, ele assinalou:

> Nos últimos trinta anos, o sistema da alta cultura foi erodido, e, com ele, a sólida classificação entre uma alta cultura sagrada e sua profana congênere popular. A erosão é visível no âmbito da produção [...] no surgimento da arte performática fora das tradições da arte dramática, do circo e do *vaudeville*; no limite sempre tênue entre o balé e a dança moderna [...] e na crescente proeminência [...] por exemplo, da fotografia, do jazz, da música *new age* e do artesanato [...] desenvolvimentos que são muito mais numerosos que as transgressões anteriores das fronteiras de gênero e que perderam a capacidade de seus predecessores de surpreender.[40]

O prestígio da alta cultura também parece estar declinando, em parte por causa dos desenvolvimentos descritos por DiMaggio, em parte pela chegada do público da cultura média superior. Além disso, os custos crescentes reduziram o prestígio dos patronos da cultura. Os pequenos círculos da classe alta, dos novos e velhos ricos que

---

39. Ver, por exemplo, Judith Blau, *The Shape of Culture*, Nova York: Cambridge University Press, 1989.
40. Paul DiMaggio, "Social Structure, Institutions, and Cultural Goods: The Case of the United States", em Pierre Bourdieu e James S. Coleman (orgs.), *Social Theory for a Changing Society*, Boulder/Nova York: Westview Press/Russell Sage Foundation, 1991, cap. 4, citação na p. 142.

outrora forneciam bastante dinheiro para as instituições mais antigas da alta cultura e gravavam seus nomes nas paredes de museus, nas salas de concerto e no topo das listas de patrocinadores, não podem mais fazer isso sozinhos. Ao contrário, atualmente, o grosso do dinheiro vem cada vez mais de corporações que procuram melhorar sua imagem ou reputação, principalmente quando estão enfrentando megaprocessos judiciais públicos e privados por crimes ambientais ou contra a saúde pública.

No todo, também há menos incentivos e pressões para ser "culto". Os profissionais da cultura europeus que há um século trouxeram para cá a ideia de ser culto já morreram faz tempo, e os refugiados da Alemanha nazista, muitos deles criadores ou usuários da alta cultura, não estão se reproduzindo culturalmente. Se – e em que medida – eles estão sendo substituídos pelos imigrantes instruídos que chegam hoje aos Estados Unidos, é uma questão em aberto.

Nos Estados Unidos, as poucas ocupações profissionais, entre outras, que outrora requeriam que os novos trabalhadores fossem cultos, demandam agora outras fontes de capital cultural; mesmo as ciências sociais, que antigamente esperavam de seus professores e pesquisadores uma formação e um interesse intelectual mais amplos, estão atualmente formando mais profissionais técnicos e tecnólogos. A liberdade das pessoas de ser onívoras reduz ainda mais o status da alta cultura, e, se o questionamento pós-moderno de todos os padrões universais – que preocupa muitos acadêmicos – espalhar-se significativamente além dos *campi*, também poderá fortalecer essa tendência.

⊙ *Cultura média superior* Essa cultura continua a crescer por causa do aumento de profissionais e ocupações técnicas que requerem formação superior e até pós-graduação, o que proporciona ao menos alguma educação na cultura de gosto correlativa. Tampouco se pode ignorar o aumento de renda da classe média alta, que permite que as pessoas gastem mais em suas atividades depois do trabalho.

Contudo, os novos públicos também são um importante indutor na expansão dos elementos não midiáticos ou não simbólicos da cultura.[41] Atividades como comprar

---

41. Dizer que essas atividades são "não simbólicas" pode não ser a melhor forma de referi-las, pois quase todas frequentemente também envolvem o uso de símbolos. Além disso, muitas dessas atividades

e decorar a casa, cuidar da saúde, cozinhar e comer novos alimentos, praticar novos esportes e viajar, incluindo viajar para praticar novas atividades esportivas, parecem estar se tornando tão atraentes quanto escrever, desenhar e outras artes e entretenimentos. De fato, é possível que a taxa de inovação corrente na produção de pães sofisticados e de outros itens alimentares exclusivos exceda a de qualquer arte.

No entanto, a cultura média superior simbólica não está em declínio, nem nos museus, nem em outros espaços fora de casa, nem em casa. A televisão pública continua a fornecer cultura média superior para consumo doméstico, e os canais a cabo, como Bravo, Discovery, Independent Film Channel, entre outros, podem, algum dia, tornar supérflua a televisão pública. Provavelmente, a proliferação de cadeias físicas e virtuais de lojas de livros, música e outros bens culturais também fará aumentar a oferta de cultura média superior.

Como as fronteiras entre as culturas média inferior e média superior são tão fáceis de cruzar quanto aquelas entre a alta cultura e a cultura média superior, parte do aumento do consumo de produtos da cultura média superior, incluindo os não simbólicos, pode vir das parcelas mais instruídas ou culturalmente mais ousadas do público de classe média baixa.

Embora os casos isolados não constituam evidência suficiente das novas tendências, os mais bem-sucedidos, ao menos, exemplificam o que está acontecendo. Por esse critério, o seriado cômico de tevê de maior sucesso ultimamente, *Seinfeld*, não só estabeleceu o padrão para o cardápio da cultura média inferior, cheio de hostilidades orais e de outros tipos que fizeram parte dos seriados cômicos por uma geração, como também apresentou personagens caracteristicamente excêntricos, que exibiam padrões de comportamento aberrantes. Mesmo o estereotipado cenário judaico nova-iorquino inovou-se, trazendo mais sátira, ironia e cinismo do que antes normalmente se encontrava nos seriados cômicos contemporâneos.

Da mesma forma, o filme *Shakespeare in Love* [*Shakespeare apaixonado*], de 1998, que tratava o bardo quase como um dramaturgo moderno, faz supor, pela quantidade de Oscars e espectadores que acarretou, que deve ter atraído alguns públicos de

---

geram mídia impressa e outras mídias subsidiárias, como os livros e as revistas que as pessoas compram para ajudá-las a apreciar essas atividades.

cultura média baixa, diferentemente de *Rosencrantz and Guildenstern Are Dead* e da versão cinematográfica de Kenneth Branagh de *Hamlet*, com quatro horas de duração.[42] Outras versões quase modernas de Shakespeare serão exibidas nos cinemas em 1999 e 2000, e algumas podem se tornar sequências contemporâneas de peças populares de Shakespeare reescritas no século XIX.[43]

Como o público da cultura média inferior ainda é muito maior que o público da cultura média superior, ele proporciona uma base econômica segura, que contribui para tornar a cultura média superior comercialmente mais rentável do que foi no passado. Por exemplo, as oportunidades de viagem da cultura média superior não seriam possíveis sem esse público, e isso ajuda as economias das cidades a apoiar-se no turismo quando os empregos e as rendas de outros setores declinam. Da mesma forma, museus urbanos, teatros e outras instituições que ofertam cultura média superior simbólica promoveram exposições e espetáculos que atraíram alguns membros do público da cultura média inferior, impulsionando com isso a convergência cultural mencionada na Introdução.

⊙ *Cultura média inferior* Essa cultura continua a ser a cultura modal norte-americana, mas, tal como a cultura média superior, cresceu em complexidade e sofisticação ao longo dos anos, refletindo mais uma vez as mudanças na educação e na estrutura ocupacional da economia. Outras tendências da cultura média inferior não são tão diferentes daquelas da cultura média superior, incluindo a mesma expansão das atividades não simbólicas e do consumo. Os lugares e os bens podem não ser os mesmos: cruzeiros marítimos e pacotes turísticos para a Europa, assim como visitas às Disneylândias e outros parques temáticos, o que causaria aversão à maioria do público de cultura média superior. Os públicos da cultura média inferior também continuam a consumir móveis mais convencionais, ainda estão menos preocupados com programas de promoção da saúde e mais interessados em métodos de autoajuda psicológica,

---

42. Fazendo justiça a Branagh, duvido que essa fosse sua intenção, senão ele não teria produzido um filme de quatro horas.

43. Esse fenômeno foi imortalizado por Lawrence W. Levine, *Highbrow/Lowbrow: The Emergence of Cultural Hierarchy in America*, Cambridge: Harvard University Press, 1988.

e compram comidas especializadas produzidas em massa para os supermercados, em vez dos itens exclusivos que se encontram nos bairros de classe média alta.

Provavelmente, a cultura média inferior continua sendo mais voltada para a casa do que as outras culturas, embora algumas atividades domésticas, como assistir à tevê, tenham dado lugar a atividades no quintal ou ao ar livre com a mudança de mais norte-americanos para as regiões mais quentes e costeiras do país. Enquanto os jovens vão aos shopping centers, cinemas e outras atrações, os adultos assistem a filmes de Hollywood nas redes de tevê aberta, nos canais a cabo e em vídeos.

O desaparecimento dos programas de tevê com altíssimos índices de audiência e o declínio das redes caminham praticamente de mãos dadas. No entanto, se fosse o caso de citar um único artefato de entretenimento importante da cultura média inferior, este continuaria sendo o seriado cômico, que ainda garante o lazer adulto noturno diário, sobretudo quando as pessoas não podem passar suas noites ao ar livre – ainda que alguns analistas do setor prenunciem o fim do domínio do seriado cômico.

Uma boa maneira de analisar a programação atual de seriados cômicos é compará-la com o *Jack Benny Show*, que, como outros programas populares descartados, é agora gênero de primeira necessidade na televisão pública, talvez para audiências mais velhas de diversos níveis de gosto. Apesar do imenso talento de Benny, a simplicidade e a repetitividade do humor pastelão físico e verbal não conseguem sobreviver nas redes de tevê atuais. O seriado *I Love Lucy* talvez conseguisse, pois Lucille Ball e seus colegas de elenco forneciam o antigo pastelão de baixa cultura, que a maioria dos atores cômicos de hoje evita, mas o olhar irônico que lançavam para a vida familiar e outros assuntos atemporais seria suficiente para adequá-lo à perspectiva social contemporânea.

A revista eletrônica pode acabar se revelando uma das grandes inovações da TV de classe média baixa, um substituto de baixo custo para as caras e arriscadas séries dramáticas e os igualmente caros e frequentemente repetitivos seriados cômicos. A revista eletrônica pode não só poupar o dinheiro das redes, como também vir a atender a demanda popular de uma não ficção mais dramatizada que o telenoticiário noturno e que complemente talvez o pseudorrealismo de romances *best-sellers* do gênero Grisham e filmes como *Titanic*.

Finalmente, uma atualização à cultura de classe média baixa deve também prestar atenção à direita religiosa branca e à cultura sulista branca em geral como fenômeno nacional. De certa forma, é uma questão de visibilidade, já que no Sul, no Oeste e em outras regiões do país para as quais os sulistas migraram, a Igreja sempre foi um centro importante da vida diária, com dois ou três serviços por semana e encontros que ocupam quantidade considerável do tempo de lazer. De certa forma, essa cultura é uma versão "gentrificada" da baixa cultura religiosa tradicional para atrair os profissionais da classe média baixa e até da classe média alta, que trabalham no Novo Sul mas conservaram, ou adotaram, perspectivas religiosas fundamentalistas.

No entanto, a difusão da cultura religiosa sulista branca é bastante seletiva. Embora essa cultura, entranhada no conservadorismo sulista de elite, participasse das tentativas de afastar o presidente Clinton do cargo e de reduzir a autonomia e os orçamentos do National Endowment for the Arts e outras instituições culturais nacionais, ela não causou muito impacto em outros lugares.

O mesmo podemos dizer da cultura laica sulista. A popularidade da música *country* não deteve o florescimento do rap; a comida sulista (e outras comidas regionais, por sinal) não reduziu a popularidade crescente da comida étnica; talvez mais importante, as atitudes e práticas sexuais norte-americanas não foram afetadas pelas pregações da direita sulista. A liberação sexual promovida pelos meios de comunicação de massa continuou, mesmo que as atividades sexuais dos personagens midiáticos, na cama e fora dela, ainda sejam mais contidas do que as das pessoas reais da mesma idade. Apesar do alto investimento de recursos financeiros e da retórica sobre a proliferação dos assim chamados valores familiares, esses valores, assim como a família nuclear romanceada que procuram restaurar, receberam pouco mais do que uma fingida complacência, apesar de algumas exceções terríveis, especialmente em programas envolvendo os pobres.

⊙ *Baixa cultura e baixa cultura quase folclórica* A baixa cultura continua a ser menos visível do que a maioria das outras culturas, principalmente porque seu público não é abastado o suficiente para atrair anunciantes e, portanto, uma mídia dedicada aos interesses dele. O que desejariam da cultura comercial as inúmeras pessoas que continuam a fazer trabalho braçal e atividades equivalentes não qualificadas nos setores de serviços, caso tivessem dinheiro, ainda é uma questão hipotética.

Não obstante, a baixa cultura parece estar declinando numericamente e como força cultural prevalecente. Por exemplo, a maioria das revistas masculinas e de trabalhos manuais que estavam outrora entre as revistas de maior circulação desapareceu; os faroestes são quase inexistentes nos cinemas e na tevê; mesmo os filmes de ação de Hollywood devem agora incluir personagens e temas da cultura média inferior, ou cair numa categoria atípica, como a série *Star Wars*, a fim de sobreviver.[44]

Em parte como resultado das mudanças na economia, em conjunto com a persistência da discriminação racial no mercado de trabalho, que detêve a mobilidade ascendente dos não brancos, a parcela de afro-americanos e imigrantes, sobretudo hispânicos, que hoje constitui o público de baixa cultura é maior do que há 25 anos. A substituição da classe trabalhadora branca pelos negros é perceptível mesmo nos meios de comunicação de massa – por exemplo, pelo aumento constante, ainda que lento, de personagens negros nos seriados cômicos e em outros programas de entretenimento da tevê aberta. Aparentemente, mais brancos do que negros têm acesso à televisão a cabo.

No entanto, o aparecimento de personagens negros na televisão – meio século depois de ela se tornar um veículo de massa – pode também refletir a tolerância tardia dos telespectadores brancos aos intérpretes não brancos. Outra possível ilustração dessa mudança é o virtual desaparecimento do intérprete *"cover"* branco, que apresentava música negra para o público branco de baixa cultura. Elvis Presley, Perry Como e seus pares não tiveram descendentes da mesma magnitude; atualmente, as canções de amor e outras baladas são interpretadas por cantores negros ou multirraciais quase tão frequentemente quanto por brancos. Os músicos do rock and roll e do rap se beneficiaram da mesma tendência.

Os imigrantes pobres que afluíram para os Estados Unidos desde a liberalização das leis de imigração trouxeram sua própria baixa cultura; ainda que a maioria seja baseada nas famílias, nas igrejas e nos cafés, os grupos de imigrantes de tamanho mais considerável também estão sendo supridos por alguns meios de comunicação de seus países natais, tanto impressos como eletrônicos. Já há também jornais e programas de tevê norte-americanos que abastecem os imigrantes, sobretudo os recém-chegados hispânicos.

---

44. Ver, por exemplo, Sharon Waxman, "Hollywood's Dying Breed", *Washington Post Weekly Edition*, 29 de março de 1999, pp. 10-11.

A cultura imigrante é mais difícil de generalizar agora do que no passado, pois boa parte da onda imigratória atual incluiu profissionais liberais e famílias de classe média, particularmente asiáticos do leste e do sul do continente, que trazem com eles as culturas de classe média de seus países. Além disso, eles e muitos recém-chegados mais pobres trazem menos da cultura quase folclórica que trouxeram os imigrantes europeus pobres de um século atrás.

Ademais, a proliferação global da televisão, sobretudo do tipo norte-americano, familiarizou muitos imigrantes com esse setor da cultura norte-americana antes mesmo de sua chegada, certamente acelerando sua adaptação à programação da tevê e a outras culturas populares disponíveis nos Estados Unidos.[45] O aumento dos casamentos mistos com anglo-americanos, em especial entre os recém-chegados de classe média e seus filhos, também acelerou a aculturação.

Enquanto isso, a cultura quase folclórica ainda está muito sediada nos bairros, tornando-se visível principalmente no momento em que fornece histórias de costumes exóticos ou de violações da lei, por exemplo, sobre sacrifícios e práticas médicas associadas com *santeria* e vodu. No entanto, num país em que pessoas de todos os tipos frequentam restaurantes étnicos e compram produtos étnicos, não demorará para que as baixas culturas e a cultura quase folclórica dos imigrantes se difundam além das comunidades de imigrantes.

⊙ *Outras culturas* A edição original deste livro ofereceu breves descrições da cultura jovem e, também, das culturas negra e étnica, mas atualizá-las adequadamente nesse espaço limitado é impossível; exceto pela última, elas cresceram amplamente. Pelo mesmo motivo, a cultura gay é excluída desta seção.

Cultura jovem. A própria expressão parece arcaica, em parte porque grande parte da cultura popular norte-americana agora abastece a juventude. Na realidade, seria mais exato afirmar que o cardápio da mídia, ao menos, está cada vez mais voltado para os jovens e jovens adultos.

---

45. A tendência oposta são as frequentes viagens de ida e volta de muitos imigrantes, sobretudo do hemisfério ocidental. Os cientistas sociais os chamam de "transnacionais", mas também são transculturais, que levam e trazem a cultura comercial norte-americana e latina, entre outras.

Há muito tempo, os jovens têm sido os principais clientes das indústrias da música e do cinema, e mesmo a tevê agora possui diversos programas destinados a adolescentes e jovens adultos, sem contar a MTV e suas concorrentes. A maioria das novas revistas de estilo de vida, assim como muitas das mais antigas, tem como público-alvo essas duas faixas etárias. Como já observado, os anunciantes continuam dirigindo seus anúncios e repertórios para o mercado de 18 a 34 anos, mesmo que a população acima de 50 anos esteja crescendo e mais norte-americanos continuem compradores ativos na casa dos 70 e 80 anos.

A importância comercial da cultura jovem é tal que os fornecedores de cultura estão recuando no tempo em busca de material. Música, moda e outras culturas selecionadas das décadas de 1960, 1970 e até 1980 já foram reintroduzidas; atualmente, jovens até adotaram a dança e música swing das décadas de 1940 e 1950.[46] Algum dia, a pergunta pertinente poderá ser: O que não é cultura jovem?

A cultura *hippie* sobre a qual escrevi a respeito na primeira edição desapareceu há muito tempo, embora restem alguns elementos que os críticos conservadores irrestritamente remontam ao liberalismo dos anos 1960, essa década odiada que se tornou um bode expiatório útil para qualquer comportamento corrente que considerem aberrante. A cultura real dos anos 1960 talvez seja mais evidente, numa forma atualizada, entre os jovens da classe trabalhadora. Enquanto os jovens da classe média sustentam os hábitos convencionais na busca de sucesso profissional, alguns jovens da classe trabalhadora que têm empregos seguros dirigindo caminhões ou operando máquinas – e também aqueles que foram excluídos do mercado de trabalho dos empregos seguros – não têm de causar as mesmas impressões.

Cultura negra. A Introdução desta edição já destacou a raça como nova fonte de divergência cultural; no entanto, ainda há muito poucas culturas negras públicas e os negros devem pegar o que conseguem obter.[47] Os produtos culturais destinados

---

46. Atualmente, o cantor septuagenário Tony Bennett é ouvido e visto com regularidade na programação musical para jovens.

47. Para certos detalhes, ver Paul DiMaggio e Francie Ostrower, "Participation in the Arts by Black and White Americans", *Social Forces* 68, março de 1990, pp. 753-778, e Richard A. Peterson e Albert

principalmente aos negros seriam mais numerosos se eles representassem um segmento maior da população e tivessem renda maior e também mais poder aquisitivo visível, sobretudo para entretenimento e outros bens culturais.

Atualmente, a classe média afro-americana é bastante grande e abastada para proporcionar base econômica para um pouco de cultura comercial, principalmente na mídia impressa. A busca acadêmica de professores negros proporcionou um lar crescente para a alta cultura negra acadêmica e literária, mas a música ainda permanece a área mais vital da cultura negra pública – como sempre foi. As estações de rádio que tocam somente música negra estão presentes na maioria das grandes cidades. Um canal de tevê a cabo negro entrou no ar na década de 1980; as séries de tevê e os programas negros continuam raros. Aqueles estrelados por Bill Cosby estavam entre as exceções que confirmam a regra, pois também atraem os telespectadores brancos.

Culturas étnicas. As culturas étnicas, que são desenvolvidas pelos filhos dos imigrantes, devem ser diferenciadas das culturas imigrantes; os primórdios das culturas étnicas entre as ondas de imigração mais recentes já foram discutidos. Enquanto isso, as culturas étnicas mais antigas, que emergiram da imigração europeia, continuaram a declinar desde a primeira edição deste livro, pois, agora, as pessoas pertencem à terceira e quarta gerações nascidas nos Estados Unidos, são plenamente norte-americanas em termos culturais, e é crescente o número das que se casam com pessoas de grupos sociais, raciais ou religiosos diferentes. Para elas, a etnicidade tornou-se uma atividade "voluntária" ou das horas livres.[48]

Com a progressiva aculturação e a entrada em cena de grupos étnicos abastados de gerações posteriores, a cultura dessas pessoas tem sido celebrada em museus étnicos de algumas cidades e em eventos étnicos que apresentam trajes, danças e alimentos tradicionais. Frequentemente, são operações comerciais destinadas a atrair forasteiros, incluindo turistas. Na realidade, porém, a alta cultura étnica nunca se desenvolveu

---

Simkus, "Como os Gostos Musicais Marcam o Status dos Grupos Ocupacionais", em Michèle Lamont e Marcel Fournier (orgs.), *Cultivando Diferenças, op. cit.*, cap. 7.

[48] Ver Mary Waters, *Ethnic Options*, Berkeley: University of California Press, 1990, e Herbert J. Gans, "Symbolic Ethnicity", em *Making Sense of America*, Lanham, Md.: Rowman & Littlefield, 1999, cap. 8.

nos Estados Unidos, pois os programas acadêmicos de estudos étnicos ainda são muito poucos. Além disso, os assim chamados *revivals* étnicos dos anos 1960 foram, como sugeri no livro original, mais badalação do que realidade.[49]

Atualmente, talvez o fenômeno étnico mais visível sejam os personagens de tevê de origem étnica, que, com a exceção de alguns mafiosos italianos remanescentes, tendem mais a ser heróis e personagens positivos do que vilões. Até mesmo personagens com nomes judeus apareceram, alguns interpretados por atores judeus, mas isso levou um século desde o início da principal imigração do leste europeu.

O outro fenômeno visível é a comida étnica produzida em massa, principalmente nas versões aculturadas daquilo que os imigrantes trouxeram com eles há muito tempo. Atualmente, a pizza é tão norte-americana que poucas pessoas se lembram de que foi trazida da Itália depois da Segunda Guerra Mundial, e *bagels* de terceira e quarta geração podem ser encontrados nos supermercados de todo o país, com texturas e sabores inimagináveis para os imigrantes originais. O *kielbasa*[50] americanizado se juntou ao salame em muitas prateleiras de frios, enquanto os *tacos* se tornaram cardápio de *fast food* e já estão sendo complementados por versões gentrificadas denominadas *wraps*.

Muitos dos hispânicos que estão nos Estados Unidos há muitas gerações são, a rigor, étnicos, mas suas culturas não se tornaram visíveis fora das comunidades hispânicas. Os motivos podem ser encontrados em sua pele escura, em sua pobreza contínua, em sua concentração em poucas áreas do país e na manutenção das instituições hispânicas e da língua espanhola. Como resultado, mesmo a cultura hispânica americanizada não se afastou muito das comunidades hispânicas fora das regiões Oeste e Sudoeste.

ESTRUTURA E HIERARQUIA DE GOSTO ⊙ A maioria das atualizações necessárias acerca da estrutura e hierarquia de gosto já foi sugerida na Introdução e também nas seções anteriores deste capítulo. A estrutura e a hierarquia permanecem por causa

---

49. Imigrantes que são criadores ou usuários da alta cultura de seus países foram raros até agora; mesmo os que vêm como refugiados políticos geralmente voltam para seus países de origem quando isso se torna politicamente possível.

50. Tipo de salsichão polonês condimentado e defumado. (N. T.)

da diversidade da população do país e de sua estratificação contínua; mas as mudanças mais importantes na estrutura resultaram das transformações econômicas, todas descritas anteriormente, por que o país passou.

Como já sugerido, a mudança de estrutura mais visível dos últimos 25 anos foi a ascensão da direita política como força cultural e política nacional, ainda que tenha realmente tido menos influência, mesmo sobre a alta cultura, do que o virtual fim da esquerda cultural discutida no Capítulo 1.[51] Apesar de suas diversas vitórias políticas sobre as vanguardas sexuais e outras, na política educacional local e nas inúmeras batalhas de censura contra livros didáticos e outros, o efeito da direita sobre a estrutura de gosto geral ainda continua modesto.

Em última análise, as transformações dos fornecedores, que passaram de empresas dirigidas por famílias ou empresários a gigantes corporativos – muitas vezes internacionais ou multinacionais em escala –, podem acabar se revelando muito mais importantes. Por outro lado, talvez não, pois, mesmo que a economia de escala corporativa ou de conglomerado imponha produtos mais homogêneos e mais integrações vertical e horizontal nos setores de entretenimento e informação, a cultura comercial permanecerá um empreendimento orientado pela demanda. Se os possíveis consumidores ficarem afastados, sobretudo dos projetos com orçamentos cada vez maiores que as grandes corporações parecem acalentar, mesmo as megaempresas podem balançar financeiramente da noite para o dia.

Não se pode prever quanto conteúdo as pessoas escolherão dentre o que está disponível se a oferta cultural for intencionalmente restringida pelas estratégias corporativas; com a internet, sem falar em todas as oportunidades de recreação ao ar livre, as pessoas são até capazes de desligar seus aparelhos de tevê se não obtiverem o suficiente do que querem ou do que estão dispostas a aceitar.

Quanto à hierarquia de gosto, esta continua a existir por causa das desigualdades educacionais e profissionais, entre outras, na população do país e porque permanece útil como recurso de classificação e segregação. No entanto, ela mudou desde a pri-

---

[51.] No presente momento, há indícios de que a comunidade empresarial politicamente influente e os líderes cívicos que controlam as instituições locais de alta cultura estão exigindo o restabelecimento das subvenções federais para as artes, cortadas pelos republicanos conservadores.

meira edição deste livro, sobretudo em consequência das mudanças nas estruturas norte-americanas de classe e status, das mudanças nos critérios utilizados para determinar status e do declínio dos critérios relativos à cultura de gosto. Essas transformações liberaram mais pessoas a ser onívoras, e elas, por sua vez, cruzaram tanto os antigos limites da cultura de gosto que os deixaram frágeis.

A hierarquia de gosto também continua sendo um mecanismo de empoderamento e desempoderamento, embora a capacidade de empoderamento da alta cultura decline na mesma medida em que declinam sua utilidade e seu capital cultural. Na economia atual, é mais urgente para as famílias saber quais faculdades aceitarão seus filhos, ou, em níveis econômicos mais baixos, se elas têm condições de mandar os filhos para a faculdade – o que foge do controle familiar –, do que o seu lugar na hierarquia de gosto.

Por enquanto, ainda não se questionou a afirmação dos críticos literários, e de outros que aplicam os padrões da alta cultura, de que esses padrões são universais.[52] Possivelmente, nunca será questionada, mas pode ser ignorada com mais frequência, especialmente se a realidade política exigir a redução de orçamentos para a alta cultura ou se os fornecedores de alta cultura comercial e pública tiverem de ceder às demandas dos públicos da cultura média superior por mais produtos da alta cultura do que eles podem apreciar. Os consumidores de cultura também podem ignorar a alta cultura e seus padrões à medida que ela perde seu status prestigioso e que mais pessoas tenham mais liberdade de escolher o que elas e seus pares querem.[53]

Talvez ocorra uma barganha cultural, em que a alta cultura conserve seu status simbólico mesmo que perca mais poder cultural. Esse status já é maior do que era há 25 anos. Por exemplo, o estudo nacional a respeito do gosto artístico citado na Intro-

---

[52] Sobre a importância dos críticos, ver Wesley M. Shrum Jr., *Fame and Fortune: The Role of Critics in High and Popular Art*, Princeton: Princeton University Press, 1996. Na minha opinião, Shrum superestima a função distintiva da crítica na alta cultura ou, no mínimo, subestima a dos analistas de outras culturas de gosto.

[53] Richard Peterson continua a ter razão quando afirma que a hierarquia é realmente uma pirâmide em que o topo está mais bem assentado que o restante menos diferenciado. Ver Peterson e Simkus, "How Musical Tastes Mark Occupational Status Groups", *op. cit.*, p. 168.

dução revelou que somente 6% da amostra nacional afirmou que nunca tinha ouvido falar de Rembrandt.[54] Talvez nem todos dos outros 94% de entrevistados estejam familiarizados com ele, mas menos pessoas podem agora admitir isso do que há 25 anos.

Finalmente, as atualizações nos lembram que todas as generalizações são dependentes do tempo. Um livro que foi originalmente escrito no que acabou se revelando o término do período de afluência pós-Segunda Guerra Mundial está sendo revisado durante um período de crescimento econômico sem paralelo, em que muitas pessoas trabalham por salários menores que os suportáveis. Uma recessão acentuada ou uma nova depressão, com suas inevitáveis mudanças estruturais e hierárquicas, além das reverberações políticas, pode invalidar rapidamente as observações desta edição. Por outro lado, como sugeri no final da Introdução, uma economia saudável pode acabar promovendo um aumento significativo na quantidade de culturas e públicos de gosto que constituem a hierarquia de gosto. No entanto, as pessoas sempre querem ser entretidas, e, até agora, as transformações na economia e no Estado – e também na tecnologia – afetaram mais os fornecedores e criadores do que a audiência. Por enquanto, as histórias e outros entretenimentos que os norte-americanos buscam quando querem fugir escaparam quase ilesos aos efeitos dos eventos da economia política, e é possível que nunca venham a ser afetados de maneira significativa.[55]

---

54. JoAnn Wypijewski (org.), *Painting by Numbers, op. cit.*, pergunta 81.

55. Mesmo suas demandas informativas são mais estáticas do que se pode imaginar. No passado, guerras e outras calamidades criaram mais interesse nas notícias sérias do que as crises econômicas.

⊙ **CAPÍTULO 3**

Avaliação das culturas e públicos de gosto

Como qualquer outra análise sociológica, minha comparação das culturas de gosto possui implicações normativas e pode desdobrar-se numa avaliação por meio da adição de juízos de valor explícitos.[1] Essa avaliação não é sociológica em si, já que os juízos de valor não podem ser justificados empiricamente, embora algumas das consequências desses juízos possam ser testadas.

As avaliações podem ser privadas e públicas. A primeira é uma escolha privada que o indivíduo faz para sua própria vida; a segunda lida com o bem-estar da sociedade, sendo, em última análise, voltada para a formulação de políticas públicas, e as duas não são equivalentes. Por exemplo, em sua vida privada, os sociólogos, como todas as pessoas, pertencem a um público de gosto e fazem suas próprias escolhas culturais e avaliações pessoais a respeito dos padrões e dos conteúdos de outras culturas de gosto de forma correspondente, tachando aquelas de que não gostam de muito intelectuais ou muito incultas, da mesma maneira que as outras pessoas. No entanto, caso um sociólogo assuma uma função relacionada com a formulação de políticas públicas, ele não poderá impor suas escolhas ou avaliações privadas às outras pessoas, mas deverá levar em conta suas avaliações privadas e desenvolvê-las em política pública. A política pública não precisa ser totalmente obediente a elas, mas não pode ignorá-las.

Contudo, os críticos da cultura de massa fizeram exatamente isso; converteram suas próprias avaliações pessoais numa posição de política pública, que não só ignora as avaliações de outras pessoas como procura eliminá-las por completo. Os críticos exigem que todos vivam conforme seus padrões e adotem a alta cultura, mas essa exigência não se justifica numa sociedade democrática e pluralista, não mais que as

---

[1] Não afirmo que a avaliação provém do esquema analítico, pois ambas estão inter-relacionadas. Embora eu tenha me abstido de juízos de valor explícitos na análise sociológica das culturas de gosto, os valores implícitos a percorrem, e a análise em si é bastante influenciada pelas minhas visões a respeito da alta cultura e da cultura popular.

pretensões similares de outros públicos de gosto de que somente seus padrões são desejáveis. A suposição de que a universalidade da alta cultura seria justificada se os críticos pudessem provar que a cultura popular prejudicou a sociedade ou uma quantidade significativa de indivíduos interferiu na realização dos objetivos da maioria dos cidadãos ou pôs seriamente em risco os objetivos de uma minoria. Como os críticos não forneceram essa prova e como seus padrões não são compartilhados pela maioria da população, é necessário desenvolver uma avaliação pública que leve em conta outros padrões.

Essa avaliação deve começar respondendo a duas perguntas: o que é uma cultura de gosto boa ou socialmente desejável; e o que é um público de gosto bom ou socialmente desejável. Uma cultura de gosto desejável, sugiro, deve satisfazer ao menos os critérios a seguir. Primeiro, deve responder às demandas de seus usuários e expressá-las, oferecendo conteúdo cultural que proporcione a satisfação estética, a informação, o entretenimento etc. que eles querem ou acham que é bom. Segundo, uma cultura de gosto desejável deve oferecer recompensas materiais, entre outras, aos criadores; eles devem ter incentivos para contribuir com a cultura, sentir que suas contribuições satisfazem suas próprias necessidades como criadores, e saber que seus usuários vão querer, ou ao menos vão aceitar, seu trabalho criativo. De modo ideal, uma cultura de gosto desejável sintetiza as demandas tanto dos usuários como dos criadores e estabelece uma relação simbiótica entre eles, fazendo isso numa base igualitária sempre que possível, para que nenhum deles domine o outro. Terceiro, uma cultura de gosto boa não deve ser social nem psicologicamente prejudicial; não deve ferir seus usuários, seus criadores e o restante da sociedade.

Evidentemente, esses critérios são muito simples e suscitam diversas perguntas que precisariam ser respondidas numa análise mais detalhada. Por exemplo, alguém pode sustentar que a sociedade que destina a maior parte de seus recursos financeiros culturais para a cultura popular prejudica a alta cultura e seus usuários, mas esse dano poderia ser eliminado com uma certa quantidade de subvenções públicas à alta cultura.

Além disso, um outro critério pode ser adicionado à minha lista. Assim, a vitalidade cultural pode ser incluída como critério de desejabilidade, mas, a meu ver, ainda que esse conceito pudesse ser definido operacionalmente, a vitalidade reside, em última análise, tanto no olho do observador quanto na cultura. Da mesma forma, alguém pode afirmar que uma cultura desejável deve capacitar seus usuários a crescer como indivíduos e como membros de grupo, mas tendo a achar que, numa sociedade heterogênea, em que as pessoas podem selecionar produtos de diversas culturas, elas escolherão o conteúdo cultural que as capacite a crescer, e, se não quiserem crescer, nenhuma cultura as convencerá a fazer isso. Uma cultura desejável também pode ser socialmente relevante, ou contribuir para o interesse público, mas tal critério torna a cultura um instrumento mais político do que, conforme sugeri no Capítulo 1, seria razoável esperar, e, além disso, a mera tentativa de decidir qual cultura é ou não é de interesse público cria a possibilidade de uma ditadura cultural.

Os critérios de desejabilidade de um público de gosto não devem nem sequer ser formulados. Embora os críticos da cultura de massa afirmem que um público de gosto desejável é aquele que corresponde aos padrões da alta cultura, eu diria exatamente o oposto: a alta cultura, e todas as culturas de gosto, devem corresponder aos padrões de seus respectivos usuários e criadores. A cultura não deve ser prejudicial, porém, mais do que isso, deve atender aos seus usuários e criadores, em vez de se tornar um ideal platônico a ser atendido por seus usuários e criadores. Se a cultura se tornar um bem absoluto, como no argumento dos críticos da cultura de massa, então a sociedade será avaliada pela qualidade de sua alta cultura, mas essa avaliação me parece perigosa. Antes de mais nada, acredito que o nível cultural da sociedade é um critério menos importante de sociedade desejável que alguns outros, particularmente o grau em que a sociedade proporciona um padrão decente de vida a todos os seus membros sem explorar alguns em benefício de outros. Além disso, a comparação histórica das sociedades com base em suas realizações culturais, sobretudo na alta cultura, enfatiza as atividades das elites sociais sem considerar os custos que outros membros da sociedade podem ter pago por essas atividades. Um monumento público que requer a exploração dos trabalhadores que o constroem pode ser lindo – tão lindo a ponto de se tornar, para muitas pessoas, o padrão ao qual serão comparados os outros monumentos públicos ao longo da história –, mas eu não o consideraria um exemplo de cultura socialmente desejável.

Portanto, a avaliação a seguir compara as culturas de gosto com base nas demandas e padrões de seus públicos de gosto. Essa comparação também sofre de algum excesso de simplificação, pois assume que as culturas de gosto são homogêneas e que os mesmos juízos podem ser feitos para todos os itens que elas contêm. No entanto, essa suposição é injustificável, já que em qualquer cultura alguns itens serão desejáveis, de acordo com os três critérios que propus, enquanto outros não, e uma avaliação apropriada teria de considerar cada item cultural em cada cultura de gosto, um a um. Por exemplo, afirmou-se recentemente que grande parte da música vanguardista de alta cultura é excessivamente formalista e estéril, fracassando, assim, em responder às demandas de seus usuários, e que a música popular contemporânea é muito mais vigorosa e gratificante. Essa afirmação só pode ser testada com a ajuda de uma pesquisa empírica entre os usuários, mas, ainda que seja exata, não pode ser empregada para condenar outros itens da alta cultura ou louvar outros itens da cultura popular. No entanto, minha avaliação não entra em tais detalhes, sendo, portanto, uma afirmação genérica que não se aplica necessariamente a qualquer item individual de qualquer cultura de gosto.

DOIS JUÍZOS DE VALOR SOBRE CULTURAS E PÚBLICOS DE GOSTO ⊙ A avaliação começa com dois juízos de valor, um acerca das culturas de gosto, outro acerca dos públicos de gosto.

Se compararmos as culturas de gosto isoladamente, sem levarmos em conta os públicos de gosto que as escolhem, será justo dizer que as culturas superiores são melhores ou, ao menos, mais abrangentes e mais informativas que as inferiores. Esse é o meu primeiro juízo de valor. Baseia-se na suposição de que as culturas superiores podem ser melhores que as inferiores por ser capazes de proporcionar uma gratificação estética maior e talvez mais duradoura, embora essa suposição ainda exija uma comprovação empírica entre as audiências de diversos públicos.[2]

As culturas superiores também podem ser mais abrangentes; como seus públicos são mais bem educados, elas podem cobrir mais esferas da vida e conter mais ideias e símbolos do que as outras culturas. Por exemplo, podem abordar questões filosóficas de maneiras que estão além do escopo e *expertise* das culturas inferiores. Além disso, as culturas superiores podem se apropriar mais amplamente das culturas inferiores, mesmo que raramente o façam, enquanto as culturas inferiores são impedidas dessa apropriação

---

[2]. Ao formular esse juízo, não concordo, porém, com Van den Haag e outros críticos que sustentam que as gratificações da cultura popular são espúrias. Acredito que todas as culturas proporcionam gratificações genuínas, e só estou sugerindo que as culturas superiores podem fazer isso de maneira mais eficaz.

extensiva pelo nível de instrução de seus públicos. Finalmente, as culturas superiores podem se sair melhor do que as outras culturas em fornecer informação adequada aos seus usuários, ajudando-os a compreender sua própria realidade social, a solucionar seus problemas sociais e pessoais e a atuar como cidadãos – embora essa suposição também exija prova empírica. Ou, em outras palavras, as culturas superiores podem ser mais funcionais para seus usuários do que as culturas inferiores o são para os seus.

Esse juízo de valor guarda alguma semelhança com o credo defendido pela alta cultura, mas, em si mesmo, é insuficiente para a política pública porque, como a crítica à cultura de massa, ignora as características e demandas das pessoas que escolhem a cultura. Como mencionado, o juízo assume que somente a cultura é importante e não os seus usuários, e, se ele se tornar a base da política pública, poderá ser empregado para impor essa cultura às pessoas contra sua vontade, a exemplo do que tentaram fazer os movimentos e regimes totalitários.

Numa sociedade democrática, um juízo de valor politicamente relevante deve começar com a ideia de que as culturas de gosto são escolhidas pelas pessoas e não podem existir sem elas, de modo que as culturas não podem ser avaliadas sem se levar em consideração seus públicos. Isso requer um critério que permita avaliar as culturas e os públicos em conjunto, e, como cada cultura de gosto requer certa quantidade de educação do público de gosto que a escolhe, a quantidade de educação é, provavelmente, esse critério melhor. Não só as pessoas tendem a escolher a cultura de gosto que é compatível com sua educação, como também não se deve esperar que escolham conteúdo incompatível com esta. Embora mereçam elogio as pessoas que apenas concluíram o ensino fundamental mas se educaram para escolher a alta cultura, seu comportamento é atípico, e esperar esse comportamento de todos seria exigir um comportamento heroico. O heroísmo cultural pode ser louvável, mas qualquer política pública, ainda que desejável, que obrigue as pessoas a agir heroicamente é inexequível, exceto talvez em tempo de guerra.

Em geral, a escolha da alta cultura requer, ao menos, uma educação superior de alta qualidade, com grande ênfase em humanidades. Portanto, não se deve esperar tal escolha de alguém que só concluiu o ensino médio nem, aliás, de uma pessoa diplomada em um curso de nível superior que não oferece educação artística. Por esse motivo, o argumento dos críticos da cultura de massa de que todas as pessoas com ensino superior devem escolher a alta cultura não se justifica. Espera-se que tanto os diplomados no ensino médio como os do ensino superior escolham conteúdos que correspondam a seus níveis educacionais e padrões estéticos, e ambos só devem ser avaliados negativamente se escolherem sistematicamente abaixo desses níveis. Um diplomado no ensino superior não deveria ler só histórias de detetive, nem um diplomado no ensino médio deveria se dedicar apenas às revistas de histórias em quadrinhos. E, embora ambos mereçam elogios se leem Proust, não se deve supor que façam isso, ao menos não nas avaliações que resultem em política pública.

Portanto, eu sustentaria que, se as pessoas procuram gratificação estética e se suas escolhas culturais expressam seus próprios valores e padrões de gosto, as duas coisas são igualmente válidas e desejáveis, quer a cultura seja alta ou baixa. Uma pessoa de um público de alta cultura pode escolher pinturas expressionistas abstratas, enquanto outra de um público de baixa cultura seleciona arte de calendário, mas ambas escolhem a partir de conteúdos relacionados com seus padrões e níveis educacionais. Além disso, ambas obtêm recompensas emocionais e intelectuais de suas escolhas e podem agregar novas ideias, sentimentos e *insights* à sua vida por isso. *As recompensas podem diferir porque a bagagem educacional e a experiência prévia de ambas diferem, mas suas escolhas resultam em adições àquela experiência*. A avaliação das escolhas das pessoas não pode depender somente do conteúdo que elas escolhem; deve comparar o que se pode denominar de *recompensa estética incremental* que resulta de suas escolhas: a medida em que a escolha de cada pessoa agrega algo à sua experiência prévia e ao seu esforço de autorrealização.[3] Essa recompensa incremental pode ser tão grande para os membros de um público de baixa cultura quanto para os de alta cultura, já que a recompensa não tem nada a ver com a qualidade do conteúdo cultural; em vez disso, ela avalia o progresso da pessoa em relação à sua experiência passada.[4]

---

[3] Na mesma linha, David Riesman sustentou que os cursos superiores devem ser avaliados em termos do "valor agregado" que proporcionam a seus alunos, e que a autonomia pessoal de um indivíduo deve ser definida pelo incremento que traz à própria situação da pessoa e ao que se pode esperar dela, e não por padrões absolutos. Ver, por exemplo, David Riesman, com Nathan Glazer, *Faces in the Crowd*, Nova Haven: Yale University Press, 1952, cap. 6.

[4] Se somente o conteúdo da recompensa for mensurado, omitindo-se a formação e a experiência prévias da pessoa, é possível que os indivíduos de um público de alta cultura obtenham mais recom-

Meu segundo juízo de valor sustenta, por conseguinte, *que a avaliação de qualquer cultura de gosto também deve levar em conta seu público de gosto; que a avaliação de qualquer item de conteúdo cultural deve se relacionar com os padrões estéticos e características da formação prévia do público pertinente; e que, na medida em que todas as culturas de gosto refletem as características e padrões de seus públicos, elas têm o mesmo valor.* Em outras palavras, não acredito que todas as culturas de gosto tenham o mesmo valor, mas têm o mesmo valor quando consideradas em relação aos seus públicos de gosto.

Esse juízo pode parecer contradizer o inicial, que sustenta a superioridade das culturas de gosto superior, mas a contradição desaparece se as diferenças dos públicos de gosto são levadas em consideração e se a avaliação das culturas de gosto é acompanhada pelo reconhecimento dos valores diferenciais e das habilidades culturais dos diversos públicos de gosto. As culturas de gosto superior podem ser mais desejáveis quando a cultura é abstraída e julgada à parte de seus usuários, mas o mundo real não é abstrato, e a desejabilidade das culturas superiores não pode ser utilizada como orientação para as políticas, visto que os públicos de gosto inferior carecem das oportunidades socioeconômicas e educacionais que são pré-requisitos para a escolha das culturas superiores. Os críticos da cultura de massa, mormente os conservadores, demandam o apoio à alta cultura de pessoas que carecem dos pré-requisitos que eles mesmos possuem; pedem uma sociedade de alta cultura sem, ao mesmo tempo, se preocuparem com as maneiras de capacitar as pessoas para a escolha da alta cultura.[5]

---

pensa de sua escolha de conteúdo do que os de um público de cultura inferior. Porém, a diferença não se origina no conteúdo, mas na educação que os primeiros receberam acerca dos padrões estéticos de sua cultura. Por isso, eles extraem mais da cultura e são capazes de relacionar aquilo que extraíram com diversas outras facetas de sua vida emocional e intelectual. No entanto, esse benefício extra não deriva do fato de serem membros do público de alta cultura, mas de sua educação em estética. Se os membros dos outros públicos de gosto recebessem a mesma quantidade e qualidade de educação estética em seus próprios padrões, e se tivessem em sua cultura de gosto o benefício da erudição e a crítica que se encontra na alta cultura, eles se beneficiariam tanto quanto o público de alta cultura.

5. Os conservadores querem políticas públicas que maximizem os recursos, a liberdade e o poder dos criadores de alta cultura, mas não mencionam as políticas sociais e econômicas que aumentariam o

Nesse momento, os dois juízos de valor podem ser combinados num juízo de política. *A sociedade norte-americana deve perseguir políticas que maximizem as oportunidades educacionais, entre outras, para todos, a fim de permitir que todos escolham a partir de culturas de gosto superior. Até que essas oportunidades estejam disponíveis, porém, seria incorreto esperar que uma sociedade com um nível educacional médio de doze anos de ensino escolhesse somente a partir de culturas de gosto que requerem ensino superior, ou apoiar por meio de políticas públicas o bem-estar das culturas superiores à custa das inferiores. Além disso, seria incorreto criticar as pessoas por manter e aplicar padrões estéticos que estão relacionados com sua formação educacional e por participar de culturas de gosto que refletem essa formação.*

Esse juízo de política pode ser denominado *relacionismo estético*; ou seja, uma reafirmação normativa do conceito de pluralismo estético utilizada para descrever a existência de culturas de gosto diversas.[6]

Duas alternativas para a política pública estão implícitas nesse enunciado. Ou a sociedade deve encontrar formas de implementar a mobilidade cultural que permita às pessoas ter acesso ao ambiente educacional e socioeconômico que é pré-requisito para a escolha de conteúdos das culturas de gosto superior, ou, caso não se implementem essas formas, deve permitir a criação de conteúdos culturais que atendam às necessidades e padrões dos públicos de gosto existentes.

MOBILIDADE CULTURAL ⊙ A política de mobilidade cultural supõe que, se cada norte-americano tivesse acesso à renda, à educação e a outras características do contexto da classe média superior, muitos (embora não todos) escolheriam conteúdo de cultura média superior ou até de alta cultura. Com certeza, a maioria das pessoas escolheria o primeiro conteúdo, pois a alta cultura requer uma quantidade extraordinária de envolvimento emocional com ideias e símbolos que não derivam somente do tamanho do público da alta cultura. Em outras palavras, querem que sociedade apoie a alta cultura, mas sem permitir que todos participem dela – uma posição que guarda certa semelhança com a tributação sem representação.

6. O termo *relacionismo* foi emprestado de Karl Mannheim, *Ideology and Utopia*, Nova York: Harcourt, Brace, 1936, pp. 70-71.

fato de se pertencer à classe média alta.[7] No entanto, se todos pudessem participar da cultura de gosto média superior, o nível de gosto geral da sociedade norte-americana se elevaria consideravelmente, haveria um expressivo florescimento da criatividade na cultura média superior, e, provavelmente, haveria mais diversidade cultural do que no presente. Naturalmente, as culturas de gosto inferior poderiam declinar, e a variedade que propiciam na cena norte-americana seria reduzida, mas é incorreto defender variedades que condenem as pessoas à pobreza ou a um déficit educacional.

Contudo, eu argumentaria contra uma política de mobilidade cultural, por diversos motivos. Primeiro, hoje é claramente impossível elevar todos os norte-americanos ao mesmo nível de renda e de educação da classe média alta: no primeiro caso por razões financeiras e no segundo, dada a escassez de "boas" escolas e professores, por razões técnicas. Portanto, essa política só poderia ser implementada parcialmente; apenas algumas pessoas teriam oportunidades de classe média alta e, provavelmente, só por meio da redução das oportunidades de outras pessoas. Segundo, a mobilidade cultural exigiria considerável redistribuição de renda e oportunidade educacional, mas, embora eu defenda políticas redistributivas, estas devem ser seguidas por outros objetivos: a eliminação da pobreza e de outras formas de desigualdade econômica, além da desigualdade racial e política.[8] Em outras palavras, as políticas igualitárias devem ser dirigidas para a redução da diferença entre os norte-americanos pobres e médios, em vez de elevar algumas pessoas ao status de classe média superior para melhorar seu gosto. Mesmo políticas econômicas igualitárias elevariam indiretamente os níveis de gosto entre alguns e, ao menos, aumentariam a oportunidade de escolha cultural entre outros, mas os beneficiários dessas políticas não se aproximariam dos níveis de gosto médios superiores, e, considerando que maior igualdade para os pobres exigiria alguma redistribuição de renda da classe média alta, poderia reduzir, se não os níveis de gosto, então os recursos financeiros para expressá-los. Não obstante, as políticas econômicas igualitárias têm uma prioridade muito maior do que a mobilidade cultural.

---

7. Ver a constatação de Wilensky de que, em Detroit, as pessoas com formação superior não escolhem material da alta cultura. Harold Wilensky, "Mass Society and Mass Culture", *American Sociological Review* 29, abril de 1964, p. 191.

8. Ver Herbert J. Gans, *More Equality*, Nova York: Pantheon, 1973.

Essa determinação de prioridade se baseia em dois juízos: que um alto padrão de vida possa ser vivido em todos os níveis de gosto e que o nível de gosto geral de uma sociedade não seja um critério tão importante para a excelência dessa sociedade quanto o bem-estar de seus membros. Sem meias palavras, nem a alta cultura, nem qualquer outra cultura de gosto é, no momento, tão essencial para o bem-estar da sociedade a ponto de exigir alta prioridade aos programas públicos de mobilidade cultural – ao menos não até que haja evidência de que as culturas inferiores (ou superiores) prejudiquem algumas pessoas.[9]

Esse juízo de prioridade se aplica especialmente quando a cultura é um instrumento de lazer; contudo, não se pode aplicá-lo diretamente quando a cultura se torna um instrumento político. Se a escolha da cultura de gosto afetasse a capacidade das pessoas de atuar na sociedade politicamente organizada – ou na economia–, ou se os criadores de uma determinada cultura de gosto agissem no intuito de prejudicar conscientemente as pessoas em sua capacidade de atuação, então um juízo de prioridade bastante diferente seria necessário. Como observado no Capítulo 1, alguns críticos radicais e socialistas da cultura de massa sustentam que a cultura popular prejudica ou, no mínimo, desvia as pessoas do que eles consideram o comportamento político adequado e estimula a "falsa consciência", mas, como também sugeri no mesmo capítulo, mesmo a imposição de uma cultura popular revolucionária não necessariamente converteria as pessoas em revolucionários.

Não pretendo com isso rejeitar a mudança cultural radical, a reforma cultural ou a melhoria cultural *per se*, mas propor que nos concentremos no que parecem ser os propósitos básicos da cultura para a maioria das pessoas: levar à autorrealização humana e

---

[9] Curiosamente, nesse caso, um dos principais críticos da cultura popular concorda. Ele escreve: "Uma pessoa pode viver satisfeita sem a alta cultura. O argumento de Sócrates de que uma vida sem reflexão não vale a pena veio de um observador profissional da vida, um intelectual que talvez nutrisse um amor platônico por ela, um homem que tinha motivos pessoais para isso. Para ele, talvez, a vida sem reflexão não valesse a pena. Para a maioria das pessoas, no entanto, vale sim." Van den Haag, em Rosenberg e White, *Mass Culture, op. cit.*, p. 528. Contudo, a identificação de Van den Haag do exame de consciência com a alta cultura é gratuita e reflete seus próprios sentimentos acerca das pessoas que não compartilham a alta cultura. Também existe exame de consciência fora da alta cultura.

melhorar a qualidade do tempo de lazer. Nenhum dos dois propósitos requer um nível de gosto elevado. Se as pessoas forem capazes de lutar por seus próprios padrões estéticos e achar o conteúdo cultural que os satisfaça, a autorrealização e uma vida de lazer gratificante – isto é, que minimize ao máximo o tédio – serão possíveis em todos os níveis.

Além disso, como observei anteriormente, o aumento da renda e a melhoria da educação já estão produzindo uma quantidade considerável de mobilidade cultural, e, em menos de uma geração, a cultura de gosto dominante nos Estados Unidos passou de baixa para média baixa. Embora no futuro talvez se faça necessário implantar políticas públicas que aumentem a mobilidade cultural, se as mudanças na economia e na tecnologia reduzirem a duração da jornada ou da semana de trabalho, o aumento do tempo de lazer esperado na próxima geração provavelmente não esgotará as aspirações existentes por atividades de lazer. Apesar das frequentes declarações dos especialistas de que a maioria dos norte-americanos não saberia o que fazer com mais tempo de lazer e que o tédio resultante disso poderia ameaçar a ordem social, a maioria das pessoas agora ainda carece do tempo de lazer necessário e de parcelas suficientemente grandes desse tempo para fazer todas as coisas que já querem fazer. Se hoje a audiência da televisão é tão alta, é porque a maioria das pessoas tem pouco tempo livre entre o horário em que colocam os filhos na cama e o horário em que elas mesmas vão dormir, e, se tivessem mais tempo, muitas delas passariam suas horas noturnas de maneira distinta. Se tivessem uma quantidade maior de fins de semana prolongados e férias mais longas, buscariam muitas das atividades alternativas, em recinto fechado e ao ar livre, que existem em cada cultura de gosto.[10]

A ameaça real à ordem social não é o tempo de lazer maior, mas sim os sentimentos de inutilidade social e raiva provocados pelo desemprego, o subemprego e a baixa renda, e esses sentimentos não têm nada a ver com o lazer, pois nem o lazer por si só nem a educação para um lazer mais bem defendida pelos especialistas em recreação podem ajudar as pessoas a se sentir úteis.[11] O sentimento de inutilidade social é mais

---

[10]. Para uma afirmação mais completa desse argumento, ver Herbert J. Gans, *People and Plans*, Nova York: Basic Books, 1968, cap. 9.

[11]. M. Jahoda, P. Lazarsfeld e H. Zeisel, *Marienthal: The Sociography of an Unemployed Community*, Chicago: Aldine-Atherton, 1971.

preponderante entre os pobres, particularmente entre os velhos e os jovens. Embora os pobres também careçam de oportunidades de lazer adequadas, pois não têm dinheiro suficiente para comprar os produtos da cultura popular e porque pouco conteúdo cultural é criado para suas necessidades, seus requisitos principais são bons empregos, salários mais altos e melhor educação. Uma vez que esses requisitos sejam atendidos, os pobres poderão começar a pensar em seu tempo de lazer, mas as mesmas políticas que os ajudariam a escapar da pobreza também removeriam muitos dos obstáculos à autorrealização e a um lazer mais gratificante.

PLURALISMO CULTURAL E PROGRAMAÇÃO SUBCULTURAL ☉ Em vez da mobilidade cultural, quero sugerir uma política baseada no conceito de relacionismo estético e na noção de senso comum do pluralismo cultural: fornecer conteúdos culturais que expressem e satisfaçam os padrões específicos de cada público de gosto. A essa política chamo *programação subcultural*. (Programação é um termo impreciso, mas o utilizo no lugar de pluralismo porque este possui diversos significados distintos atualmente e se tornou tanto um chamariz político quanto um termo depreciativo. Programação é um termo derivado do rádio e da televisão, e muitas das propostas a seguir se aplicam especialmente à televisão, pois ela é o meio de comunicação de massa mais importante da atualidade, ao menos em tamanho de audiência, mas com ele também me refiro ao conteúdo de outras mídias e à cultura de gosto em geral, não importa como seja criada. O adjunto "subcultural" foi escolhido porque, como observei na Introdução, as culturas de gosto são, de fato, subculturas.)[12]

Em vez do sistema de programação presente, cujo conteúdo transgride e, portanto, compromete os padrões de diversos públicos de gosto, deixando alguns totalmente desatendidos, a programação subcultural criaria para cada público de gosto a cultura de gosto específica que expressa seus padrões estéticos. Os públicos de gosto que tenho em mente são mais restritos que os descritos previamente, mais claramente definidos por classe, faixa etária e outros fatores, de modo que possa ha-

---

[12]. Programação também é uma palavra utilizada na linguagem da informática, mas não a uso nesse sentido aqui e não quero dizer que a cultura pode ser programada num computador.

ver programação específica para pré-adolescentes da baixa cultura vanguardista ou para jovens adultos negros da cultura média superior convencional. A extensão da especificidade subcultural seria limitada somente pela existência real dos públicos a ser atendidos e pelos custos financeiros, entre outros, de criar cultura para uma audiência pequena.

A programação subcultural capacitaria as audiências a achar conteúdos mais apropriados a suas demandas e necessidades, incrementando, assim, sua satisfação estética, entre outras, e a relevância de sua cultura para sua vida. Além disso, aumentaria consideravelmente a diversidade cultural, aprimorando e enriquecendo a cultura norte-americana em geral, alta e baixa. A programação subcultural também identificaria e, então, atenderia os públicos de gosto que atualmente são atendidos de maneira deficiente. Como infelizmente é verdade que, na sociedade norte-americana, aqueles que mais precisam são os que menos obtêm, os grupos mais mal-atendidos hoje em dia são os de baixo gosto, os idosos e os de meia-idade de quase todos os públicos, e, em um sentido amplo, todas as pessoas de baixo poder aquisitivo ou que não compram os tipos de produtos anunciados pelos meios de comunicação de massa.

Por exemplo, a programação subcultural para pessoas pobres seria desejável, não só porque a programação atual dos meios de comunicação de massa as ignora e o viés de classe média dessa programação impõe um estresse psicológico adicional às pessoas que vivem no meio de uma afluência da qual não podem compartilhar, mas também porque as pessoas pobres têm direito à sua própria cultura como quaisquer outras pessoas. A programação subcultural para os pobres se diferenciaria do cardápio atual da mídia, enfocando tópicos de interesse dessa população e lidando com esses tópicos de sua própria perspectiva. Por exemplo, no conteúdo dramático, as narrativas e os personagens tratariam os pobres como pessoas, não como vítimas desajustadas ou infelizes, prejudicadas por dificuldades pessoais ou econômicas. Embora os pobres sejam vitimados pela economia norte-americana, o conteúdo midiático acerca dos pobres, que procura principalmente despertar a culpa ou a piedade das audiências mais abastadas, só pode ser condescendente com os pobres, que ainda estão expostos a isso. A programação subcultural não consiste em conteúdos que estimulem as pessoas a aquiescer às suas condições de vida – em todo caso, nenhum conteúdo consegue produzir essa reação – mas sim em arte, informação e entretenimento que se relacionem com suas experiências, seus interesses e seus problemas, por meio de uma cultura que aceite seus valores e objetivos e seja sensível a seus padrões estéticos e suas formas de linguagem e arte. E como o conceito de "pobres" é uma abstração da classe média para descrever uma população muito heterogênea, a programação subcultural teria de ser ainda mais específica para atender aos distintos tipos e grupos etários de pobres.

Da mesma forma, a programação subcultural significaria mais conteúdo cultural para os negros, porto-riquenhos e outras minorias raciais e étnicas. Ainda que o movimento dos direitos civis tenha persuadido os meios de comunicação de massa a produzir mais conteúdo acerca de negros e a utilizar mais intérpretes negros, ainda há muito poucas televisões, rádios, filmes e até publicações para as diversas necessidades culturais da maioria dos negros. Embora seja incerto que exista suficiente interesse da audiência pelas culturas étnicas europeias para justificar um cardápio cultural étnico regular, os norte-americanos de diversos grupos étnicos, sobretudo os da classe trabalhadora, possuem interesses e valores que não estão sendo abastecidos pelos meios de comunicação de massa – não obstante a popularidade do depreciativo seriado *All in the Family*. A programação subcultural preencheria o vácuo cultural em que atualmente se encontram os membros das minorias étnicas americanizadas que compõem a classe trabalhadora, além de outras pessoas dessa classe.

Mesmo o público da alta cultura pode ser incluído na lista de minorias atendidas de maneira deficiente pela televisão e outros meios de comunicação de massa, e a programação subcultural também poderia ser útil para esse público. Contudo, como a alta cultura já é bem atendida pelos meios de comunicação que não são de massa, sua necessidade, no tocante à programação de tevê, pode ter uma prioridade menor do que a de outros públicos de gosto.

Finalmente, a programação subcultural alteraria a relação entre criadores e consumidores, já que cada criador poderia trabalhar para e numa cultura de gosto específica, em vez de ter de satisfazer muitas ao mesmo tempo. Isso reduziria a alienação entre os criadores, pois, na maioria dos casos, poderiam trabalhar para um público de gosto de sua própria escolha, um que compartilhasse de seus próprios padrões. Assim, os criadores seriam capazes de criar conteúdo que satisfizesse suas necessidades e, ao mesmo tempo, também envolver a audiência de maneira mais intensiva, tanto emocional quanto intelectualmente. Essa programação traria o criador para mais perto da audiência e, sob condições ideais, estabeleceria uma versão moderna do relacionamento que teria existido, por exemplo, entre o artista folclórico e o público folclórico. Portanto, também produziria uma cultura popular mais orientada pelo criador.[13]

OS PRÓS E CONTRAS DA PROGRAMAÇÃO SUBCULTURAL ⊙ Posso elaborar melhor a ideia de programação subcultural, antecipando e encontrando sete possíveis objeções a ela. *Primeiro*, a programação subcultural pode ser interpretada como a política de fornecer cultura inferior às pessoas, em vez de estimulá-las a usar a alta cultura. Essa objeção só se justifica, porém, se aceitarmos as suposições dos críticos de cultura de massa de que a cultura popular é inferior e que, se não for fornecida, as pessoas acabarão aceitando a alta cultura. No entanto, como tentei sugerir, os pré-requisitos educacionais e econômicos para o uso da alta cultura são tais que sempre será a cultura de um público pequeno, conservando, assim, a exclusividade que os críticos da cultura de massa também querem. A maioria das pessoas pode escolher, e escolherá, a cultura que coincide com sua experiência educacional e de classe, e políticas deliberadas para levá-las a escolher outras culturas raramente são eficazes. O fracasso já mencionado do governo soviético em persuadir seus cidadãos a aceitar a cultura comunista oficial e a incapacidade da British Broadcasting Corporation (BBC) de converter os telespectadores ingleses ao repertório da alta cultura e da cultura média superior durante os dez anos em que teve monopólio sobre a programação da tevê indicam que não é fácil para a política governamental modificar as preferências da audiência. A programação subcultural aceitaria a validade e a legitimidade dessas preferências e facilitaria o aumento e enriquecimento das diversas culturas de gosto representadas por essas preferências.

Segundo, a programação subcultural poderia ser criticada por fornecer às pessoas o que elas querem, em vez de o que é bom para elas, e, assim, justificar as práticas correntes dos meios de comunicação de massa. Não acredito, porém, que seja desejável dar às pessoas o que outros consideram que é bom para elas. Esse sempre foi o sonho dos reformadores, ainda que poucos deles consigam explicar por que o que consideram bom para as pessoas é melhor do que aquilo que as pessoas consideram

---

13· Para uma proposta semelhante, ver Stuart Hall e Paddy Whannel, *The Popular Arts*, Nova York: Pantheon Books, 1965, caps. 2 e 3.

bom para si mesmas, mormente nos domínios da cultura, e, muitas vezes, o que os reformadores acham bom para as pessoas também acaba se revelando bom para eles mesmos, propiciando-lhes mais recursos, empregos ou status. No entanto, não estou me opondo a tentativas de reforma, desde que as pessoas tenham alternativas e não sejam obrigadas a aceitar o cardápio do reformador involuntariamente, e que a programação subcultural não precise excluir a reforma cultural.

Além disso, a programação subcultural destina-se a dar às pessoas *o que elas julgam ser bom e não o que elas querem*, e, assim, aspira ao mesmo nível de excelência da alta cultura, exceto que os padrões utilizados para definir excelência diferem entre os públicos de gosto. A opção por uma boa cultura não é monopólio do público de alta cultura; quase sempre, em todos os públicos de gosto, as pessoas querem a arte, a informação e o entretenimento que julgam ser bons e, a menos que deliberadamente procurem alguma forma de escape, poucas escolherão intencionalmente o que acham que é ruim. No entanto, um dos propósitos do entretenimento é satisfazer essa vontade de escape, tanto entre os públicos da alta cultura como entre outros, e não vejo nada de errado nisso, já que todos precisam escapar de vez em quando. Talvez os públicos de gosto inferior queiram escapar mais do que os de gosto superior, mas talvez também precisem mais de escape por causa das condições em que vivem; retirar o cardápio cultural que satisfaz essa necessidade sem fornecer condições que exijam menos escape seria punitivo. A cultura não é escolhida do nada, e privar as pessoas da cultura escapista na expectativa de reformá-las é uma política espúria; trata dos efeitos da privação e não da causa. Não se deve fornecer uma cultura escapista que prejudique o usuário e a sociedade se for possível comprovar sua nocividade. Da mesma forma, o recurso imoderado ao conteúdo cultural que as pessoas consideram ruim é indesejável, mas isso é autopunição e não escape, e tem mais a ver com a patologia social ou individual do que com a escolha cultural.

No entanto, a programação subcultural que dá as pessoas o que elas querem não é equivalente a justificar as práticas correntes dos meios de comunicação de massa. Embora os decisores midiáticos defendam às vezes suas políticas, sustentando que estão dando às pessoas o que elas querem, a programação subcultural teria a mídia fornecendo o conteúdo que as pessoas consideram bom. A mídia não buscou essa política, e não é claro que ela dá às suas audiências o que elas querem. Em primeiro lugar, as recentes pesquisas de opinião com telespectadores indicam que há insatisfação com boa parte da programação televisiva, sobretudo a de entretenimento, e que essa insatisfação existe não só entre os públicos de gosto superior, mas entre os próprios públicos aos quais a televisão está abastecendo explicitamente.[14] Além disso, a mídia não é capaz de dar a suas audiências o que estas querem ou consideram bom, porque o pequeno *feedback* que ela obtém agora da audiência é incompleto e deficiente. Grande parte das decisões sobre a programação das redes de tevê é determinada pelos índices de audiência, extraídos de uma amostra de cerca de 1,2 mil domicílios. Esse método, que leva em conta os aparelhos de tevê ligados, não a quantidade de pessoas assistindo, e suplementa esses dados com um breve diário, não só é incapaz de medir as avaliações dos telespectadores, como também não fornece uma amostra grande o suficiente para levar em consideração a diversidade da audiência total.[15] Sem dúvida, uma amostra maior talvez não resulte em índices radicalmente diferentes para os programas atuais, mas um sistema de índice de audiência que incluísse dados sobre a avaliação dos telespectadores indicaria a quantidade e o grau de satisfação ou insatisfação e poderia até sugerir onde a programação subcultural é mais necessária.

Outros mecanismos de *feedback* midiático são igualmente deficientes. A indústria cinematográfica utiliza os números da bilheteria, mas estes só refletem a decisão de assistir a um filme, não a reação ou a avaliação dos filmes vistos. Os estudos sobre o público leitor de revistas fornecem as reações ao conteúdo publicado, mas são conduzidos pelos departamentos de propaganda e raramente são utilizados para dar *feedback* às políticas editoriais, exceto quando o público leitor está declinando abruptamente. Na realidade, a maioria dos meios de comunicação de massa não está interessada em fornecer conteúdo que satisfaça as demandas ou os padrões estéticos de sua audiência; os meios querem vender propaganda e persuadir as audiências a comprar os bens anunciados, e, embora forneçam conteúdo que atraia público para os anunciantes, isso tem pouco a ver com satisfazer os padrões estéticos desse público.

---

14. Ver, por exemplo, Louis Harris, "But Do We Like What We Watch?", *Life* 71, 11 de setembro de 1971, pp. 40-44, e Robert T. Bower, *Television and the Public*, Nova York: Holt, Rinehart e Winston, 1973.

15. Para uma análise mais detalhada do sistema de medição de audiência e seu uso na programação televisiva, ver Martin Mayer, *About Television*, Nova York: Harper & Row, 1972, cap. 2, e Les Brown, *Television*, Nova York: Harcourt, Brace Jovanovich, 1971.

Em geral, a mídia tem o objetivo de propiciar aos anunciantes a maior audiência ao menor custo– a fórmula do custo por milhar –, o que exige atrair a maior audiência possível para diversos itens do cardápio midiático; a programação subcultural, por outro lado, criaria um cardápio cada vez mais diverso, resultando, assim, em audiências menores para cada item do conteúdo.

Terceiro, a programação subcultural pode ser condenada por estimular a criação de conteúdo socialmente indesejável, prejudicial à realização de objetivos universalmente compartilhados ou dos objetivos dos usuários individuais. Essa objeção só será válida se supusermos que a maioria das pessoas é socialmente destrutiva ou autodestrutiva, suposição que considero inaceitável. Além disso, a programação subcultural, ao enfatizar o conteúdo que as pessoas consideram bom, rejeitaria o conteúdo indesejável no momento em que houvesse evidência de sua nocividade.

Os estudos de efeitos discutidos no Capítulo 1 indicam que o impacto de qualquer item isolado ou mesmo de qualquer tipo de conteúdo cultural é desprezível. Embora uma investigação mais definitiva ainda seja necessária, a evidência atual indica que qualquer tipo de censura é mais prejudicial que os efeitos que ela busca eliminar. Naturalmente, as pessoas que acham que elas ou seus filhos não devem ser expostos à violência, ao erotismo ou a outro conteúdo que colida com seus próprios valores têm a liberdade de praticar a censura privada, mas não podem exigir que o governo ou a mídia faça isso para elas e prive as outras pessoas desse conteúdo. Além disso, a programação subcultural agregaria tanto conteúdo adicional ao menu cultural que todos teriam muito mais escolha e ninguém seria forçado a escolher o que considera indesejável por falta de opção.

Quarto, na medida em que a programação subcultural aceita o direito dos públicos de gosto de fazerem suas próprias escolhas estéticas, ela aceita a validade da cultura orientada pelo usuário e pode, assim, ser criticada por rejeitar a prioridade da cultura orientada pelo criador. Além disso, como a orientação pelo criador é um princípio da alta cultura, a programação subcultural pode ser criticada por colocar em perigo essa cultura e transformar ainda mais pessoas de criadores ativos em usuários passivos.

Embora a cultura orientada pelo usuário possa ser justificada pelo argumento de que os usuários da cultura têm tanto direito de satisfazer suas necessidades quanto os criadores, a programação subcultural não ameaçaria a alta cultura, nem deixaria os usuários mais passivos. Não há nenhuma evidência de que a orientação pelo usuário seja prejudicial à alta cultura, e a programação subcultural acentuaria a vitalidade da alta cultura ao estimular uma diversidade maior, da mesma forma que aumentaria a vitalidade de outras culturas de gosto. Além disso, os criadores mais prejudicados pela orientação pelo usuário não são os da alta cultura – estes estão bem protegidos por seu poder e status e por seus padrões estéticos públicos – mas sim os criadores da cultura popular, cuja autonomia artística é, às vezes, limitada pela necessidade de atrair a maior audiência possível. A programação subcultural aumentaria sua autonomia, já que uma maior diversidade contribuiria para que se formassem audiências menores para qualquer produto cultural individual, permitindo que os criadores encontrassem a audiência que aceitaria sua produção criativa.

Na realidade, o ataque da alta cultura contra a orientação pelo usuário destina-se, como observei anteriormente, a garantir o máximo de recursos para os criadores da alta cultura e a maximizar a quantidade e qualidade da alta cultura, em parte para fazer um melhor registro cultural da civilização contemporânea em comparação com as passadas. Contudo, a preocupação com os níveis do gosto social e com a disputa entre as sociedades não é um objetivo apropriado para uma política pública; o bem-estar e a satisfação das pessoas agora existentes são mais importantes que um registro cultural compilado para um curador de registros inexistente numa competição que é, no final das contas, sem sentido. Mesmo que a cultura da Inglaterra elisabetana fosse superior à dos Estados Unidos contemporâneos, seria impossível modificar a sociedade norte-americana a fim de recriar a sociedade da Inglaterra elisabetana.

Aceitar a validade da orientação pelo usuário não converterá mais pessoas em usuários passivos, pois a programação subcultural não desestimula os indivíduos a serem criadores amadores ou profissionais, e, na medida em que ela requer mais diversidade cultural, necessitará recrutar mais criadores profissionais. No entanto, acusar os usuários de passivos é um juízo excessivamente calvinista, que ignora a atividade mental dos usuários simplesmente porque são fisicamente passivos ou não estão produzindo um produto visível.

A melhor solução não é dar ênfase aos usuários nem aos criadores, mas sim aos dois. Numa situação ideal, a programação subcultural capacita os criadores a fazer o que querem e criar para os públicos que desejam alcançar, enquanto os usuários ficam livres para escolher entre os conteúdos disponíveis e ser criadores quando quiserem.

Quinto, como a programação subcultural é voltada para públicos de gosto específicos e não para a população em geral, pode ser acusada de introduzir a estratificação e a segregação na cultura e enrijecer a hierarquia de gosto. Com efeito, a programação subcultural identificaria e legitimaria a existência de públicos de gosto individuais e, ao satisfazer suas necessidades, também criaria um conjunto de culturas que refletiria a hierarquia de gosto. No entanto, não criaria essa hierarquia, apenas tornaria visível a que já existe; contudo, se os recursos fluíssem equitativamente para todos os públicos, essa hierarquia seria atendida de maneira mais igual e talvez fosse menos desigual do que é hoje. Porém, nem as culturas de gosto nem os públicos de gosto seriam segregados, pois os membros da audiência teriam sempre liberdade para escolher o conteúdo que quisessem. De fato, de alguma forma, haveria menos segregação – e estratificação –, já que as pessoas teriam conteúdo mais diverso a escolher e poderiam investigar as ofertas de outras culturas de gosto.

Sexto, a programação subcultural pode ser questionada por reduzir a função coesiva dos meios de comunicação de massa, isto é, sua capacidade de concentrar a atenção de todo o país num mesmo conteúdo ao mesmo tempo. Duvido que a mídia, hoje, atenda a essa função com frequência, exceto em situações incomuns, como o assassinato de um presidente, quando todos assistem ao mesmo programa de tevê. Além disso, duvido que os meios de comunicação de massa sejam capazes de aumentar a coesão de maneira significativa, pois, mesmo que todos assistissem ao mesmo programa de tevê ou lessem a mesma revista, cada pessoa o interpretaria de sua própria perspectiva. Numa sociedade dividida por diferenças de classe e raça, a coesão só aumentará, provavelmente, quando cada grupo receber os recursos que necessita e, assim, perceber que tem uma participação comum na sociedade. A programação subcultural, ao proporcionar ao menos alguns recursos culturais, pode, portanto, ajudar a estimular a coesão, embora só num grau limitado. Pode acentuar a igualdade, dando a cada público de gosto o mesmo direito de alcançar seus padrões estéticos, mas não pode produzir as formas mais básicas de igualdade necessárias para tornar a sociedade norte-americana mais coesa.

Sétimo, pode-se criticar a programação subcultural com o argumento de que ela forneceria notícias e outros conteúdos informativos apropriados aos padrões de cada público de gosto, produzindo, assim, mais do conteúdo informativo frequentemente superficial hoje oferecido aos públicos de gosto inferior e tornando ainda mais difícil para esses públicos atuar adequadamente como cidadãos de uma sociedade democrática e obter a informação necessária para solucionar seus próprios problemas sociais ou individuais. Em outras palavras, a programação subcultural poderia rebaixar ainda mais o nível corrente de transmissão e redação de notícias e documentários.

Sem dúvida, o noticiário e outros conteúdos informativos subculturalmente programados não seriam melhores pelos critérios convencionais, já que isso não significaria suprir todos os públicos de gosto com o *New York Times* ou seu equivalente televisivo, ou seja, com a quantidade e o tipo de noticiário hoje utilizado pelos públicos da alta cultura e da cultura média superior. Em vez disso, a programação subcultural forneceria a cada público mais informações acerca dos fatos que afetam a sociedade como um todo e a ele principalmente, de modo que, por exemplo, o noticiário para o público de baixa cultura enfatizaria o que as pessoas e as instituições da classe trabalhadora de todo o país estão fazendo e o que está sendo feito por elas. Como resultado, as pessoas estariam mais bem informadas a respeito daquilo que mais as preocupa e poderiam se interessar mais pelo noticiário do que se interessam agora.

Entretanto, a programação subcultural, provavelmente, não aumentaria significativamente o interesse da audiência por noticiários e outros cardápios informativos, e, mesmo que aumentasse, o acesso a uma informação melhor – tal como a defino – não mudaria muito a atuação das pessoas em seus papéis como indivíduos ou cidadãos. Os dados sobre os efeitos dos meios de comunicação de massa revelam que, atualmente, as ações do público não são muito influenciadas por eles, e os dados de audiência indicam que a demanda de noticiário e conteúdo informativo é mais fraca do que a de entretenimento.

A verdade é que as pessoas não são recipientes que aceitam quaisquer fatos ou ideias despejados nelas. De fato, a tendência é que elas atuem apenas em relação a questões que as preocupam diretamente, e nesse caso selecionarão o tipo de informação que consideram pertinente para essas questões e para seus valores. Como observado anteriormente, a percepção seletiva as estimula a rejeitar ou marginalizar a informação que viola esses valores. Embora sejam, às vezes, vítimas de informação insuficiente e até mesmo falsa, as pessoas, de vez em quando, também parecem aceitar e até preferir a desinformação. Não pretendo com isso justificar a oferta de informação errada ou limitada, mas, se as pessoas só escutam o que querem escutar, um conteúdo alternativo não vai alcançá-las, mesmo que seja divulgado aos berros. Embora isso não deva desestimular o berro, também não deve inspirar a falsa confiança de que berrar, por si só, será eficaz. Nem essas observações devem ser interpretadas como justificativa para a censura de fatos ou ideias, já que é sempre possível que alguém precise ou queira esses fatos ou ideias; só quero enfatizar que fatos, ideias e outros conteúdos são sempre submetidos aos filtros da predisposição cultural e da percepção seletiva.

Além disso, até que ponto a predileção das pessoas por informação insuficiente ou falsa prejudica a democracia é uma questão que merece ser tratada com menos pânico e mais reflexão. Grande parte da inquietação em torno dessa questão deriva da formulação histórica da democracia norte-americana; como ela passou a existir numa época em que os únicos cidadãos que realmente contavam eram a elite culta, a teoria democrática ainda supõe que todos os cidadãos devem ser versados em todos os assuntos. Não obstante, as democracias devem funcionar e funcionam mesmo quando os cidadãos não são cultos. Quando seus interesses estão em jogo, as pessoas, em geral, agem racionalmente, mesmo quando têm pouca instrução e são incapazes de obter informação apropriada ou relutam em fazê-lo; ou, melhor dizendo, elas agem racionalmente com respeito aos seus objetivos mais importantes, dentro dos limites da informação de que dispõem, embora talvez não estejam buscando os objetivos que os outros querem que elas busquem. Por exemplo, embora as pessoas possam votar contra seus próprios interesses econômicos, às vezes a causa não é a falta de informação, mas sim a existência de outros objetivos que são mais importantes para elas do que seus interesses econômicos. Além disso, seus objetivos podem conflitar com os objetivos de outras pessoas, e a oposição dos eleitores cultos aos incultos muitas vezes reflete uma diferença não reconhecida de objetivos entre eles – diferença que os cultos acreditam erroneamente que desapareceria com uma informação melhor. A falta de interesse pessoal dos eleitores incultos pelas liberdades civis para intelectuais não seria alterada significativamente se a televisão fosse saturada com noticiários e comentários sobre liberdades civis. Numa eleição apertada, essa saturação poderia influenciar um número suficiente de eleitores para mudar a situação, mas não alteraria o baixo interesse e a pouca relevância desse assunto entre os inúmeros cidadãos da classe trabalhadora e da classe média baixa. Isso só poderá ser alterado se e quando o Estado atacar as liberdades civis que eles consideram importantes.

A programação subcultural de notícias elevaria em certa medida os níveis de informação, mas, além disso, é necessário reavaliar os requisitos informativos da teoria democrática para determinar que tipos de informação, em que quantidade e em que níveis de complexidade analítica são fundamentais para a democracia e eficazes para sua manutenção. Também precisaríamos saber sob que condições as pessoas buscam fatos e ideias, especialmente aqueles que questionam seus próprios valores, e suspeito que elas só serão motivadas a procurar outros tipos de cobertura noticiosa que não os atuais quando forem capazes de participar mais diretamente da política e se dispuserem a isso. Enquanto isso, pode valer a pena experimentar novas maneiras de relatar fatos e ideias; por exemplo, mediante as formas ficcionais e quase ficcionais, que aparentemente são populares entre muitos públicos de gosto. Os dramas populares da tevê, que abordam questões políticas domésticas ou internacionais importantes à maneira de ficção, são tentativas válidas, ao estilo dos antigos romances de Upton Sinclair em torno do personagem Lanny Budd ou dos mais recentes "romances-testemunhos".[16]

Mais difícil do que isso talvez seja identificar o conteúdo cultural que as pessoas usariam para ajudá-las a solucionar problemas individuais e sociais. As pessoas utilizam a cultura não só para seu discernimento, mas também para escape e entretenimento. Embora o público da alta cultura tenha supostamente mais disposição de confrontar a dura realidade, conteúdos que tratem especificamente de seus problemas e dilemas são tão raros na alta cultura como nas outras. Pode ser que *Esperando Godot* apresente um dos dilemas existenciais básicos da sociedade moderna de maneira mais adequada que uma telenovela, mas pouco faz para ajudar seu público a lidar com o dilema que diz respeito à sua própria situação de vida, e, ainda que o ajudasse, duvido que o público da alta cultura queira enfrentar seus problemas ou encarar a realidade mais do que qualquer outro público. Por esse motivo, nenhuma cultura de gosto está muito inclinada a formular perguntas difíceis ao seu público ou a fornecer-lhe ideias e fatos desagradáveis, sobretudo quando não existem soluções para problemas significativos. Na alta cultura, as questões são frequentemente mascaradas por meio da abstração e do uso do simbolismo; nas culturas de gosto populares, por meio da simplificação excessiva, do exagero e do pseudorrealismo. No entanto, as pessoas não

---

16· Herbert J. Gans, *The Uses of Television and Their Educational Implications*, Nova York: Center for Urban Education, 1968, pp. 40-49.

utilizam a cultura – alta ou baixa – pensando sobretudo em encontrar soluções para seus próprios problemas ou da sociedade, e seria ingênuo esperar que a programação subcultural modificasse drasticamente os propósitos e as funções da cultura.

IMPLEMENTANDO A PROGRAMAÇÃO SUBCULTURAL ⊙ Na teoria, a implementação da programação subcultural requer três passos: (1) identificar todos os públicos e culturas de gosto relevantes e seus padrões estéticos; (2) determinar os públicos que são insuficientemente abastecidos com conteúdos culturais que satisfazem seus padrões; e (3) criar a cultura necessária.

Para propósitos analíticos, é útil descrever esses três passos com um pouco mais de detalhes, embora caiba enfatizar que, na vida real, a cultura não é, não pode e não deve ser criada por procedimentos de planejamento sistemáticos.

A identificação de todos os públicos de gosto e suas culturas não é uma tarefa fácil, pois, como indiquei anteriormente, não se trata de grupos organizados ou de culturas sistêmicas, e mesmo seus padrões são, em grande parte, velados e não codificados. Como pesquisador, posso, é claro, sugerir um programa de pesquisa para fazer essa identificação, e esse programa teria três partes. Uma delas consistiria em uma análise de conteúdo completa de todos os produtos culturais, para determinar quais são similares e podem, portanto, ser agrupados como uma cultura de gosto. A análise de conteúdo procuraria semelhanças não só de conteúdo substantivo, mas também de estrutura, complexidade verbal e visual, valores e pressupostos que caracterizam a visão de mundo subjacente do produto, bem como dos padrões estéticos implícitos nele.[17]

A segunda parte do programa de pesquisa seriam estudos qualitativos e quantitativos das escolhas da audiência em todas as mídias e artes, para determinar que tipos de pessoas fazem que tipos de escolhas e como essas escolhas se agrupam. Entrevistas intensivas seriam necessárias para descobrir os padrões estéticos das pessoas; quais dos produtos culturais atualmente disponíveis – e que componentes desses produtos

---

17. Baseio-me aqui nas propostas de pesquisa de George Gerbner referente a indicadores culturais. Ver, por exemplo, George Gerbner, "Toward 'Cultural Indicators'", em George Gerbner *et al.* (orgs.), *The Analysis of Communication Content*, Nova York: John Wiley and Sons, 1969, pp. 123-132.

– elas consideram bons ou maus, e por quê; e se e quando as pessoas realmente querem escolher o que consideram bom. Além disso, essa parte do programa de pesquisa teria ainda o objetivo de descobrir, também por meio de entrevistas, que públicos não são bem atendidos pelos meios de comunicação de massa (e de classe), quem expressa a necessidade ou desejo de mais cardápio cultural e, se possível, o que o público mal-atendido demanda como cultura adicional. Naturalmente, a maioria das pessoas não é capaz de dizer aos pesquisadores o que querem, pois preferem escolher entre as opções disponíveis – novas e diferentes –, mas os que são mal-atendidos talvez consigam pelo menos indicar as lacunas que percebem.

A terceira parte do programa de pesquisa combinaria e resumiria as duas primeiras etapas, relacionando os agrupamentos entre culturas com os agrupamentos entre escolhas e padrões para determinar, em seguida, quais desses agrupamentos são frequentes, importantes para as pessoas e distinguíveis de outros agrupamentos a ponto de configurar públicos e culturas de gosto.

Esse programa de pesquisa daria respostas para os dois primeiros passos necessários à implementação da programação subcultural; mas é duvidoso se essa pesquisa poderia realmente ser feita e, em caso positivo, se alguém a financiaria, e mesmo nesse caso não saberíamos ao certo se os criadores a levariam em consideração. No momento, a maioria dos criadores resiste à ideia de expor-se não só aos tipos primitivos de pesquisa de audiência utilizados pelos meios de comunicação de massa, mas a qualquer tipo de *feedback* explícito, pois sustentam que o que os satisfaz também satisfará sua possível audiência, e qualquer preocupação que se concentre nas demandas da audiência interferiria no processo criativo. No entanto, os decisores da mídia são menos relutantes na utilização da pesquisa de audiência, embora ainda tenham dificuldade de fazer os criadores prestarem atenção aos resultados da pesquisa.

A resistência dos criadores é compreensível, pois a criação é, mesmo nos meios de comunicação de massa, um ato pessoal, já bastante difícil sem a complexidade adicional que seria introduzida por informações acerca dos padrões e das preferências da audiência. Não obstante, grande parte do conflito entre criadores e decisores na cultura popular gira em torno do que a audiência aceitará, o que poderia ser resolvido de maneira mais inteligente com o auxílio de uma pesquisa de audiência apropriada. Tampouco essa pesquisa reprimiria a criatividade, pois nem mesmo o mais abrangente programa de pesquisa consegue revelar o que Eric Larrabee denominou "as vontades ocultas, meio formadas e ainda insatisfeitas do público".[18] Essa pesquisa só diz aos criadores e aos decisores o que a audiência escolheu no passado, e com que grau de entusiasmo, mas os dados sobre as escolhas passadas e as vontades presentes nunca podem ser aplicados diretamente na criação de novo conteúdo. Como me disse certa vez o editor de uma revista de notícias, a pesquisa sobre o tipo de capas de revista de que as pessoas mais gostam revelará uma preferência consistente por uma bela garota sobre um fundo vermelho, mas nenhuma revista de notícias pode publicar capas vermelhas com belas garotas semana após semana. A novidade e a surpresa são qualidades essenciais de toda arte e entretenimento, tanto para os criadores como para as audiências, e a pesquisa não é capaz de fornecê-las.

O terceiro passo do plano seria a criação efetiva da nova cultura, mas isso é uma fantasia do planejador, ainda maior que o já mencionado programa de pesquisa, pois não é costume criar cultura por meio de planejamento sistemático. Aparentemente, um cardápio cultural novo surge quando os criadores e os usuários estão insatisfeitos com o cardápio existente e quando este não mais responde ao que eles querem, como sugerido pelas inovações culturais propostas pelos jovens e minorias raciais descritas no Capítulo 2. Esse processo também parece ser muito mais desejável que o tipo de planejamento sistemático que esbocei acima, que tende a ser elitista mesmo quando as pessoas são consultadas por meio de pesquisas de audiência. Isso não quer dizer que a cultura só possa ser criada na base do *laissez-faire*; mesmo quando as pessoas não estão descontentes com seu cardápio atual, é possível incentivar as inovações culturais pela provisão de recursos financeiros e o recrutamento e treinamento de pessoal criativo, mas, independentemente do planejamento que ocorrer, este deve enfatizar os métodos participativos em vez daqueles controlados pelos processos de decisão dos especialistas.

⊙ *Programação para os públicos mal-atendidos* Provavelmente, a única forma prática de viabilizar a programação subcultural é identificar de maneira muito genérica os públicos de gosto que estão sendo atendidos de maneira insuficiente nesse mo-

---

18. Eric Larrabee, "Journalism: Toward the Definition of a Profession", *Studies in Public Communication* 3, verão de 1961, pp. 23-26. Embora o título não o indique, esse artigo é uma análise ponderada do problema de *feedback* da perspectiva de um escritor profissional.

mento e, então, encontrar formas de estimular novos criadores e os já existentes, assim como a mídia, a colocar a mão na massa. A identificação dos públicos mal-atendidos é uma tarefa empírica importante, mas até mesmo uma análise impressionista aponta para algumas lacunas muito reais. Como observei anteriormente, os pobres, os velhos e as minorias raciais e étnicas não são bem atendidos pela mídia existente, e não só no caso da televisão. Atualmente, há poucos jornais e revistas que fornecem informações relevantes para sua situação social, e a ficção, quer na forma impressa quer na cinematográfica, também é escassa. De fato, a baixa cultura e a cultura quase folclórica apresentam pouca oferta, tanto para a classe trabalhadora como para os pobres. Cardápio cultural para pessoas de meia-idade também é raro, assim como para solteiros que não estão entre os clientes abastados do novo mercado de solteiros. A maior parte da cultura popular atual é suburbana; muito pouco dela trata de temas próprios dos centros urbanos, do meio rural ou de cidades pequenas, e, exceto as costas Leste e Oeste, as demais regiões dos Estados Unidos, de maneira geral, também são ignoradas. Alguns desses grupos podem ficar satisfeitos com a cultura criada para outros grupos – por exemplo, algumas pessoas idosas e de meia-idade talvez prefiram assistir e ler conteúdos com personagens ficcionais jovens em ação –, mas os que têm preferências distintas não encontram opções.

A situação na arte é ainda mais deplorável; a maior parte da arte à disposição do público é de alta cultura ou cultura média superior, ou uma adaptação dela para a cultura média inferior. Ainda se pode adquirir arte religiosa de baixa cultura em lojas de artigos religiosos, mas a arte laica da baixa cultura é bem mais escassa. As ofertas de diferentes gêneros de música são mais amplas, já que a economia da indústria musical possibilita que essa variedade seja disponibilizada por meio de estações de rádio e gravações, embora estas não estejam ao alcance de todos. Todavia, a música que era outrora fornecida por concertos de banda ou por Lawrence Welk na televisão é rara atualmente, e as pessoas que preferem o *swing* e outros tipos de música popular das décadas de 1940 e 1950 devem esperar por um *revival* nostálgico para satisfazer suas necessidades.

Além de usuários mal-atendidos, também podem existir criadores mal-atendidos. Evidentemente, alguns criadores desfrutam de melhores condições de trabalho que outros, e desconfio que os da baixa cultura são, às vezes, os mais arregimentados. Ademais, os criadores com novas ideias não têm acesso fácil aos meios de comunicação de massa, pois os processos de recrutamento da mídia são tão institucionalizados que as pessoas com novas ideias frequentemente ficam excluídas, mesmo quando os decisores midiáticos se queixam da escassez de inovadores. Sem dúvida, a maioria dos pretensos inovadores que querem acesso à mídia oferecem imitações inferiores do cardápio existente, e alguns inovadores originais que não conseguem acesso à mídia nacional enriquecem a vida cultural de seus amigos e vizinhos com suas ideias novas. Mas é verdade também que os salões de música locais e as casas noturnas, bem como as empresas cinematográficas de baixo orçamento que existiam outrora para exibir e formar novos talentos, desapareceram, e que a mídia nacional altamente burocratizada, tendo de arcar com grandes despesas gerais, muitas vezes reluta em correr riscos com novas ideias e novos talentos.

É mais fácil identificar do que atender os usuários mal-atendidos. Em primeiro lugar, muitos deles também são mal pagos e não têm condições de comprar nada, exceto a televisão "gratuita". Ainda que se solucionassem seus problemas financeiros, restaria um importante obstáculo estrutural e econômico. A programação subcultural exigiria uma mudança na estrutura da mídia, já que ela teria de criar cardápio cultural para audiências de limites mais bem definidos e, portanto, menores. A mídia existente teria de se descentralizar ou novas mídias teriam de ser agregadas. Por exemplo, em vez de três departamentos de notícias nas redes de tevê e três novas revistas, competindo entre si basicamente pela mesma audiência, seis a doze talvez fossem necessárias, cada uma delas buscando atrair públicos distintos, sem por isso terem de evitar a concorrência pelos mesmos públicos. De fato, seria indesejável que uma única rede ou revista monopolizasse um público específico.

Logo que a programação subcultural fosse implementada, mesmo que somente para públicos que hoje são mal-atendidos, mecanismos de *feedback* e alguma pesquisa de audiência adicional poderiam, subsequentemente, determinar o sucesso da nova programação, e seus resultados poderiam ser incorporados à criação de novos conteúdos mediante tentativa e erro. Se, além disso, fosse possível recrutar – e pagar – críticos capacitados, que julgam a cultura pelos padrões dos públicos de gosto individuais, sua crítica proporcionaria um *feedback* adicional para a mídia.

Recrutar novos críticos e criadores seria menos difícil que mudar a mídia existente ou estabelecer uma nova, pois a programação subcultural não seria, provavelmente, lucrativa, ao menos a curto prazo. Seria mais onerosa que a programação atual, pois exigiria mais conteúdo, distribuído de forma mais descentralizada para audiências menores, e, em certos casos, para audiências que não têm condições de pagar pelo cardápio cultural, direta ou indiretamente. Além disso, a programação subcultural teria de concorrer com a mídia existente e, então, precisaria ter a mesma qualidade técnica, de modo que os custos de produção seriam igualmente altos.

A longo prazo, a programação subcultural talvez se tornasse lucrativa, pois, se atendesse melhor às necessidades da audiência do que o cardápio presente, o tamanho da audiência total possivelmente cresceria, assim como o potencial de venda dos anúncios comerciais. Embora o custo de alcançar mil telespectadores ou leitores provavelmente nunca chegasse a ser tão baixo como na mídia existente, os mil telespectadores talvez ficassem mais satisfeitos e talvez, então, prestassem mais atenção à mensagem do anunciante. A incorporação das audiências mal-atendidas à "economia midiática" também poderia aumentar as vendas dos anunciantes e talvez até atrair novos anunciantes. No entanto, a oferta de cultura para as pessoas de baixa renda não poderia ser calcada no lucro, e mesmo a programação subcultural para públicos mais abastados exigiria subsídios iniciais para o desenvolvimento de novas mídias, o recrutamento de criadores e a atração das audiências.

Não há, obviamente, nenhum motivo intrínseco pelo qual a cultura popular deva ser criada e distribuída somente por empresas com fins lucrativos. As organizações sem fins lucrativos sempre participaram da criação e distribuição de alta cultura, e, nos últimos anos, algumas assumiram papel ativo na cultura jovem e na cultura negra. Todavia, a maioria das atividades culturais sem fins lucrativos tem sido em pequena escala, e seria mais prudente dizer que, caso seja implantada, a programação subcultural será provida, em grande medida, por profissionais capacitados que trabalham, em sua maioria, em organizações com fins lucrativos ou em entidades sem fins lucrativos relativamente grandes, como a televisão pública.

⊙ *Financiamento da programação subcultural* Não obstante, alguém tem de pagar até mesmo pelos empreendimentos sem fins lucrativos, e existem somente quatro possíveis fontes de financiamento da programação subcultural: a audiência, os anunciantes, a mídia existente ou o grande público, isto é, o governo. Dada a falta de envolvimento ativo da audiência com o cardápio corrente dos meios de comunicação de massa, duvido que ela estivesse disposta a pagar muito pela programação subcultural, já que pode obter programação "gratuita" ou a baixo custo. Com o tempo, os anunciantes seriam atraídos, mas é questionável se teriam condições de patrocinar inovações culturais para audiências pequenas ou se estariam dispostos a fazê-lo, já que podem alcançar grandes audiências por meio da programação existente. Em tese, não há por que não convidar a mídia a instituir a inovação subcultural, ou a prover recursos financeiros para esta, com parte dos lucros frequentemente elevados que obtém. As redes de televisão forneceram esses recursos para a televisão pública quando esta estava engatinhando; por um lado, para ganhar prestígio e, por outro, para se livrar do ônus nada rentável de fornecer programação para o público da cultura média superior. Na prática, porém, é improvável que a mídia aceite ajudar, pois ninguém, nem mesmo o governo, tem poder suficiente para fazê-la alterar suas atividades presentes ou desviar parte de seus lucros para a inovação ou outra mídia.

Em última análise, portanto, o governo é, provavelmente, a fonte mais factível de recursos financeiros, seja subvencionando a intenção da mídia de fornecer programação subcultural seja ofertando essa programação por meio da mídia de propriedade do governo, como é o caso na Europa. Cada alternativa apresenta vantagens e desvantagens, mas alguns problemas genéricos ocorrem quando o governo começa a participar da criação cultural, pois ele raramente se dispõe a ajudar adversários políticos, financiar programação polêmica ou até mesmo apoiar a liberdade de imprensa quando esta é politicamente desfavorável. Esses inconvenientes afetam principalmente a mídia estatal, que, em geral, procura utilizar sua programação para gerar apoio aos políticos e partidos no poder. A subvenção governamental para a mídia privada também apresenta problemas, como ilustra a dificuldade da televisão pública em obter recursos federais para programas noticiosos e outras programações com implicações políticas. No entanto, o governo já está criando uma espécie de cultura por meio de suas atividades de relações públicas e educativas, e, neste momento, está subvencionando a televisão pública, as universidades, as bibliotecas e outras instituições culturais que abastecem principalmente o público de cultura média superior, proporcionando justificativa suficiente para o argumento de que também deve subsidiar a criação cultural para públicos menos abastados.

Provavelmente, a melhor solução é restringir o papel do governo a subvencionar programadores subculturais e limitar essas subvenções aos programadores que querem atingir públicos muito pequenos ou muito pobres para ser atendidos pela mídia comercial. Uma possível abordagem seria estabelecer escritórios de concessão de subvenções dentro dos órgãos que atualmente apoiam atividades culturais, como o National Endowment for the Humanities (Fundo Nacional para Humanidades) e o Office of Education (Escritório de Educação), embora as audiências pobres hoje ignoradas pela mídia comercial provavelmente fossem mais bem atendidas por um escritório de concessão de subvenções situado em um órgão federal voltado para o combate à pobreza. As subvenções para financiar a programação para os idosos podem ser fornecidas pelos órgãos federais responsáveis pelos problemas da terceira idade; a programação infantil pode ser subvencionada pelos diversos escritórios do Department of Health, Education, and Welfare [Departamento de Saúde, Educação e Bem-Estar], que, atualmente, cuida das necessidades das crianças. Essa abordagem pode esbarrar em dois tipos de dificuldades: a incapacidade ou relutância de alguns desses órgãos em supervisionar o fornecimento de cultura, especialmente de cultura popular; e o fato político de que é mais fácil viabilizar novas propostas de gasto governamental quando estas beneficiam uma parcela maior da população. Por exemplo, enquanto o National Endowment for the Humanities está qualificado a conceder subvenções para apoiar atividades da alta cultura e da cultura média superior, seus valores culturais presentes limitam suas qualificações para subvencionar a baixa cultura; e o Office of Education tem sido tradicionalmente relutante em recorrer a abordagens culturais populares até mesmo para propósitos educacionais.

A dificuldade política é de manejo ainda mais difícil; embora o governo seja capaz de introduzir novas atividades para os idosos e para as crianças, os pobres são politicamente menos populares. Portanto, uma segunda alternativa poderia ser um plano de financiamento coletivo para todos os segmentos populacionais, com base num certo montante por ano para cada pessoa do país. Por exemplo, se o governo se apropriasse de somente cinco dólares por pessoa por ano, mais de 1 bilhão de dólares estariam disponíveis anualmente para esse propósito, e a quantia cresceria conforme o aumento da população.

Esse dinheiro poderia ser destinado a uma nova agência independente, algo como a Corporation for the Public Broadcasting [Corporação para a Radiodifusão Pública], cujo conselho para elaboração de políticas teria, no entanto, uma composição muito diferente. Os membros desse conselho não seriam recrutados entre empresários e líderes cívicos, que hoje em dia acabam ser tornando curadores de órgãos independentes; seus membros incluiriam criadores e usuários de todos os públicos de gosto, de modo que todos participassem da alocação dos recursos financeiros, sobretudo os públicos que são mal-atendidos pela mídia atual. Naturalmente, nenhuma agência independente financiada pelo governo é verdadeiramente independente, e a alocação dos recursos tende a seguir os resultados eleitorais e a refletir as demandas de políticos poderosos, por isso, as minorias sem poder, como os pobres, provavelmente ficariam mal-abastecidas. Levando essa possibilidade em consideração, distribuir os recursos financeiros por agências já responsáveis por e perante populações específicas seria mais desejável.

No entanto, nem um novo órgão nem os já existentes estão dispostos a oferecer subvenções para programações polêmicas ou que possam despertar a ira de políticos poderosos. Essa programação teria de ser criada por agências fora do governo, incluindo fundações privadas, como acontece agora. As fundações poderiam ser estimuladas a gastar mais dinheiro em programação subcultural por meio de incentivos fiscais específicos, mas nem mesmo elas estão imunes à pressão política, e a cultura controversa continuará a ser criada e financiada por criadores individuais que trabalham com pequenas verbas, e, mais importante, por movimentos políticos e sociais. Os jovens, os negros e outras minorias têm sido culturalmente inovadores sem a ajuda governamental, e, como observei anteriormente, o impulso mais forte para a inovação cultural é a necessidade amplamente sentida de nova cultura, e, embora o impulso possa ser ajudado por verbas públicas, ele tende a subsistir mesmo sem elas.

A PERSPECTIVA DE MAIS PLURALISMO CULTURAL ⊙ A probabilidade de que alguma dessas propostas seja implementada é pequena. Como a maioria dos meios de comunicação de massa ainda é lucrativa, há pouco incentivo para mudar, e os meios possuem bastante poder para desencorajar as iniciativas governamentais de fazê-los mudar. Tampouco o governo é propenso a agir, pois ele também carece de incentivos para mudar o *status quo*. Agiria se as audiências organizadas exigissem mudanças, mas não há um número suficiente de pessoas que estejam assim tão insatisfeitas com o cardápio cultural existente, ou suficientemente organizadas mesmo quando estão insatisfeitas. Além disso, poucas pessoas têm suficiente confiança no governo para exercer pressão política em favor da intervenção governamental em questões de cultura, já que estão amedrontadas, e com razão, com as tentativas do governo de molestar jornalistas e a mídia noticiosa; além disso, nos Estados Unidos não há tradição de utilizar pressão política para provocar a participação governamental na criação cultural.

No entanto, a programação subcultural pode vir a existir por outros motivos, por meio da mídia existente e da inovação cultural espontânea, embora não da maneira abrangente que sugeri. Alguma programação subcultural sempre existiu, notadamente na edição de livros, com editoras distintas abastecendo públicos de gosto diferentes; e está crescendo no setor de publicação de revistas, onde revistas direcionadas para faixas etárias e interesses específicos estão suplantando rapidamente as de interesse geral, e também na indústria cinematográfica, que, hoje, só raramente investe em superproduções onerosas destinadas a atrair a maior audiência possível.

Uma ligeira tendência de programação subcultural é visível até na televisão, que, no passado, oferecia menos opções para audiências distintas que os outros meios de comunicação de massa. Desde que alguns anunciantes descobriram que poderiam vender mais seus produtos atingindo compradores potenciais em vez da máxima quantidade de telespectadores, ficaram interessados em programas que atraem faixas etárias, gêneros e, às vezes, até grupos de renda específicos da audiência total. Embora isso seja propaganda subcultural, também tem tido algum efeito sobre a programação, ao menos entre o público de gosto médio inferior, que é o principal alvo da televisão. Todavia, a diversidade adicional resultante foi modesta; a televisão ainda atrai predominantemente os jovens adultos de renda média e acima da média, e, atualmente, não há programação para idosos, pobres e quase pobres. A televisão pública criou uma rede nacional para o cardápio cultural médio superior, com alguns programas dedicados a crianças de outros públicos de gosto, notadamente *Sesame Street* [*Vila Sésamo*] e *The Electric Company*. Inovações tecnológicas como o UHF e a tevê a cabo tornaram acessíveis outros canais, que podem ser utilizados para transmissão a inúmeros públicos. A última invenção é o videocassete, que permite a cada telespectador escolher seus próprios programas em casa, capacitando-o a selecionar sua própria subcultura. Contudo, até agora, a programação para as novas tecnologias foi lenta, em parte porque ninguém sabe qual é o mercado existente para uma programação televisiva adicional, ou se existe algum mercado, exceto para espetáculos esportivos ou populares, que são retirados da televisão "gratuita". Devido ao seu custo, a tevê a cabo e o videocassete, na melhor das hipóteses, só podem expandir a programação subcultural entre os abastados, e os canais UHF atraem uma audiência tão pequena na maioria das cidades que, ao menos até agora, são de importância secundária. No futuro, porém, podem ser o melhor recurso para programação destinada aos públicos de gosto menos abastados, desde que, é claro, haja recursos financeiros suficientes para criar programas que possam competir com o cardápio das redes de tevê.

Todas essas tendências devem se intensificar nos próximos anos. Novos progressos tecnológicos já estão tornando a produção de filmes, de programas de tevê e de materiais impressos mais barata e mais simples, de modo que, em termos econômicos, uma programação subcultural adicional não está fora de cogitação, ao menos para os abastados. Por exemplo, as recentes simplificações tecnológicas em câmeras de cinema e tevê e aparelhos de videocassete já têm possibilitado que empresas pequenas e sem fins lucrativos de cinema e televisão produzam filmes e programas de orçamento muito baixo, apesar de suas dificuldades em conseguir acesso a salas de cinema e telas de tevê, ao menos nos principais canais.

Não obstante, o estímulo mais forte em favor do maior pluralismo cultural virá dos usuários de cultura. A existência contínua de movimentos sociais e políticos entre as minorias raciais e étnicas, as mulheres, os adolescentes, os jovens adultos, os operários, entre outros, com seu interesse crescente por novos papéis e identidades, tende a aumentar tanto suas necessidades de uma cultura nova como sua criatividade cultural. Além disso, a diversidade cada vez maior de interesses e a busca de novos meios de autoexpressão entre grande parte do resto da população, junto com a possibilidade de mais tempo de lazer no futuro, se a jornada diária ou semanal de trabalho for reduzida, também podem criar uma demanda maior de mais e mais diversidade cultural. O aumento das férias e a proliferação de feriados prolongados já estimularam o crescimento das viagens – e com ele um novo desenvolvimento da "cultura turística" –, além de um aumento considerável na venda de casas de veraneio, barcos, esquis, veículos para neve e equipamentos para *camping*. De fato, a principal expansão acontecerá possivelmente na cultura ao ar livre, não na que acontece em recinto fechado, e nas atividades participativas, não nas de espectador.

Porém, nenhuma dessas tendências promete muito para os menos abastados; mesmo as novas culturas negra e jovem atendem principalmente aos abastados, e, embora os pobres e quase pobres precisem muito da programação subcultural, a probabilidade de obtê-la é mínima. Por enquanto, esses grupos estão acostumados a privações, ainda que não estejam contentes com isso, e, além do mais, melhores empregos e salários maiores são uma prioridade mais urgente do que a cultura. Já o restante da população tem poder comercial e político para exigir mais programação subcultural, mas só o tempo vai dizer se a cultura tem importância suficiente para eles a ponto de fazer surgir essa programação.

PÓS-ESCRITO

O Capítulo 3 procurou descrever os princípios subjacentes à minha noção de democracia cultural, e não mudei de ideia a respeito desses princípios. No entanto, as mudanças do mundo real eliminaram algumas das questões culturais discutidas no capítulo original e também criaram algumas novas.

Entre as mudanças mais importantes no mundo real, inclui-se o delicado estado de muitas culturas marginais e dos pequenos fornecedores e públicos. O custo crescente de tudo o que está associado com a criação e oferta de cultura, em combinação com o padrão implacável das grandes organizações de engolir ou expulsar as menores em sua busca de lucros maiores, é o que mais ameaça as culturas marginais. De fato, quando os investimentos iniciais são baixos, como no caso da edição de livros em pequena escala, as pequenas editoras conseguem sobreviver ou surgir para atender algumas funções ignoradas pelas megaeditoras. No entanto, produtos onerosos como jornais e estúdios cinematográficos não são facilmente substituídos.

Além disso, a comercialidade – e, muitas vezes, a imensa lucratividade – das marcas e celebridades nacionais interfere na sobrevivência dos produtos culturais e talentos locais e até regionais. O pequeno e o local não são necessariamente mais bonitos que o grande e o nacional, mas algumas culturas de gosto não são capazes de sobreviver somente em nível nacional. Finalmente, os adversários conservadores e religiosos de produtos culturais considerados ameaçadores ou aberrantes adicionam um novo obstáculo de sobrevivência para a cultura marginal.

Como resultado, uma questão importante hoje é a salvação do marginal, do aberrante e do inovador. A sobrevivência e o crescimento do National Endowment for the Arts e de outras agências públicas e privadas de financiamento, nacionais e locais, que estão elas mesmas sob ataque, tornam-se, portanto, mais decisivos do que eram quando escrevi este livro pela primeira vez. Se as agências públicas não conseguem mais desempenhar essa função por motivos políticos ou financeiros, outras fontes de ajuda devem ser encontradas.

Empresas comerciais muitas vezes não podem sacrificar a clientela convencional em troca do status que resulta da ajuda ao marginal, e muitas grandes fundações estão ligadas às elites convencionais ou não querem queimar seu escasso capital político. Os pequenos financiadores privados, especialmente as fundações familiares, têm, às vezes, liberdade política suficiente para ajudar os culturalmente marginais.

Outra questão importante: uma sociedade que produz níveis educacionais ascendentes também produz uma grande quantidade de aspirantes a criadores culturais, de modo que sempre há mais candidatos, marginais ou outros, competindo pelos limitados recursos financeiros públicos e privados. Dessa maneira, é preciso estabelecer prioridades quanto ao que é mais necessário ou mais desejável. Os princípios subjacentes a essas decisões deixo para outros autores, mas meu interesse pela democracia cultural justifica alguma observações atualmente pertinentes.

Em primeiro lugar, os candidatos locais e "subnacionais" merecem um *handicap* na concorrência por recursos limitados, não porque a cultura subnacional tende a ser melhor que a cultura nacional, mas sim porque, aparentemente, ela necessita de mais ajuda e também porque ali é o lugar onde às vezes começa a inovação nacional.

Em segundo lugar, os financiadores responsáveis pelo marginal e inovador devem ter consciência de que, embora no passado os financiadores geralmente limitassem seu patrocínio a produtos da alta cultura, todas as culturas possuem seus fornecedores marginais e todas geram inovadores. De fato, uma análise histórica pode revelar números que indicam que a inovação cultural vem mais de baixo, isto é, dos pobres e dos sem poder, do que do topo da hierarquia cultural. Outra fonte de inovação pode ser encontrada entre grupos dissidentes da corrente predominante. Por exemplo, a cultura gay é frequentemente inovadora, porque ainda está sendo inventada à medida que mais pessoas se revelam homossexuais. Provavelmente, alguns elementos dessa cultura se tornarão convencionais daqui a uma geração, seguindo os passos de parte da cultura hippie dos anos 1960.

Em terceiro lugar, continuo a me aborrecer com o fato de o governo subvencionar as culturas de públicos de gosto suficientemente abastados para não precisar de auxílio público, exceto quando os abastados demonstram que não sustentam sua sobrevivência. Por exemplo, a alta cultura convencional ainda obtém bastante apoio de patronos muito ricos, pessoas físicas ou jurídicas. A alta cultura inovadora também continua a atrair a ajuda de patronos ricos que obtêm prestígio por terem sido os primeiros patrocinadores de uma inovação que é aceita amplamente depois.

Além disso, algumas instituições de alta cultura ficaram ricas durante os últimos 25 anos devido ao valor ascendente de suas propriedades. Situadas no meio de centros de cidades em desenvolvimento – como o Carnegie Hall e o Museu de Arte Moderna, em Nova York –, venderam seus direitos de verticalização para prédios de apartamento, o que lhes trouxe recursos financeiros operacionais, entre outros. Muitos museus ficaram ricos por causa do valor das obras de arte estocadas em seus subsolos. Se estivessem dispostos a desincorporar do acervo os objetos de arte que estão nesses subsolos e nunca são vistos, vendendo-os talvez para outros museus ou colecionadores privados que prometessem mostrá-los publicamente de maneira periódica, precisariam de menos apoio público dos contribuintes.[19]

Em quarto lugar, embora a censura seja sempre alarmante, torna-se mais preocupante quando as forças censórias representam populações cujos sentimentos pessoais ficam sinceramente abalados por causa de uma cultura inovadora ou dissidente. A intolerância liberal em relação a esses sentimentos não se justifica, e menos ainda quando os alvos são pessoas de nível de renda e educação mais baixo. No entanto, a intolerância conservadora à cultura apoiada pelos liberais também não se justifica, embora o que pareça ainda mais injustificável é converter o desacordo cultural num jogo político em Washington, muito distante das pessoas ou da cultura envolvida. A arena política é boa quando acordos são possíveis, mas, às vezes, não o são, e, então, a existência de financiadores e organizações privados politicamente independentes ou isolados torna-se muito importante.

Infelizmente, a maioria das propostas, explícitas ou implícitas, de minhas quatro qualificações não sobreviverá às duras realidades da economia ou da política. A subvenção em nível subnacional, em vez de nacional, pode se enquadrar na tendência política atual de enfraquecer o governo nacional, mas esse nível também se presta mais à censura política e religiosa, ou a uma combinação de ambas, daquilo que é percebido como imoral, sacrílego ou antipatriótico.

O apoio público à baixa cultura ou à cultura média inferior inovadora continua sendo tão inconcebível como quando escrevi este livro pela primeira vez. Não há dúvida de que esses públicos ainda são bastante grandes para assegurar lucros aos fornecedores comerciais de cultura, só que estes e seus anunciantes parecem buscar cada

---

19. Minhas ideias a respeito da desincorporação de obras de arte pelos museus assemelham-se às de Edward C. Banfield, *Democratic Muse: Visual Arts and the Public Interest*, Nova York: Basic Books, 1984, p. 100.

vez mais os clientes mais abastados e, portanto, mais rentáveis. Exceto no caso da música popular, eles nem mesmo se empenham em procurar talentos novos e inovadores.

Talvez por causa da ligação histórica dessas culturas com os fornecedores comerciais, nem os criadores dessas culturas nem seus públicos de gosto pensam em obter aprovação ou apoio público – nem mesmo tentam obtê-lo. Talvez achem também que só a alta cultura é merecedora desse apoio, ou que os vieses de classe e gosto dos culturalmente poderosos não podem ser superados. Em todo caso, os órgãos públicos geralmente não agem até que os cidadãos eleitores demandem mais ação, e, assim, nada acontece.

Além disso, apesar de ricas, as grandes instituições culturais continuam a obter uma grande fatia do dinheiro público destinado à cultura. E têm também suficiente força política para assegurar o financiamento, tanto mais quando são atrações turísticas importantes em cidades que dependem da indústria do turismo.

A cultura inovadora, marginal e dissidente, desprovida de recursos econômicos e acossada pela oposição política, pode achar um lar na internet. A internet só pode transmitir cultura simbólica, mas na teoria, ao menos, possui espaço para tudo, ou para todos. Infelizmente, quanto mais ela se torna um meio de comunicação de massa, mais tende a atrair os censores que agora impõem limites à tevê e a outros meios de comunicação de massa. Supor que a internet pode permanecer fora das estruturas culturais e de poder é ilusório.

CULTURA, DESIGUALDADE E DEMOCRACIA ⊙ Nenhuma dessas observações ou propostas teve muito a dizer acerca dos norte-americanos pobres. Os políticos podem ignorá-los porque eles não votam com regularidade, e, frequentemente, os fornecedores de cultura pública não parecem saber que eles existem. Por exemplo, graças a Joan Ganz Cooney, a criadora de *Vila Sésamo*, a televisão pública prestou alguma atenção às crianças pobres, mas nenhuma a seus pais, exceto como personagens ocasionais de documentários.

A falta de atenção às necessidades culturais dos pobres pode ser justificada por meio de dois motivos. Primeiro, democracia cultural não significa criar uma cultura que se ajuste às necessidades dos pobres. Talvez isso requeira uma cultura que os ajude a escapar da pobreza, mas essa cultura é ainda mais necessária aos não pobres e às instituições que contribuem para a persistência da pobreza. De qualquer forma, os pobres têm necessidades muito mais urgentes do que as culturais: a redução das desigualdades econômicas, políticas e raciais.

Segundo, os pobres têm o mesmo direito das outras pessoas: acesso a uma renda decente com segurança econômica, oportunidade de fazer suas próprias escolhas culturais e oportunidade de fazer a sua parte nas arenas culturais comerciais e públicas. Basicamente, estou repetindo o que escrevi na primeira edição, mas, agora, uma nova política cultural é pertinente: num momento em que muitos pobres foram demonizados como indignos, promíscuos e criminosos, sua cultura real se torna importante, e é preciso que os não pobres a conheçam para que ela possa ajudar a acabar com a demonização. Embora as causas da demonização sejam outras, um conhecimento maior de como os pobres se entretêm e se informam – e que artes apreciam e criam por si mesmos – não seria prejudicial.

A redução da desigualdade é mais urgente agora do que foi em meados da década de 1970, quando, ao menos, ainda existia um programa parcial antipobreza. De fato, inúmeros pobres se beneficiaram do longo período de crescimento econômico que ainda hoje se vê, mas outros sofreram por causa da eliminação da política de bem-estar social, e todos pagam os custos econômicos ocultos, entre outros, do aumento nacional da desigualdade que os marginaliza social e culturalmente ainda mais do que antes. Além disso, se voltarem a se repetir as tendências de enxugamento que começaram décadas atrás nas economias global e nacional, o desemprego nos Estados Unidos poderá ser tão grande que os pobres não só ficarão desempregados como serão forçados às margens extremas da economia.[20]

No entanto, a desigualdade não é só econômica; é também política. As mudanças econômicas atuais estão novamente expandindo diversas grandes corporações, aumentando, assim, seu poder econômico e político. Ao mesmo tempo, os políticos que precisam de dinheiro para suas campanhas obtêm recursos das grandes empresas e dos *lobbies* constituídos por elas e por outros interesses bem organizados, que, em troca, ganham mais acesso ao processo decisório do governo. Uma consequência disso

---

[20] O economista Gunnar Myrdal já estava preocupado com essa possibilidade no período de afluência posterior à Segunda Guerra Mundial e cunhou o termo *subclasse* para expressar isso em seu livro *Challenge to Affluence* (Nova York: Pantheon, 1963). Em 1994, o presidente Clinton apresentou a mesma ideia de maneira mais enfática quando se referiu aos perigos de uma "classe externa".

é o aumento constante da desigualdade política entre as pessoas comuns, o que pode estar diminuindo sua influência no Estado.

Se já é difícil abrir espaço para a participação dos cidadãos nas organizações políticas das sociedades democráticas, maximizar a capacidade deles de influenciar as decisões – no que denomino *democracia cidadã* – é ainda mais. Se haverá ou não número suficiente de pessoas interessadas na democracia cidadã é o que vamos ver, especialmente considerando que hoje em dia muitas delas já se desligaram da política ou tentam viver sem ela ou fora dela. Não obstante, se o objetivo for maximizar a democracia cidadã, as pessoas precisarão de mais informação sobre suas organizações políticas e de uma compreensão maior sobre como participar delas. Parte dessa informação e compreensão tem de vir da mídia noticiosa e do cardápio de entretenimento que as audiências também utilizam para entender sua sociedade.

A mídia noticiosa faz parte da cultura popular. Se o futuro trouxer os problemas econômicos e as desigualdades políticas que sugeri, e se a democracia cidadã permanecer viável, uma questão importante de política cultural será como aprimorar essa mídia para capacitá-la a ajudar sua audiência a obter as informações e a compreensão de que precisa. Há duas questões ainda mais complexas: como persuadir as audiências a utilizar a mídia noticiosa para esse propósito e como levar a mídia noticiosa, acostumada a prestar contas aos detentores do poder econômico e político, a também prestar contas aos cidadãos e à democracia cidadã. As prioridades futuras da democracia cultural podem ser mais literalmente políticas do que eram quando da primeira edição deste livro.

ÍNDICE REMISSIVO

Acionistas, papel dos, nas decisões culturais ⊙ 30
Aculturação ⊙ 133-4, 158, 160
Adorno, Theodor ⊙ 43, 77
Afro-americanos ⊙ 157 *ver* Cultura negra; Negros
Agnew, Spiro ⊙ 121
Agressão, violência na tevê e ⊙ 57-9
Aldeia global ⊙ 65
All in the Family ⊙ 120, 137, 180
Alta cultura *ver também* Crítica à cultura de massa
• ataques dos adeptos da cultura popular ⊙ 67
• criadores da ⊙ 75-6, 112, 185
• diversidade na ⊙ 47
• efeitos da cultura popular sobre a ⊙ 43, 51-4
• na era pré-industrial ⊙ 75-6
• financiamento da ⊙ 203-4
• hierarquia de status e ⊙ 147, 149
• orientação pelo criador da ⊙ 84
• perspectiva econômica da ⊙ 53-4
• programação subcultural e ⊙ 184-90
• *versus* cultura popular ⊙ 13-5, 23-8, 45-7, 51-4
Amusing Ourselves to Death ⊙ 92
Análise da oferta e demanda da cultura ⊙ 28-32
Anseios estéticos ⊙ 101
Aprendizado estético ⊙ 147-8
Apropriação cultural ⊙ 51-2, 82, 128, 141, 145, 170-1
Argosy ⊙ 102
Arte
• à disposição ⊙ 204
• alta cultura ⊙ 109-14, 150-2
• baixa cultura ⊙ 124
• cultura média superior ⊙ 114-7, 121-2
• mudanças na ⊙ 113
Arte conceitual ⊙ 26, 113
Atlantic ⊙ 117
Audiências
• da alta cultura ⊙ 112, 150
• da alta cultura *versus* da cultura popular ⊙ 46-7
• efeitos da cultura popular sobre as ⊙ 43
• efeitos da renda sobre as ⊙ 24-7
• efeitos das notícias sobre as ⊙ 61-3
• efeitos dos meios de comunicação de massa sobre as ⊙ 64-67
• mal-atendidas ⊙ 195
• pesquisa de ⊙ 191-4
• relação dos criadores com as ⊙ 47-51
Avaliação
• das culturas e público de gosto ⊙ 167-70

- privada *versus* pública ⊙ 167
Aviltamento ⊙ 52

Baixa cultura ⊙ 10, 16, 22, 25-6, 29, 32, 37, 105, 107, 108, 114, 121-5, 130, 133, 135, 139, 141-3, 145-8, 155-7, 172, 179, 187, 193, 197, 204
Baixa cultura quase folclórica ⊙ 105, 125, 133, 156, 158, 193
Baldwin, James ⊙ 113
Ball, Lucille ⊙ 124, 155
Bauhaus ⊙ 91
Belas-artes ⊙ 91
Bell, Daniel ⊙ 20, 58
Beowulf ⊙ 109
Bergman, Ingmar ⊙ 116, 145
Berkeley, Busby ⊙ 140
Beverly Hillbillies ⊙ 124
Bill Clinton e Monica Lewinsky ⊙ 88, 93-4
Boca a boca ⊙ 146
Bogart, Humphrey ⊙ 140
Bonanza ⊙ 120
Boorstein, Daniel ⊙ 95
Bourdieu, Pierre ⊙ 33, 34
Branagh, Kenneth ⊙ 154
Bravo ⊙ 153
British Broadcasting Corporation ⊙ 181
Brooks, Van Wyck ⊙ 34, 103, 105
Brown, Tina ⊙ 89
Bruce, Lenny ⊙ 67

Camp ⊙ 113
Canais UHF ⊙ 199
Capital cultural ⊙ 33-4, 152, 163
Carnal Knowledge [Ânsia de amar] ⊙ 143
Carnegie Hall ⊙ 204
Censura ⊙ 39, 86, 122, 136, 143, 162, 184, 188, 204
Cézanne, Paul ⊙ 120
Chaffee, Steven ⊙ 62
Chaplin, Charlie ⊙ 141
Ciências sociais, alta cultura e ⊙ 108, 110, 152
Cinema ⊙ 29, 38, 51, 65, 80, 82, 96, 102-3, 111, 116, 118, 119, 123, 125, 140, 145-6, 154-9, 183, 193, 200
Classe ⊙ 9, 16, 20, 22, 23-7, 32, 36, 48, 63, 104-5, 128, 130, 144-5, 149, 150, 178, 181, 205
- criadores *versus* audiência de ⊙ 47-8
- cultura de gosto e ⊙ 15-6, 23, 104, 145
- cultura e ⊙ 9, 16, 19-20, 25, 27, 105, 149
- cultura jovem e ⊙ 130
Classe trabalhadora ⊙ 25, 32-4, 121-4, 129, 134-5, 159, 180, 187-8, 193
- baixa cultura e valores da ⊙ 122-3
- declínio da cultura da ⊙ 66

- programação subcultural para ⊙ 178-80
Cleaver, Eldridge ⊙ 138
Coesão social ⊙ 106, 186
- lazer como ameaça à ⊙ 177-8
Comédias de ação ⊙ 125
Comida étnica ⊙ 156, 161
Commission on Obscenity and Pornography ⊙ 59
Como, Perry ⊙ 157
Conservadores ⊙ 16, 38, 77, 83, 86-8, 90, 120, 135-6, 143, 145, 159, 162, 173, 202
Conteúdo
- cultural ⊙ 26, 38, 104, 110, 134, 141, 168-9, 172-3, 177-8, 180, 182, 184, 189
- escolha de ⊙ 57, 172-4
- estrutura e hierarquia de gosto e ⊙ 161-3
Contexto socioeconômico *ver* Classe; Hierarquia de classes
Contracultura ⊙ 127-9
Convergência ⊙ 31-2
Cooney, Joan Ganz ⊙ 205
Cooper, Gary ⊙ 123
Corporation for the Public Broadcasting ⊙ 197
Cosby, Bill ⊙ 160
Cosmopolitan ⊙ 119-20
Criadores ⊙ 22, 28, 31, 43, 46-53, 74-76, 84-85, 89, 93, 98, 101, 107-14, 116, 123, 136-7, 141-3, 145-6, 152, 161, 164, 168-9, 173, 176, 180, 184-5, 191-5, 198, 203, 205
- da alta cultura ⊙ 31, 74-75, 109-13
- da alta cultura *versus* da cultura popular ⊙ 31, 43, 46-51
- audiência mal-atendida e ⊙ 194-5
- cultura de gosto socialmente desejável e ⊙ 168-9
- de cultura média superior ⊙ 114-6
- da cultura popular ⊙ 46-51
- pesquisa de audiência e ⊙ 191, 194
- poder declinante dos ⊙ 98
- poder dos ⊙ 142-3, 173
- programação subcultural e ⊙ 180, 184-5
- relação dos, com a audiência ⊙ 47, 48
- *versus* distribuidores ⊙ 142
Crianças ⊙ 27, 32-3, 57-8, 60, 64, 108, 121, 129, 197, 199, 205
- "dar um desconto" ⊙ 60, 64
- violência na tevê e ⊙ 57-58
Crítica à cultura de massa ⊙ 43-44, 51, 54, 74-85, 89-90, 111, 135, 179
- desdém pela pessoa comum na ⊙ 82-3
- funções políticas da ⊙ 75-8
- orientação pelo criador ⊙ 84-5
- viés histórico da ⊙ 78-82
Crítica cinematográfica ⊙ 111
Crítica ⊙ 10, 15, 17, 19-20, 43-44, 51, 54, 63, 67, 72, 74-78, 82-93, 97-8, 108, 110-1, 113, 127, 135-8, 146-7, 150, 171, 173-4
- alta cultura e ⊙ 108, 110-1, 113, 163
- cultura de gosto e ⊙ 146
- cultura média superior e ⊙ 114

- programação subcultural e ⊙ 181-9, 194-5
- radical ⊙ 135

Cultura acadêmica ⊙ 108
Cultura beat ⊙ 126
Cultura boêmia ⊙ 126
Cultura *chicana* ⊙ 131
Cultura comunal ⊙ 126-8
Cultura convencional ⊙ 128, 203
Cultura de classe baixa, declínio da ⊙ 66
Cultura de classe média, definição ⊙ 65-70, 124, 158, 179-80
Cultura de drogas e música ⊙ 126-9
Cultura de gosto convencional ⊙ 15, 22, 23, 106, 117, 120, 128, 179, 203
Cultura de gosto leiga ⊙ 108
Cultura de gosto refinado ⊙ 15, 23, 103
Cultura de gosto vulgar ⊙ 15, 22-23, 54, 67, 103, 116
Cultura de massa ⊙ 10, 15, 43-5, 50-1, 54, 66-8, 72, 74, 76-8, 83-7, 89-91, 97-8, 111, 116, 130-1, 135, 141, 147, 150, 167, 169, 171, 173, 176, 181 *ver também* Cultura popular
Cultura do *establishment* ⊙ 106
Cultura escapista ⊙ 182
Cultura feminista ⊙ 35
Cultura folclórica ⊙ 66, 75, 77-8, 81-2, 108, 125-6, 133
Cultura gay ⊙ 35-36, 158, 203
Cultura hippie ⊙ 126-8, 159, 203
Cultura imigrante ⊙ 133, 158
Cultura impressa, declínio da ⊙ 92, 129
Cultura jovem ⊙ 10, 26, 106, 117, 125, 127, 130, 158-9, 195
Cultura jovem, importância comercial da ⊙ 159
Cultura média inferior ⊙ 25, 38, 105, 107, 117-24, 128, 130, 137, 139, 140-4, 146, 153-7, 193, 204
Cultura média superior ⊙ 10, 26, 89, 105, 107, 111, 113-22, 124, 129-30, 135, 137, 141, 143, 145-7, 151-4, 163, 174, 181, 187, 193, 196-7
Cultura não comercial ⊙ 45, 108
Cultura não simbólica ⊙ 56, 152, 154
Cultura negra ⊙ 35, 131-2, 159-60, 195
- acadêmica ⊙ 106, 160
- literária ⊙ 160

Cultura orientada pelo usuário ⊙ 84
- culturas parciais ⊙ 126-9
- programação subcultural e ⊙ 181-90

Cultura política ⊙ 10, 126-7
Cultura popular *ver também* Crítica à cultura de massa
- como empresa comercial ⊙ 44-5
- criadores de ⊙ 46-51
- efeitos da, sobre as audiências ⊙ 51-3
- efeitos da, sobre a sociedade ⊙ 64-8
- estudo da ⊙ 13
- importância da ⊙ 13, 14
- e a orientação pelo usuário ⊙ 84
- *versus* alta cultura ⊙ 9-11, 15, 19-20, 23-8, 45-7

Cultura porto-riquenha ☉ 131
Cultura privada ☉ 21, 37
Cultura progressista ☉ 16, 106, 117, 120, 128
Cultura pública ☉ 21, 37, 75, 151, 205
Cultura religiosa ☉ 156
Cultura revolucionária ☉ 73
Cultura subnacional ☉ 203-4
Cultura suburbana ☉ 193
Cultura sulista ☉ 155-6
Cultura tradicional ☉ 66, 106, 120
Cultura turística ☉ 200
Culturas ☉ 27, 45-7, 52, 66, 81, 82, 96, 102-14, 117-20, 125-9, 131-4, 134-50, 153, 155-61, 164, 167-71, 173-8, 180-1, 185-6, 189-91, 200, 202-3, 205 *ver também cada uma das culturas*
- análise de oferta e demanda das ☉ 28-31
- definição de ☉ 20-23
- desenvolvimento de ☉ 16, 29, 125, 131, 151, 200
- desigualdade, democracia e ☉ 208-210
- marginal ☉ 205-7
- privada ☉ 37
- pública ☉ 37, 75, 151, 205
- *versus* públicos ☉ 103-9

Culturas de gosto ☉ 9, 10, 15, 16, 22, 23, 26, 33, 39, 81, 103-4, 107-9, 111-2, 116, 120, 125-6, 128, 132-6, 138, 141, 144-8, 150, 163, 167, 169-75, 178, 181, 185, 186, 189-91, 202 *ver também cada uma das culturas*
- juízos de valor acerca das ☉ 170-4
- socialmente desejáveis ☉ 168-70

Culturas de gosto profissionais ☉ 108
Culturas étnicas ☉ 106, 125, 133-4, 160
- programação subcultural para ☉ 180

Culturas marginais, ameaça às ☉ 202
Culturas parciais ☉ 126-9
Culturas superiores, funcionalidade da ☉ 170-1, 173-4
Culturas totais ☉ 126, 128-9

Definição de pauta ☉ 62-64
Degas, Edgar ☉ 120
Demanda *ver também* Cultura orientada pelo usuário; Usuários
- de produto cultural ☉ 28-32
- de boa cultura ☉ 182

Democracia ☉ 9-11, 13, 67-8, 71-8, 83, 94, 188-9, 202-3, 205, 207
- cidadã ☉ 10, 207
- cultura, desigualdade e ☉ 205-7
- cultural ☉ 9-11, 13, 75, 77-8, 202-7
- cultura popular e ☉ 71-74
- efeitos da cultura popular sobre a ☉ 67-8
- igualitária ☉ 72
- papel da mídia na ☉ 66-7
- programação subcultural e ☉ 185-90

Desigualdade ☉ 11, 32, 35, 59, 94, 129, 144-5, 149, 162, 175, 205-7
- cultural ☉ 11, 144-5, 205-7
- econômica ☉ 32, 129, 149, 175, 205-7

Desincorporação de obras de arte por museus ☉ 204
Diferenças culturais ☉ 31-3, 45-9
Diferenciação marginal ☉ 107
DiMaggio, Paul ☉ 24, 35, 151, 159
Direita religiosa ☉ 36, 88-9, 155
Discovery ☉ 153
Disneylândia ☉ 154
Distribuição ☉ 43, 110, 195
- da alta cultura ☉ 110-3

Divergência ☉ 25, 27, 31, 32, 36, 38-9, 111, 159
Drama de ação ☉ 122
Dramas ☉ 46, 80, 103, 115, 118-9, 123, 137, 189
Dylan, Bob ☉ 129

Economia ☉ 9-10, 30, 34, 39, 141, 149-50, 154, 157, 162-4, 176-9, 193, 195, 204-6
- desigualdade ☉ 32, 129, 175
- política ☉ 149-50, 164
- políticas igualitárias ☉ 175

Ed Sullivan Show ☉ 124
EdTV ☉ 97
Educação ☉ 16, 21, 24, 26-7, 32, 64, 75-6, 79, 82, 88-9, 104-5, 116-8, 121, 125, 149, 151-2, 154, 171, 173-8, 204
- alta cultura e ☉ 151
- em artes liberais ☉ 82
- cultura de gosto e ☉ 16, 104
- cultura média superior e ☉ 116
- de criadores *versus* audiência ☉ 76
- demanda cultural e ☉ 171
- juízos de valor e ☉ 171-3

Elites ☉ 34, 72, 75, 79, 94, 97-8, 169, 203
- capital cultural e ☉ 34
- poder declinante das ☉ 76

Elliot, T. S. ☉ 44, 77, 105
Ellul, Jacques ☉ 68, 73-4, 77
Emburrecimento planejado ☉ 10, 86, 89-91, 97-8
Empresa comercial ☉ 14, 37, 45, 71, 162, 195, 202
- alta cultura como ☉ 34, 37, 45
- cultura jovem como ☉ 159-61
- cultura popular como ☉ 14, 44-5
- efeitos das fusões ☉ 30-1

Entretenimento ☉ 9-10, 13-4, 21, 26, 36-9, 64, 65, 75, 89, 97-8, 101, 108, 112-4, 119-20, 132, 136, 150, 153, 155, 157, 160, 162, 164, 168, 179, 182-3, 189, 192, 207
- realidade ☉ 86, 91-7

Entusiastas de Jesus ☉ 127
Era pré-industrial ☉ 34, 75, 79
Eras douradas ☉ 83, 90

Erudição acadêmica ⊙ 113
Escola de Frankfurt ⊙ 77
Esperando Godot ⊙ 189
Esta é sua vida ⊙ 108
Estética, definição de ⊙ 22
Estratificação, programação subcultural e ⊙ 186
Estrelas ⊙ 96, 111-3, 116-7, 123, 141-2
Estrutura de gosto ⊙ 32, 134, 139-43, 162-4
Estrutura social, gosto, política e ⊙ 134-9
Estudos culturais ⊙ 11, 87

Faixa etária ⊙ 25-6, 31, 49, 63, 104, 106, 132-3, 178
• cultura de gosto e ⊙ 104, 106
• escolhas culturais e ⊙ 23-8
Falácia histórica ⊙ 78, 82-4
Fatores de personalidade, cultura de gosto e ⊙ 104
Federal Communications Commission ⊙ 71, 141, 143
Feininger, Lyonel ⊙ 120
Filmes ⊙ 10, 14, 26-31, 35-8, 46, 48, 50, 58-61, 65, 76, 80, 86, 96, 102-3, 106-7, 111, 114, 116, 118-9, 122-6, 129, 132, 139-43, 145-6, 155, 157, 180, 183, 200 *ver também* Cinema
Filmes de ação ⊙ 27, 35, 86, 122-5, 157
Financiamento ⊙ 29, 36, 89, 195-97, 202
• e alta cultura ⊙ 153-4, 197
• e governo ⊙ 195-98, 202-3
• e programação subcultural ⊙ 195-98
Finnegan's Wake ⊙ 109
Freidson, Eliot ⊙ 56, 60
Fundações privadas ⊙ 198
Fusões empresariais, efeitos das, sobre a cultura ⊙ 30-1

Gable, Clark ⊙ 96-7, 123
Gabler, Neal ⊙ 91, 95-7
Gehry, Frank ⊙ 91
Gênero ⊙ 25-7, 35, 91, 151, 199
• segregação por ⊙ 122, 124-5
Gêneros ⊙ 27, 31, 46, 69, 78, 93, 113, 119, 139, 150-1, 155, 157, 193, 196
Gentrificação ⊙ 26
Gerbner, George ⊙ 14, 190
Glazer, Nathan ⊙ 20, 44, 130, 172
Good Times ⊙ 136
Governo ⊙ 64, 69-71, 74, 122-3, 181, 184, 195-98, 203-4, 206 *ver também* Democracia; Política; Política pública
• cultura popular e ⊙ 69-74
• financiamento cultural pelo ⊙ 195-8, 202
Gratificação estética ⊙ 170, 172
Greenberg, Clement ⊙ 43, 77, 148
Grupos, cultura e ⊙ 55, 56
Guerra Fria ⊙ 63
Guerras culturais ⊙ 19, 21

Hair ⊙ 115
Halle, David ⊙ 25, 34
Hamlet ⊙ 154
Hare Krishna, culto ⊙ 127
Harlem on My Mind ⊙ 118
Harper's ⊙ 102, 116-7, 141
Hemingway, Ernst ⊙ 113
Heróis da cultura média inferior ⊙ 118, 122
Hesse, Hermann ⊙ 117
Hierarquia de classes ⊙ 9-10, 105, 144-5, 149-50
• mudanças na ⊙ 149-50
Hierarquia de gosto ⊙ 144-5, 161-4, 186
• programação subcultural e ⊙ 186
Hierarquia de status ⊙ 145
Hispânicos ⊙ 157-61
Histórias de interesse humano ⊙ 93-4
Hitler, Adolf ⊙ 70
Hope, Bob ⊙ 142
Horkheimer, Max ⊙ 77
Howe, Irving ⊙ 43, 77
Humanidades, culturas de gosto e ⊙ 88, 171-2
Humanistas ⊙ 13, 75, 79

Ideal democrático ⊙ 131
Idosos, programação para ⊙ 179, 197, 199 *ver também* Faixa etária
Igualdade ⊙ 23, 34, 70, 77, 119, 132, 175, 186
• cultural ⊙ 23
• econômica ⊙ 34, 70, 77, 175
I Love Lucy ⊙ 155
Iluminismo ⊙ 75
Independent Film Channel ⊙ 153
Índices de audiência ⊙ 14, 26, 97, 107, 119, 155, 183
Individualismo ⊙ 80-1
Infoentretenimento ⊙ 10, 86, 91, 93-8
Informação ⊙ 10, 14, 21, 36, 49, 63, 66, 73-4, 80-1, 88, 91-3, 101, 108, 162, 168, 171, 179, 182, 187-9, 207 *ver também* Propaganda
• meio de comunicação de massa como fonte de programação subcultural e ⊙ 178-201
Inovação cultural ⊙ 126, 198-9, 203
Intelectualização ⊙ 90-1
Internet ⊙ 11, 30, 31, 36-38, 86, 90, 151, 162, 205
• emburrecimento planejado e ⊙ 86, 90-1, 97-8
Intérpretes, atitudes em relação a ⊙ 111, 136, 157, 180
Intérpretes cover ⊙ 157
It Happened One Night [Aconteceu naquela noite] ⊙ 96

Joplin, Janis ⊙ 129
Jornais ⊙ 29, 38, 51, 67, 93, 126, 132, 136-7, 146, 157, 193, 202
Jornalismo ⊙ 74, 93 *ver também* Notícia; Mídia noticiosa

- valores liberais no ⊙ 136-8
- viés no ⊙ 61-4

Journal of Popular Culture ⊙ 13
Joyce, James ⊙ 46, 143
Juízos de valor ⊙ 13, 167, 170-4 *ver também* Avaliação
Juízos estéticos ⊙ 172-3

Kirk, Russell ⊙ 77
Kultur ⊙ 20

L.A. Law ⊙ 96
Lamont, Michele ⊙ 33-4, 160
Larrabee, Eric ⊙ 191-2
Lawrence, D. H. ⊙ 46
Leavis, F. R. ⊙ 44, 77
Lerner, Daniel ⊙ 79
Life ⊙ 119, 121
Life the Movie ⊙ 95-6
Lindsay, John ⊙ 134
Literatura ⊙ 15, 21, 24, 87, 108, 110, 130, 150
Livros ⊙ 20, 29-31, 38, 43, 45-6, 67, 69, 74, 89, 92, 108, 110, 116, 119, 127, 143, 153, 162, 199, 202
Livros comerciais ⊙ 116
Livros de autoajuda ⊙ 119
Livros de "como fazer" ⊙ 119
Livros de ficção ⊙ 29, 103, 193
- alta cultura ⊙ 110
- cultura média superior ⊙ 116

Livros de não ficção ⊙ 29, 103, 110
- e alta cultura ⊙ 110-1
- e cultura média inferior ⊙ 119
- e cultura média superior ⊙ 115

Livros de negócios ⊙ 116-7
Look ⊙ 119
Lowenthal, Leo ⊙ 44-5, 77
Luta de classes, guerras culturais como ⊙ 19

M.A.S.H. ⊙ 118
MacDonald, Dwight ⊙ 28, 43, 45, 54, 77, 116
Mailer, Norman ⊙ 113, 116
Mannheim, Karl ⊙ 69, 174
Marcuse, Herbert ⊙ 68, 72-3, 77, 138
Mary Tyler Moore Show ⊙ 120
Massenkultur ⊙ 20
Maude ⊙ 120
McCarthy, Joseph ⊙ 70
McLuhan, Marshall ⊙ 43, 65
Meio de comunicação coletivo ⊙ 38, 51, 142-3, 178-9, 205
Meio de comunicação individual ⊙ 51

Meios de comunicação de massa ☉ 13-6, 19, 21, 25, 30, 33, 39, 50, 54-8, 64-7, 70-1, 73, 80, 82, 87, 95, 97-8, 104, 110, 116, 119, 121-8, 136-8, 142-6, 156-7, 179-83, 186-7, 191, 195, 198-9, 205 *ver também* Cultura popular
• baixa cultura e ☉ 121, 123, 125
• cultura média inferior e ☉ 119, 121
• papel dos, na cultura popular ☉ 14, 15
• programação subcultural e ☉ 179-86
Melodramas ☉ 80, 122, 125
Mercado cultural ☉ 35, 76, 85
Metropolitan Museum of Art ☉ 118
Midcult ☉ 28, 116
Middle America ☉ 144
Mídia noticiosa ☉ 21, 61-4, 73, 74, 89, 92-3, 136-8, 199, 207
• acesso à ☉ 64
• infoentretenimento e ☉ 92-7
• política e ☉ 136
Miller, Arthur ☉ 116
Mitford, Nancy ☉ 140
Mobilidade ☉ 16, 76, 78, 80, 139-40, 144-5, 157, 174-8
Mobilidade cultural ☉ 16, 139, 144-5, 174-8
Monroe, Marilyn ☉ 141
Ms. ☉ 116
Museu de Arte Moderna ☉ 204
Museus ☉ 22-3, 25, 29, 48, 89, 116, 114, 118, 150, 152-4, 160, 204
Música ☉ 15, 21, 24, 26, 28-9, 31, 46, 50, 52, 53, 69, 86, 89, 101-3, 107-10, 112, 114-6, 124, 126-9, 131, 144, 150-1, 153, 156-7, 159-60, 170, 193-4, 205
• da alta cultura ☉ 109-10, 112, 114, 150-1
• audiência mais jovem e ☉ 26-7
• da cultura média superior ☉ 114-6
• da cultura negra ☉ 131-2

National Commission on the Causes of Prevention of Violence ☉ 57
National Endowment for the Arts ☉ 10, 23-4, 36, 88, 156, 197, 202
Negros ☉ 27, 35, 125, 131-2, 134-9, 157, 159-60, 179-80, 198
• programação subcultural para ☉ 180
• protesto de conteúdo negro ☉ 139
Neodadaísta ☉ 127
New Journalism ☉ 115
Newsweek ☉ 115
New York Daily News ☉ 146
New Yorker ☉ 89, 102, 116-7
New York Review of Books ☉ 113
New York Times ☉ 93, 116, 187
Níveis de gosto ☉ 27, 33, 68-9, 146, 155, 175-6
Notícias ☉ 13, 61-4, 87, 92-6, 115-6, 119, 164, 186-8, 192, 194
• efeitos das ☉ 61-4
• programação subcultural e ☉ 186-9
Notícia séria ☉ 93 *ver também* Notícias; Mídia noticiosa
Novas revistas ☉ 29, 159, 194

Objetos de coleção ⊙ 32
Ocupações acadêmicas ⊙ 109
Office of Education ⊙ 197
Onívoros ⊙ 25, 27, 32
Organizações sem fins lucrativos ⊙ 195
Orientação pelo criador ⊙ 49-50, 84, 111, 140
• culturas totais e ⊙ 128
• programação subcultural e ⊙ 184
Orientação pelo usuário ⊙ 49, 118, 140, 148, 184-5
Origem étnica, cultura de gosto e ⊙ 104
Ortega y Gasset, José ⊙ 43, 67, 69, 77
Ozzie and Harriet ⊙ 107

Padrões estéticos ⊙ 15, 46, 66, 84, 101-5, 111, 122, 132-3, 141, 145, 147, 172-4, 177-8, 180, 183, 185-6, 190
• alta cultura ⊙ 66, 103, 111-4
• baixa cultura ⊙ 84, 103, 122-3
• cultura média inferior ⊙ 118
• cultura média superior ⊙ 114-6
• cultura negra ⊙ 132
Painting by Numbers ⊙ 23, 25, 164
Pais, escolhas culturais dos, para os filhos ⊙ 27
Pânico cultural ⊙ 98
Parques temáticos ⊙ 30, 154
Peanuts ⊙ 141
Peças de fundo moral (teatro) ⊙ 119, 122
People ⊙ 89
Perambulação ⊙ 139-40
• cultural ⊙ 139
Pesquisa ⊙ 13, 17, 23-5, 43, 55, 57-8, 61, 63, 66, 86-8, 94, 102, 104, 108, 135, 152, 170, 182, 190-2, 194
• de audiência ⊙ 94, 192-4
• sobre os efeitos dos meios de comunicação de massa ⊙ 55, 86-8, 190-3
Peterson, Richard ⊙ 11, 24-6, 28, 127, 159, 163
Playboy ⊙ 116, 124
Pluralismo cultural ⊙ 13, 178, 198, 200
Pluralismo estético ⊙ 103, 174
Pobres ⊙ 23, 26, 32, 55, 56, 58, 64, 76, 80, 103, 125, 135, 138, 143-4, 156-8, 175, 178-80, 193, 196-200, 203, 205-6
• programação subcultural para ⊙ 178-80, 200, 203
Pobreza ⊙ 55, 58, 64, 68, 73, 80, 83, 161, 175, 178, 197, 205
Poetas ⊙ 26, 136
Pogo ⊙ 141
Política
• da crítica à cultura de massa ⊙ 75-7
• cultural ⊙ 13, 88, 105, 162, 174-5, 206-7
• desigualdade e ⊙ 175, 206-7
• étnica ⊙ 134
• notícia séria e ⊙ 93

- papel da mídia na ⊙ 61-2
- programação subcultural e ⊙ 181-2, 196-9

Política pública ⊙ 129, 167, 171-4, 177, 185
- cultural ⊙ 171-2, 174-5
- juízo de valor e ⊙ 174-5

Pornografia ⊙ 37, 59, 86-7, 142-3
Postman, Neil ⊙ 91-8
Presley, Elvis ⊙ 157
Princesa Diana ⊙ 93-4
Procaccino, Mario ⊙ 134
Profissões ⊙ 24, 33, 63, 98, 104, 108-9, 117, 131, 152-3
- capital cultural e ⊙ 33, 152
- cultura de gosto e ⊙ 107-8

Profissões liberais ⊙ 109
Programação subcultural ⊙ 16, 178-201
- financiamento da ⊙ 195-8
- implementação da ⊙ 190-4
- prós e contras da ⊙ 181-90

Propaganda ⊙ 45, 60-2, 68, 73-4, 87-8, 135, 183, 199
- política ⊙ 61-2, 87

Pseudoeventos ⊙ 95
Psychology Today ⊙ 115, 117
Público orientado pelo criador ⊙ 111-4
Público orientado pelo usuário ⊙ 112-4
Públicos de gosto ⊙ 22-3, 28, 36-8, 102-5, 107, 112, 115, 117, 120, 125, 129, 138-42, 144-7, 149-50, 164, 167-70, 173-4, 178-80, 182-4, 186-7, 189, 190, 192, 194, 198-200, 203, 205
- da alta cultura ⊙ 107-14, 150-2
- avaliação dos ⊙ 169-74
- da baixa cultura ⊙ 121-4, 156-7
- da baixa cultura quase folclórica ⊙ 125, 156-8
- critérios de desejabilidade dos ⊙ 168-70
- cultura étnica e ⊙ 104, 125, 133-4, 160-1, 200
- da cultura jovem ⊙ 125-29
- da cultura média inferior ⊙ 119-21, 154-6
- da cultura média superior ⊙ 114-17, 152-4
- cultura negra ⊙ 178-80
- identificação dos ⊙ 190
- juízos de valor acerca dos ⊙ 170-4
- programação subcultural e ⊙ 178-80
- socialmente desejáveis ⊙ 168-9

Públicos *versus* culturas ⊙ 102-9

Raça ⊙ 25-6, 35, 159, 186
Radicais ⊙ 16, 70, 126, 128, 130-1, 135, 137, 142, 144, 176
Reader's Digest ⊙ 102, 119, 141
Realidade-entretenimento ⊙ 86, 91, 97
Recompensa estética incremental ⊙ 172
Relacionismo estético ⊙ 174, 178
Religião ⊙ 104, 118, 133

Rembrandt ☉ 164
Renda, efeitos da, sobre as escolhas culturais ☉ 23-5, 27, 31, 34, 46, 54, 75, 82, 104, 107, 160, 174, 177, 195
Residência, cultura de gosto e ☉ 104
Ressentiment ☉ 76
Revistas ☉ 14, 29-30, 37-8, 45, 80-1, 89-90, 93, 102-3, 113, 115-25, 132, 138, 145, 153, 155-9, 164, 172, 183, 186, 192-4, 199
• da cultura média inferior ☉ 119
• de decoração ☉ 81
• estudos do público leitor de ☉ 183-4
• femininas ☉ 81, 119
• futuro das ☉ 29, 38, 199-200
• intelectualização e ☉ 90-1
• de notícias ☉ 116, 119
• em quadrinhos ☉ 125
• e solução de problemas individuais ☉ 80-1
Riesman, David ☉ 44, 49, 50, 60, 61, 107, 114, 140, 172
Robbins, Harold ☉ 119-20
Rockwell, Norman ☉ 118
Rolling Stone ☉ 129
Romance-testemunho ☉ 115, 189
Rosenberg, Bernar ☉ 43, 67, 77
Rosenberg, Harold ☉ 77
Rosencrantz and Guilderstern Are Dead ☉ 154

Salinger, J. D. ☉ 113
Sanford and Son ☉ 136
Saturday Evening Post ☉ 119, 121
Segregação sexual ☉ 122, 124-5
Seinfeld ☉ 26, 153
Sesame Street [Vila Sésamo] ☉ 199
Sexo ☉ 39, 54, 59, 76, 86-7, 120, 122-3
• cultura média inferior e ☉ 120, 123
Shakespeare in Love [Shakespeare apaixonado] ☉ 153
Shakespeare, William ☉ 69, 154
Shawn, William ☉ 89
Shils, Edward ☉ 79, 82-3, 105
Significados ☉ 59-60, 178
Simpson, Nicole ☉ 94
Simpson, O. J. ☉ 93-4
Sinclair, Upton ☉ 189
Skelton, Red ☉ 124
Socialistas ☉ 16, 77, 130, 135, 176
Sociedade
• cultura e níveis de gosto da ☉ 68-9, 146, 176
• cultura e totalitarismo na ☉ 43, 67-71
• efeitos da cultura popular sobre a ☉ 43, 55, 67-8
• participativa ☉ 79
Sociologia ☉ 21, 108

221

Solução de problemas ☉ 80, 81
Solução de problemas individuais ☉ 189
Sontag, Susan ☉ 113, 140
Spengler, Oswald ☉ 69
Stalin, Josef ☉ 70
Status ☉ 27-8, 32-4, 49, 52-3, 75-6, 84-5, 89, 98, 105, 111-2, 117, 125, 130, 133, 137, 139-40, 144-7, 152, 163, 175, 182, 185, 202
Studs Lonigan ☉ 143
Sullivan, Ed ☉ 124, 142
Suprema Corte ☉ 143
Susann, Jacqueline ☉ 119-20

Tabloides ☉ 124-5
Teatro ☉ 28, 38, 65, 103, 111, 116, 119, 122, 139-40, 146-7, 150, 154
Teatro da Broadway ☉ 38, 116
Tecnologia ☉ 30, 38, 68, 86, 97, 98, 129, 164, 177, 199-200
Telenovelas ☉ 27, 35, 81, 125, 189
Televisão ☉ 13-4, 30, 32, 35, 57-8, 65, 71, 80, 92, 97, 102-3, 107, 111, 116, 118-9, 121, 124, 136-7, 141, 143, 146, 153, 155, 157-8, 177-8, 180, 183, 188, 193-6, 199-200, 205
• baixa cultura e ☉ 121-4
• canais UHF ☉ 199-200
• crescimento de canais na ☉ 14, 27, 29, 36-7
• cultura média inferior e ☉ 118-21
• cultura negra e ☉ 157, 160
• faixa etária e ☉ 32
• globalização e ☉ 65-6
• governo e ☉ 71
• índices de audiência da ☉ 183
• intelectualização e ☉ 90-1
• mudanças de programação na ☉ 107
• notícia na ☉ 87
• personagens étnicos na ☉ 161
• programação subcultural e ☉ 199
• pública ☉ 102, 111, 116, 143, 153, 155, 195-6, 199, 205
• público da ☉ 14, 71, 116, 200
• questões tópicas na ☉ 137
• revistas de notícia e ☉ 29, 93, 119, 155
• seriados cômicos da ☉ 26, 90-1, 119, 124, 153, 155, 157
• e solução de problemas individuais ☉ 80
• tevê a cabo ☉ 30, 37, 90, 153, 155, 157, 160, 199
• violência na ☉ 57-8, 65
Tempo de lazer ☉ 156, 177-8, 200
Tendências sociais, cultura popular e ☉ 70-1
Teoria de *auteur* ☉ 111
The Electric Company ☉ 199
The Godfather [O poderoso chefão] ☉ 96
The Jack Benny Show ☉ 155
The Truman Show [O show de Truman] ☉ 96-7
Time ☉ 115

Titanic ⊙ 155
Tolkien, J. R. R. ⊙ 117
Totalitarismo ⊙ 43, 68-9, 71

Ulisses ⊙ 143
Usuários ⊙ 19, 22-3, 30, 35, 46, 49-50, 72-3, 81-4, 98, 107, 109-10, 112, 115, 140, 142, 152, 161, 168-71, 173, 184-5, 192-4, 198, 200
• da alta cultura ⊙ 46, 109-114, 152, 161
• cultura de gosto boa ou socialmente desejável e ⊙ 168-70
• demanda de pluralismo cultural e ⊙ 198-201
• mal-atendidos ⊙ 193-5

Valores ⊙ 19, 21, 22, 44, 47-50, 57, 62-3, 68, 79, 81, 84, 101-3, 119, 121-3, 126, 129-30, 134-9, 142, 156, 167, 172-3, 180, 184, 187, 189, 190, 197
• culturais ⊙ 21, 197
• cultura jovem e ⊙ 130-1
• imposição de, à audiência ⊙ 48-9
• liberais ⊙ 137
• políticos ⊙ 21, 135, 138
Van den Haag, Ernest ⊙ 43, 44, 51, 54, 60, 77, 170, 176
Van Gogh, Vincent ⊙ 120
Vanguarda ⊙ 106, 111, 113, 126, 128, 144, 162
Vanity Fair ⊙ 89
Viés ⊙ 13, 78, 83, 84, 179
• histórico ⊙ 78-82
• jornalístico ⊙ 62-4
Village Voice ⊙ 129
Violência ⊙ 39, 54, 57-61, 65, 78, 86-7, 122, 184
• baixa cultura e ⊙ 121-2
• na cultura popular ⊙ 87
• na televisão ⊙ 57-8, 65
Visitar cortiços ⊙ 25
Vogue ⊙ 116
Vonnegut, Kurt ⊙ 117

Wayne, John ⊙ 123
Welk, Lawrence ⊙ 124, 193
Wolfe, Thomas ⊙ 113
World Wide Web ⊙ 36 *ver* Internet
Wypijewski, JoAnn ⊙ 25

Yippies ⊙ 127

Fonte: Karol c 10 / 15.04, os subtítulos em Karol semibold e os títulos em Karol Bold.
Papel: alta alvura 90g/m²; Data: 08/2014; Tiragem: 1.500
Impressão: Cromosete Gráfica e Editora